伟大的中国传统文化空间

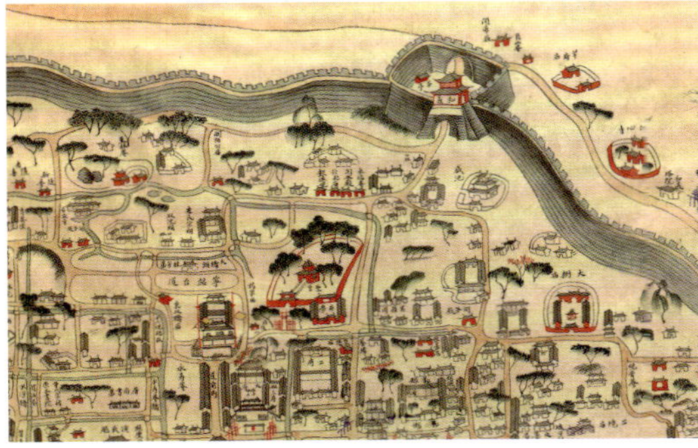

图书在版编目（CIP）数据

伟大的中国传统文化空间 / 周尚意主编．—北京：中国大百科全书出版社，2022.8
ISBN 978-7-5202-1192-5

Ⅰ．①伟… Ⅱ．①周… Ⅲ．①中华文化—研究 Ⅳ．① K203

中国版本图书馆 CIP 数据核字（2022）第 147067 号

审 图 号：GS（2022）4446 号

主　　编：周尚意

出 版 人：刘祚臣
策 划 人：杨　振　　张宝军
责任编辑：王　杨
美术编辑：殷金旭
地图编制：李林柱　　张玉萍
插画绘制：旋　响
图片统筹：袁　存　　李　征
封面设计：殷金旭

伟大的中国传统文化空间
中国大百科全书出版社出版发行
（北京阜成门北大街 17 号　邮编：100037）
http://www.ecph.com.cn
新华书店经销
北京华联印刷有限公司印制
开本：889 毫米 ×1194 毫米　1/8　印张：31
2022 年 8 月第 1 版　2025 年 1 月第 2 次印刷
ISBN 978-7-5202-1192-5
定价：198.00 元

感谢以下单位和个人对本书图片提供的支持和帮助（按音序排列，排名不分先后），感谢首都博物馆赵婧、洛阳市文物局原局长郭引强、辽宁省旅游摄影协会罗丽平、辽宁省摄影家协会提供的帮助。

单位：
安徽博物院
安阳殷畿艺术博物馆
重庆中国三峡博物馆
故宫博物院
河南博物院
陕西省考古研究院
上海博物馆
视觉中国
图虫创意
西安交通大学博物馆
学苑出版社
中共芜湖市委党史和地方志研究室
中国第一历史档案馆
中国国家博物馆
中国国家图书馆

个人：
保继刚
常庆林
陈明坤
段明远
郭国伟
纪凤仪
马俊儒
杨兵
郑龙虎

万物出品

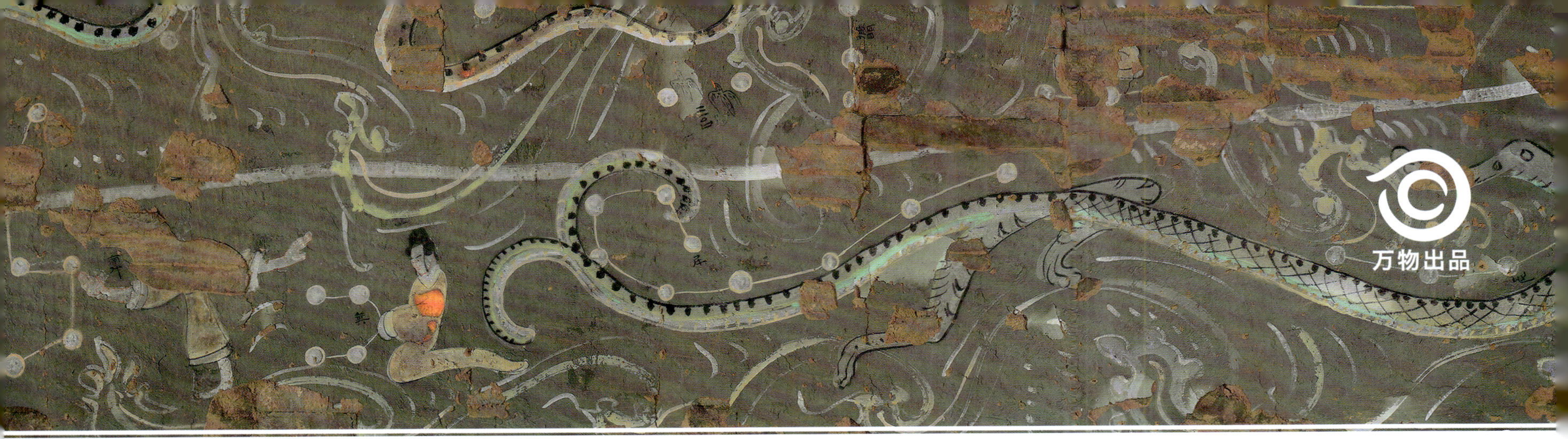

伟大的中国传统文化空间

Maps of Chinese Traditional Cultures

诠释中国文化空间的智慧

周尚意 主编

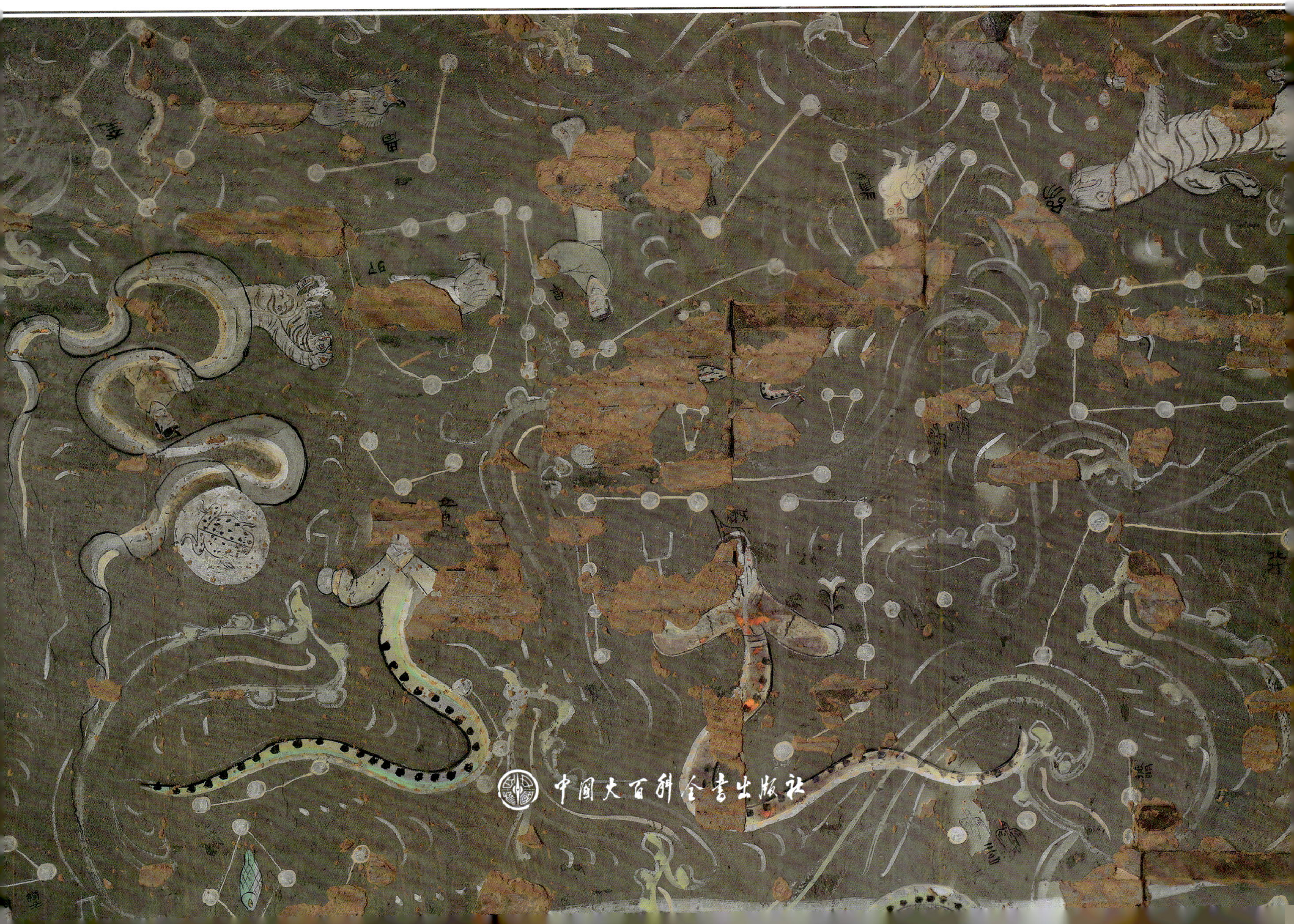

中国大百科全书出版社

前言

中国历史悠久，传统文化博大精深，其中许多内容涉及人们建构的“空间模式”。大到星辰的空间分布模式，小到庭院的空间布局模式，这些都适于用地图来表达。这些抽象出来的地图，便于人们在大脑中迅速形成空间映象，从而传承，或以之为创新的起点。地图是地理学特有的表达方式，在表达中国传统文化空间模式时，人们既可以用以标准底图为基础绘制的地图（包括电子地图），也可以在这种形式之上，融合具象的图像、抽象的符号和文字来表达。本书则采取了后一种融合的形式。

在用地图展示中国传统文化上，许多学者做出了卓越的工作，如《中国历史地图集》《北京历史地图集》《中原文化地图集》等。本书的特色是，按照空间单元的大小设计内容框架。它们依次是宇宙、天下、城市－乡村、园林、家。“空间尺度”是地理学研究的视角之一。本书除目录所列的几级尺度单元外，还隐含着两个关于尺度的探索。第一，探索在各部分内容中包含着“身体”的尺度单元。例如，身体对安全的需要，让考古学家无须文字，就可以理解6000~7000年前羌寨聚落外环形壕沟的功能；身体对视觉转变的敏感，让《桃花源记》中“山有小口……复行数十步，豁然开朗”成为今人营造世外桃源景区的手法。每个人的身体都可以作为中国传统文化的承载体，正是由于每个身体都在发挥能动性，才让中国优秀传统文化得以传承和发扬。第二，探索文化空间模式在不同空间尺度单元中的转换。这是中国传统文化中“空间模式”的特征，是“家国天下”理念的空间实践。例如，城市（主要建筑群）与宇宙（星宿）

的对应，园林中的“咫尺山林”。

中国传统文化中的“空间模式”，既是理念模式，也是实践模式。本书力图将两者都展现出来。王阳明提出“知行合一”，既强调躬行实践的重要，更强调“致良知”。所谓“致良知”就是辨别善恶。然而本书没有用更多的笔墨对所涉及的“空间模式”做出善恶之辨，留给读者发挥主观能动性、独立思考的空间。地理学有一个学术术语为“景观”，其含义近乎“空间模式”。传统文化地理学认为，景观的意义是不同主体认识世界后的独特解读。不同时期的解读，“层累”出今天的意义。代表人物为文化地理学创始人索尔（Carl O. Sauer）。新文化地理学认为，景观意义是权力“斗争”的结果。代表人物为杰克逊（Peter Jackson）和科斯克罗夫（Denis Cosgrove）。因此，写书和读书都是不断与古人和今人对话的过程。

在编写这本书时，所有作者也意识到如下问题：第一，空间模式一旦被图像表达出来，就会强化其表面形式，而弱化其背后的理念或“灵魂”。因此，我们也力图在每章中增加今人基于文化灵魂的传承和创新。例如“亲近自然”的文化之核，既体现在古代的园林中，也体现在如今的城市建设中。第二，优秀文化的空间传播，既是形式上的传播，更应是理念的传播。文化因时因地的变革是文化发展的必然。反过来说，要理解中国传统文化空间模式，只有回到其出现的时空环境，才能懂得其价值。因此，本书力图在空间坐标中加入年代的坐标。第三，由百姓传承的许多传统文化空间模式还是太少，尽管书中列举了古村落的空间模式，但是无法将更多的民间空间智慧囊括在本书中。第四，中国许多传统文化空间模式，用地图的形式难以充分表达其魅力，尤其是那些需要亲身体验的文化，例如故宫建筑群的宏伟，只有置身其中才能体会出来；“一览众山小”的诗意，只有在登临泰山之巅才能完成意境的建构。这也是图书的局限。第五，在开放的世界中，我们不能忽视文化交融的作用。因此，我们也加入中华民族大家庭中少数民族地区的例子，如羌族民居中混合的信仰空间。

本书从酝酿选题到出版，历经了近五年的时间。中国大百科全书出版社的编辑为本书付出了大量心血。苏娴、纪凤仪参与了早期的资料收集。延边大学金石柱教授提供相关资料，北京大学唐晓峰老师审阅全文。由于作者知识和能力的局限，书中难免存在错误，敬请读者指正。

2022年于京师

主编简介

周尚意，现任北京师范大学地理科学学部教授，城市与区域规划研究所所长。兼任中国地理学会文化地理学专业委员会主任、中国地名学会常务理事、中国老年学学会常务理事、中国国土经济研究会理事、北京地理学会常务理事、国际地理联合会文化地理学专业委员会委员、亚洲文化景观学会常务理事、区域科学学会中国分会常务理事。

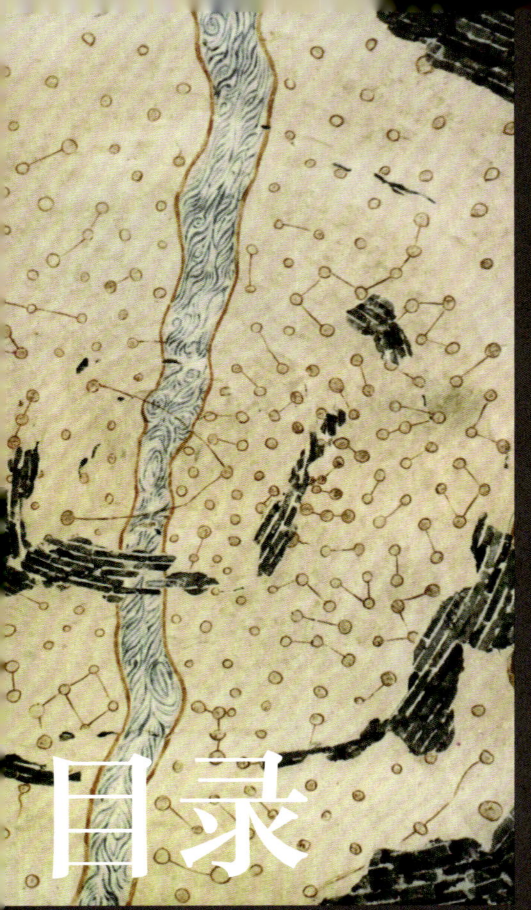

目录

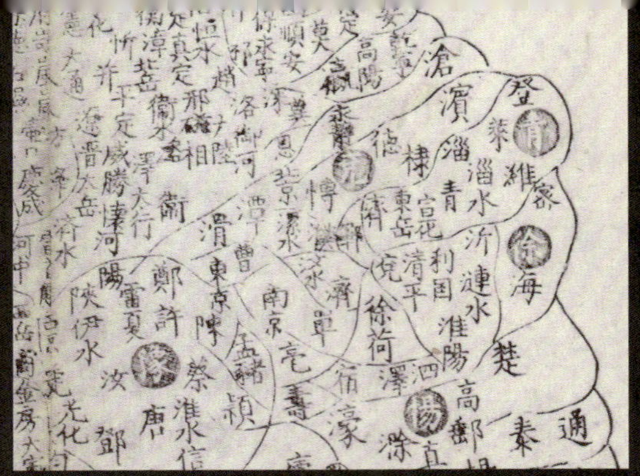

宇宙

天下

城市

乡村

园林

家庭

宇宙

宇宙是中国古人创造的词汇，用以描述无限的时空。宇宙是人们认识外在世界的最大空间尺度。站在人类生活的星球上，人们用肉眼不但可以看到宇宙中的日月，还可以看到星辰。中国古人在长期的观察过程中，先后命名星辰，并绘制出许多种星图。无论是命名星辰，还是赋予星辰意义，中国人都有自己的方式和特点。尽管今天世界上多数地区的人们都接受了现代天文学的发现，并统一了科学术语，但是中国人还同时沿用着从祖先流传下来的一些天文术语，如人们耳熟能详的牛郎星、织女星、文曲星等。

中国古代星图

▼《北魏元乂墓星图》（局部）| 位于河南省洛阳市的北魏元乂墓墓顶，直径约 7 米，绘有星 300 余颗。该星图是中国已知最早的较详细的星图。

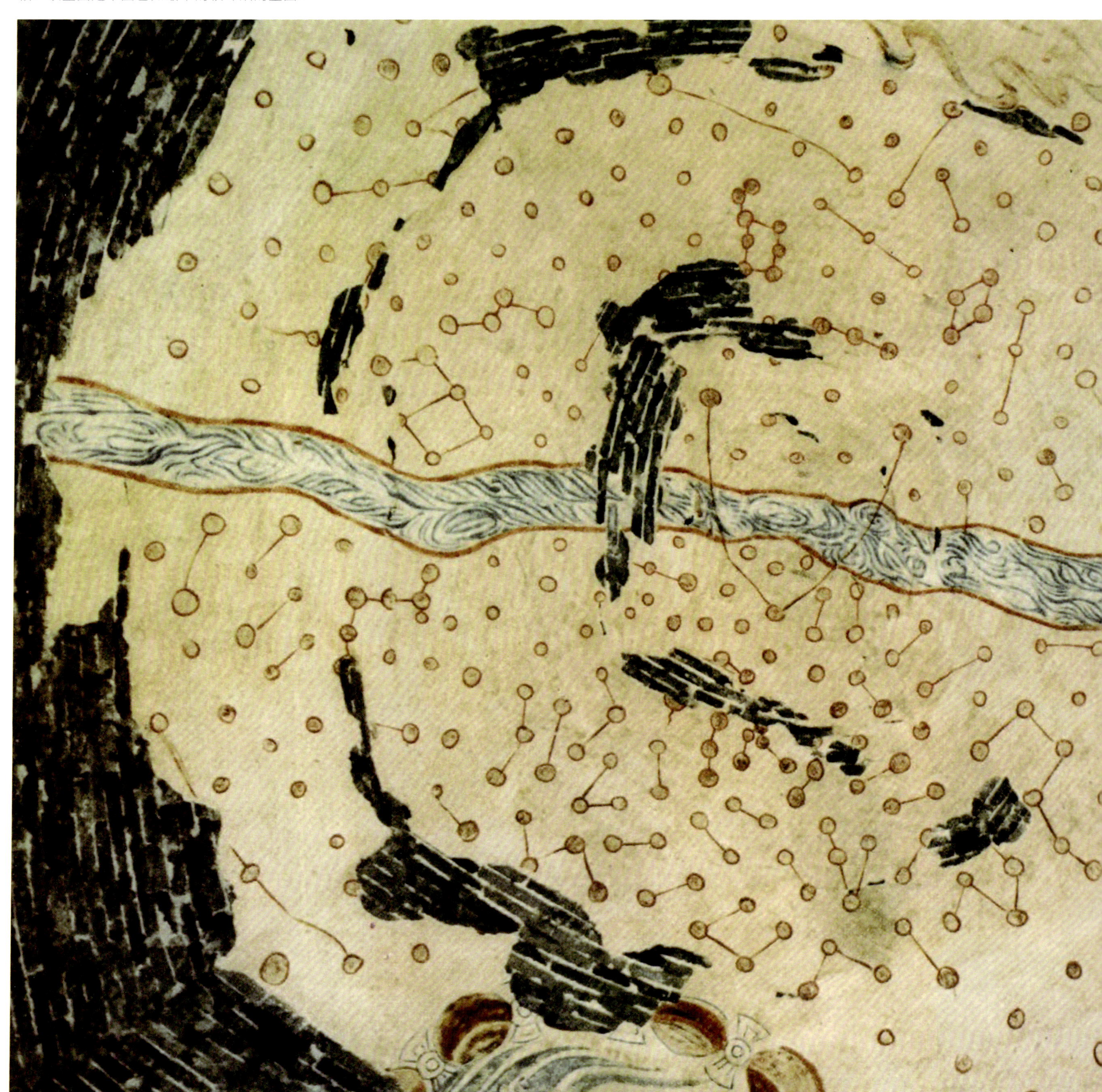

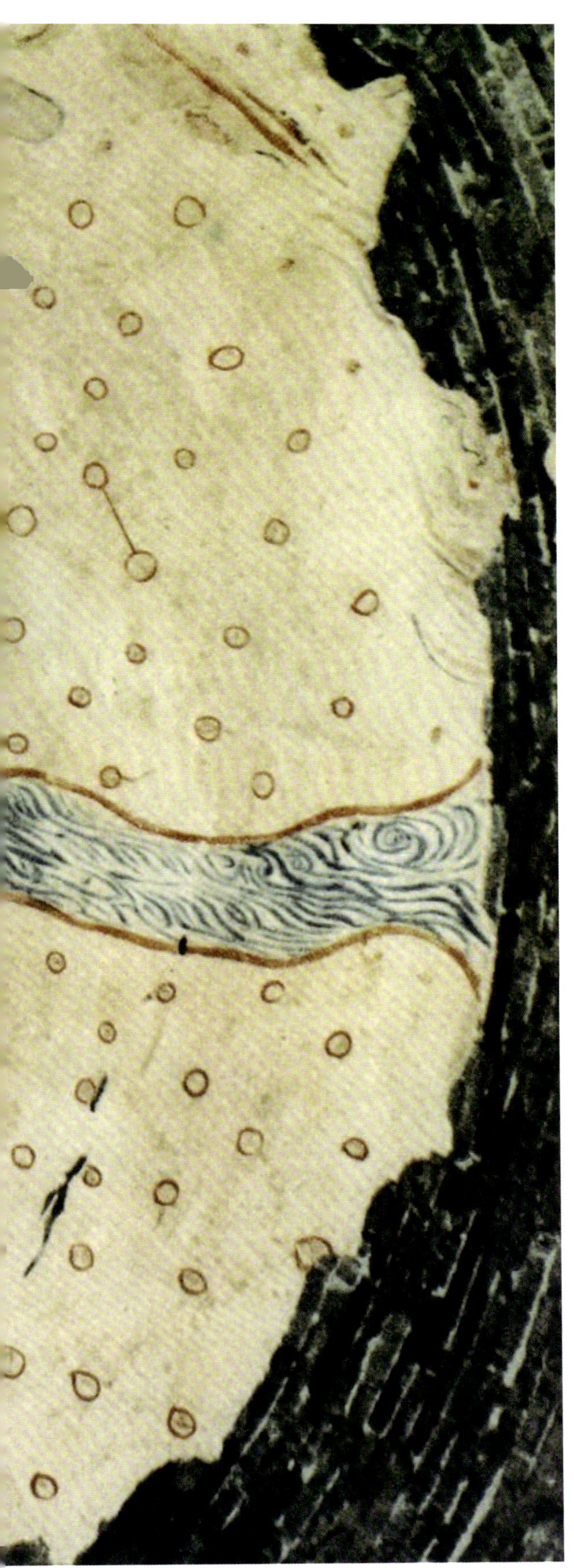

顾名思义，星图就是标有星辰位置的图。星图是人们认识星空形成知识的表达方式，也被用来研究和传授天文学知识。中国古人很早便把浩瀚的星空分成若干区域，并将一些位置临近的星辰组合在一起，称之为星官，星官各有其名。

星图、星官和星座

《现代汉语词典》中对“星图”一词的解释是：记录恒星等天体位置的图。中国古代星图，是中国古人仰望星空，用朴素的天文学知识，记录天上位置相对恒定或者有规律移动的星辰的位置和变化轨迹的图。星图中展现的大多是现代天文学定义的恒星，以及由恒星组成的星座等。

恒星

恒星是指本身能发出光和热的天体。在古代，人们以为这些天体的位置是固定不动的，因而称之为恒星。恒星并非不动，只是离地球太远，人们不借助特殊的工具很难发现它们在天球上的位置变化。太阳是离地球最近的一颗恒星。

星官和星座

古人为了方便认星，将天空划分为若干区域，把位置比较靠近的星辰划分成组，并用线条将每组星辰中较亮的星联结起来，形成一个图案。人们根据图案，结合想象，以动物、神灵、英雄等的名称命名各组星辰。中国古人将每组星辰称为一个星官，西方人则称之为一个星座。

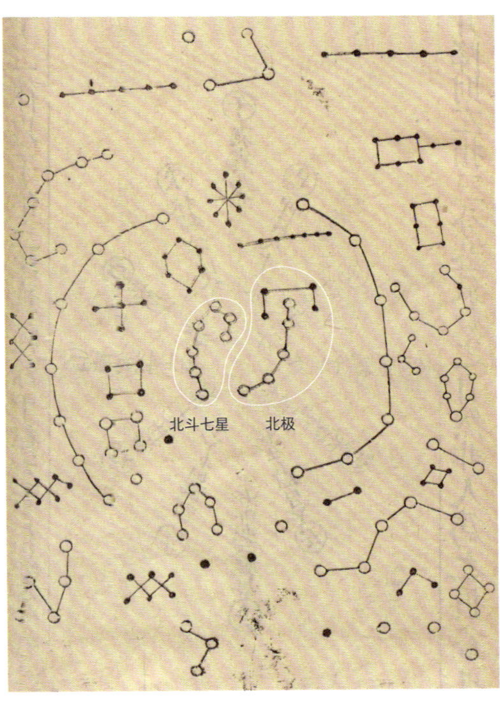

▲《北极图》| 出自清代《管窥辑要》。图中北斗七星等星官清晰可见。

三垣四象二十八宿

在中国古人确定的星官中，有 31 个最具代表性，它们是“三垣二十八宿”。关于三垣二十八宿最早、最全面的文字记录见于西汉史学家司马迁所著的《史记 · 天官书》中。

三垣，指北天极周围的 3 个区域，即紫微垣、太微垣、天市垣。古人想象三垣分别是天帝的居所、政治中心与市场，天上宛若人间。

二十八宿，又名二十八舍或二十八星。人们每日可以看到日月的东升西落，其实夜晚观星，它们看上去也是东升西落。中国古人在观察记录星辰的运动时，将二十八宿作为观测星空时天体运动的标识。

中国古人还把二十八宿分作四组，叫作四象或四陆。它们分别与四个地平方位、四组动物形象、四种颜色相对应。即东方青龙，青色；北方玄武，黑色；西方白虎，白色；南方朱雀，红色。

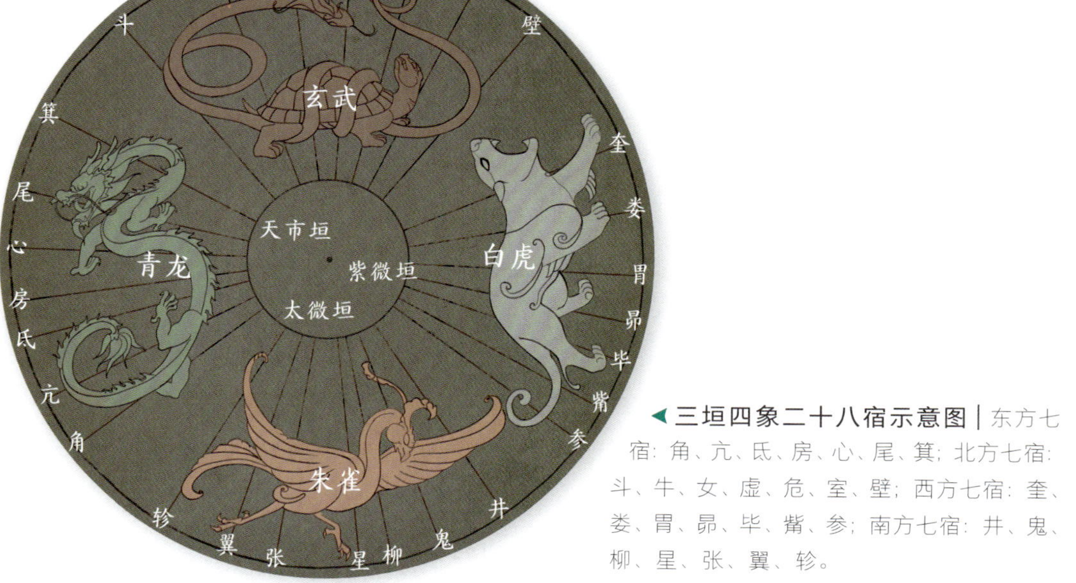

◀**三垣四象二十八宿示意图**｜东方七宿：角、亢、氐、房、心、尾、箕；北方七宿：斗、牛、女、虚、危、室、壁；西方七宿：奎、娄、胃、昴、毕、觜、参；南方七宿：井、鬼、柳、星、张、翼、轸。

女宿（织女星）　牛宿（牛郎星）　箕宿　尾宿

▶**渠树壕东汉墓星象图**｜此图为位于陕西省靖边县杨桥畔镇的东汉砖墓前、后室墓顶合为一体的壁画，十分系统且精美。该星象图以北斗为核心，以二十八宿为周边，描绘了许多重要的星官，并绘有相应的人物或动物图像。星象图照片现藏于陕西省考古研究院。

唐·杜牧《秋夕》：天阶夜色凉如水，卧看**牵牛织女星**。

宋·欧阳修《天辰》：**北辰**居其所，帝座严尊极。众星拱而环，大小各有职。

中国古代星图史

中国古人非常重视观星。明代大学者顾炎武在《日知录》中说：“三代以上，人人皆知天文。”这里的“三代”指的是上古夏商周。在先秦文献中，至少记录了38个星官，其中包括200余颗恒星。明清之后，星图开始应用于航海领域。

先秦时期的星图器物

先秦时期的星图多是象征性的图画，绘制方法较为简单，如曾侯乙墓出土的漆箱上的二十八宿图。

曾侯乙墓是战国早期曾国君主乙的墓葬。位于湖北省随州市西郊擂鼓墩。墓葬发掘于1978年，出土文物除著名的曾侯乙墓编钟外，还有绘着二十八宿图的漆箱。此箱盖正中央是篆文“斗”字，代表北斗七星，该字周围是二十八宿的名字，盖顶面两头分绘青龙、白虎。漆箱的三个侧立面各绘有一幅小星图，内容与箱盖的主图配合，共同构成总星图。

汉墓石刻星图

到了汉代，写实式星图逐渐兴起，因为人们认识到绘制星图要遵从观测到的规律。星图上开始标示黄道等参考线。图幅通常为圆形，人们将这样的图称为“盖图”。这是中国古代传统天文星图的范式，隐含了“天圆”的理念。

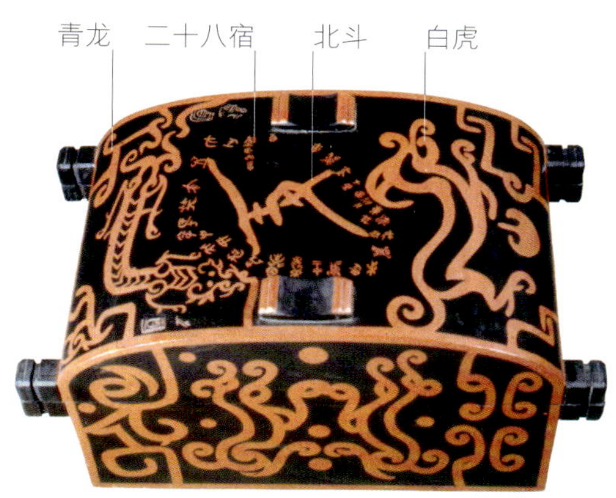

▲曾侯乙墓出土的漆箱

1987年，西安交通大学附属小学地下发现一座西汉砖室墓。墓室内壁绘满了彩色壁画，其中有一幅外径达2.7米的二十八宿星图，位于墓室顶部。该壁画描绘了日月和二十八宿。二十八宿分布在同心环内，象征全天星宿；且二十八宿分为四组，与四象相对应。这幅壁画是目前已知的四象与二十八宿相配最完整的星图壁画。壁画照片藏于西安交通大学博物馆。

▼西安交通大学附属小学地下西汉墓室顶部的二十八宿星图

唐·王勃《滕王阁序》：星分翼轸，地接衡庐。襟三江而带五湖，控蛮荆而引瓯越。物华天宝，龙光射牛斗之墟；人杰地灵，徐孺下陈蕃之榻。雄州雾列，俊采星驰。

北

壁画局部

◀ **东方青龙**｜壁画中最重要的内容四象二十八宿图绘制在墓室顶部的一个环带中。在东方绘有一条苍劲有力的青龙。东方七宿中的角、亢、氐、房、心、尾六宿绘于龙首、龙身和龙尾处，箕宿通过龙尾后一人手握箕形的星组展现。

◀ **北方玄武**｜玄武，又名龟蛇。在壁画中以一条小蛇代表，它的体量远小于青龙。玄武的位置在北方七宿中的第四、第五宿的虚宿、危宿中。在它的东边，为斗宿、牛宿和女宿。斗宿又称南斗，由一人持一星展现；牛宿画的是男子牵牛；女宿画的是一个踞坐袖手的女子。它的西边为室宿和壁宿。

◀ **西方白虎**｜中国古人认为西方七宿的第七宿参宿是白虎所在的位置。壁画中白虎也位于这一位置上。西方七宿中的奎、娄、胃、昴四宿被损毁，图像难辨。毕宿描绘的是一个手持“毕”（捕鸟的网）的人正在奔跑着追捕前方一只逃跑的兔子，人后是一只猫头鹰，代表觜宿。

◀ **南方朱雀**｜在墓顶南侧正中，以青色绘制了飞翔的朱雀，以黑色点缀羽斑。朱雀的形象连接南方七宿中的柳、星、张、翼四宿。东边井宿用四颗围成方形的星表示，鬼宿画的是前后二人用担架抬着身体呈青色的“舆鬼”，西边的轸宿形如一辆古代的车辆。

隋唐时期的星图

隋唐时期，人们为了克服将球面空间信息转绘到平面上而产生的投影失真问题，发展出了天文横图。《敦煌星图》就是这一时期的作品。

这幅古代星图因出自敦煌经卷，故得名《敦煌星图》。从严格意义上讲，《敦煌星图》只是当时某一正式星图的草摹本。一般认为，它的绘制年代大约在 705—710 年，此时处于唐中宗李显在位时期。图上用圆圈、黑点和圆圈涂黄三种方式绘出 1350 多颗星。该星图的画法是：把人们看到的天球中心的地方画成一张图，然后再把四周围的天空分为 12 份，画在一幅横图上。《敦煌星图》现藏于英国伦敦大英博物馆。

《敦煌星图》局部

▶北极区 | 中国古人将若干颗恒星组成一组，每组叫一个星官，并用地上的事物来命名。若干小星官合成大星官，大星官就是三垣和二十八宿。一些星官对应的是地上不同等级的官位，例如图中位于北极区中间的星官名为“天皇”，对应的就是地上的皇帝。在“天皇”上方的星官名为“天柱”，意思是天帝张贴政令的地方。

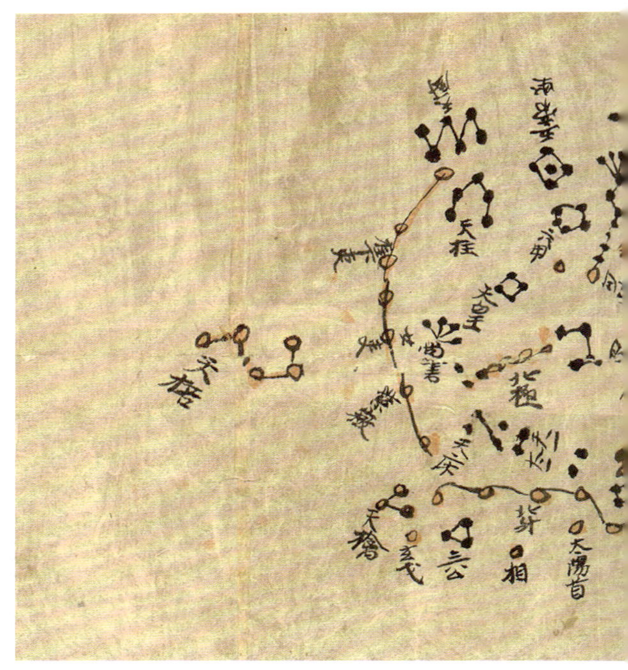

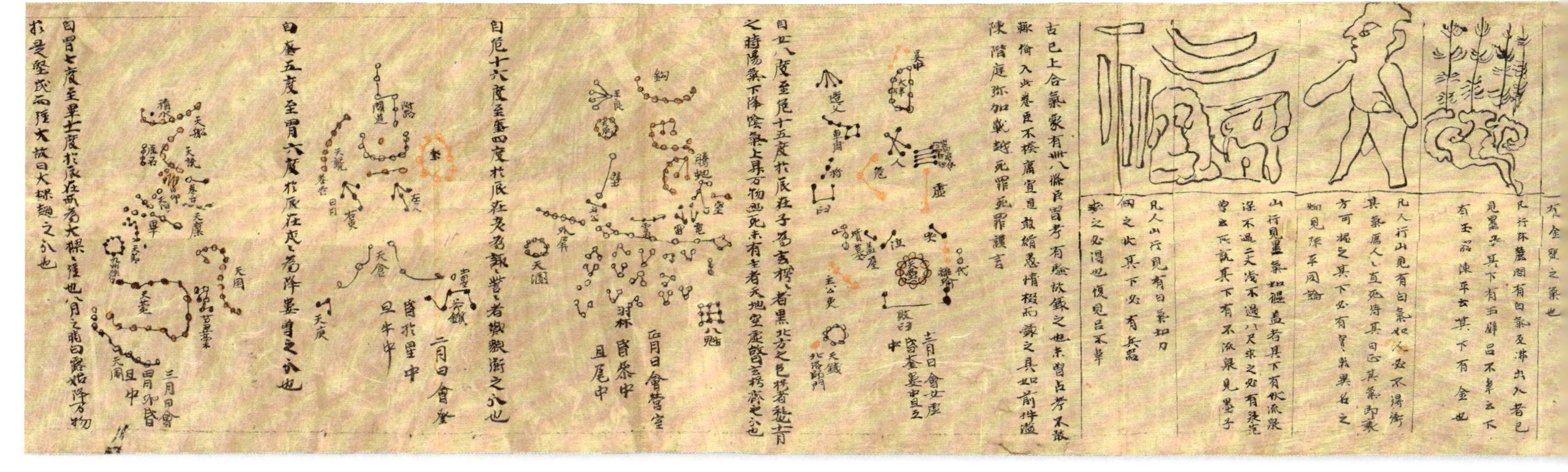

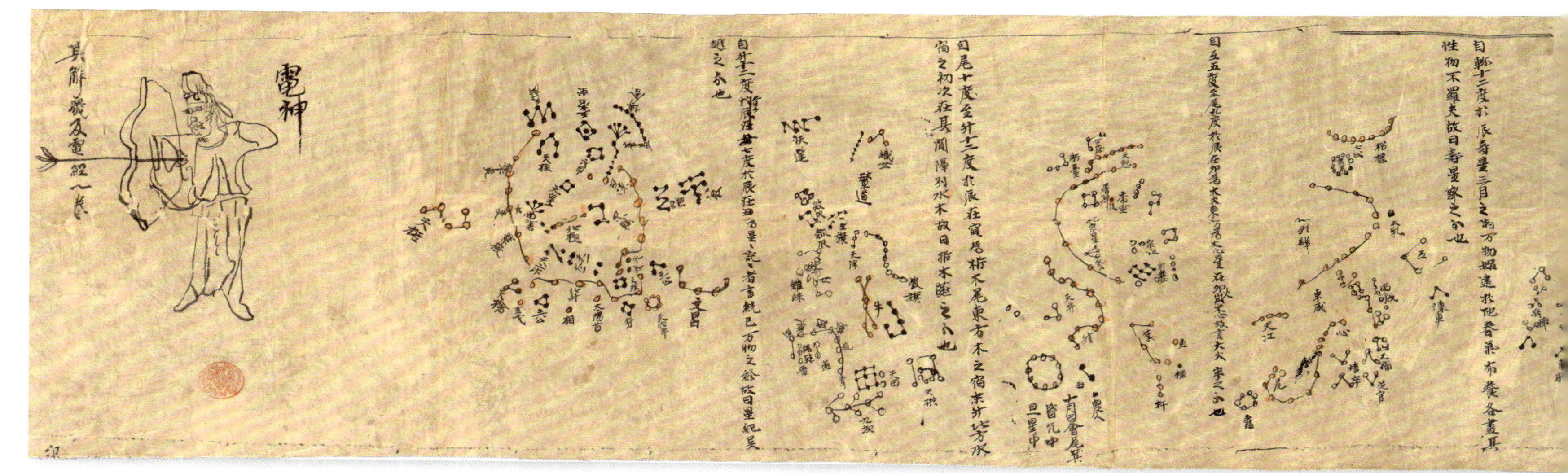

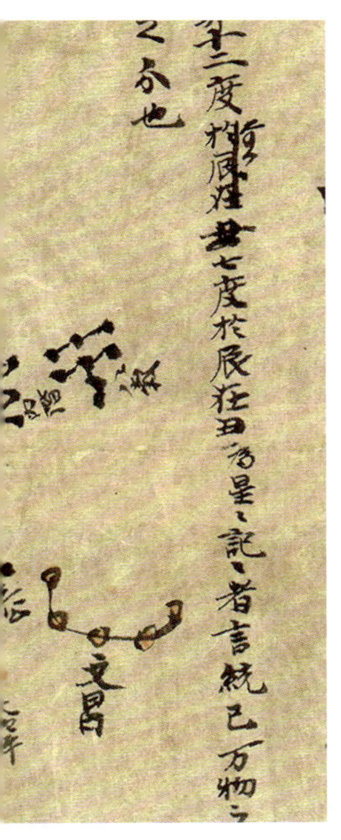

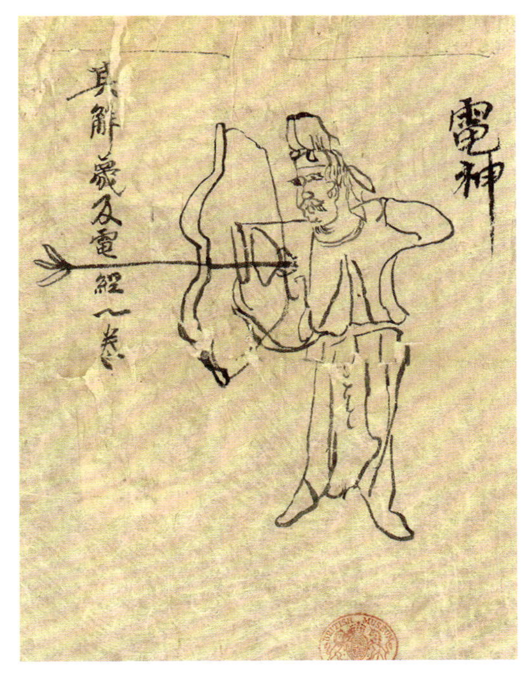

◀**弓箭手**｜《敦煌星图》的最末端绘制的是一位身着中国古装、正准备射箭的弓箭手。从画像右侧的文字可以看出，他是电神。中国古代神话传说中有许多种神是司管天上的闪电的。他们的形象不一，或男或女。这幅电神是男像，传说闪电是由于他将箭射出而生成的。此卷尾绘制的电神戴硬脚幞头，而硬脚幞头在盛唐之末才流行，故此图的绘制时间可能略晚于盛唐。由此，中国著名考古学家夏鼐认为该图的制图时间为唐开元（713—741 年）至天宝（742—756 年）时期。

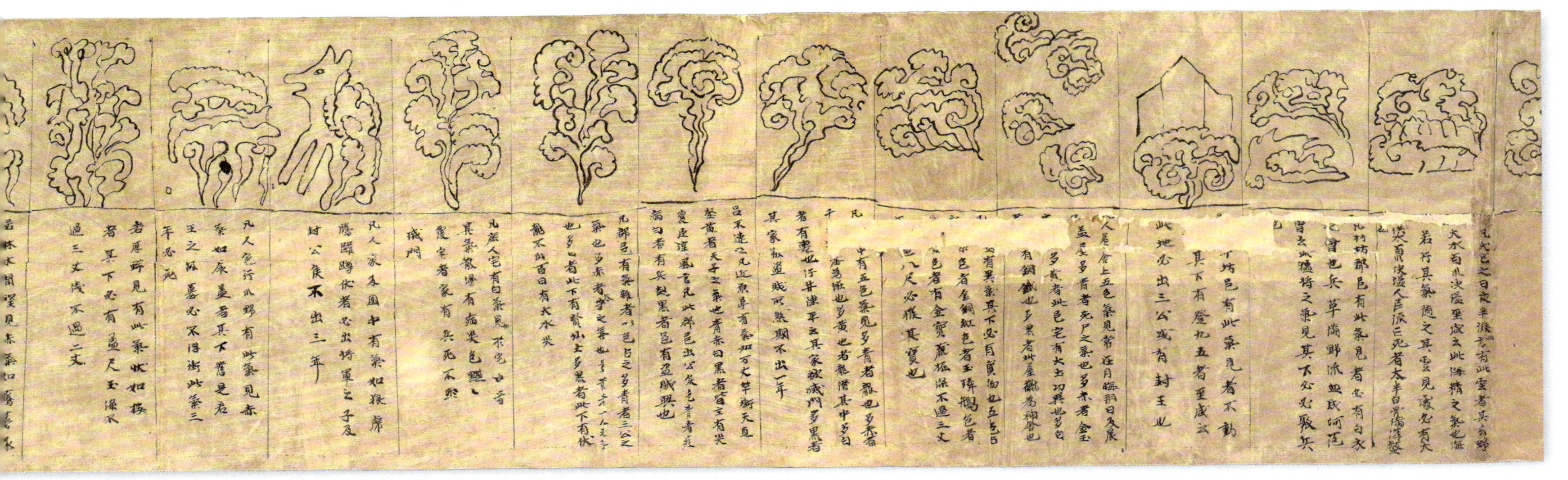

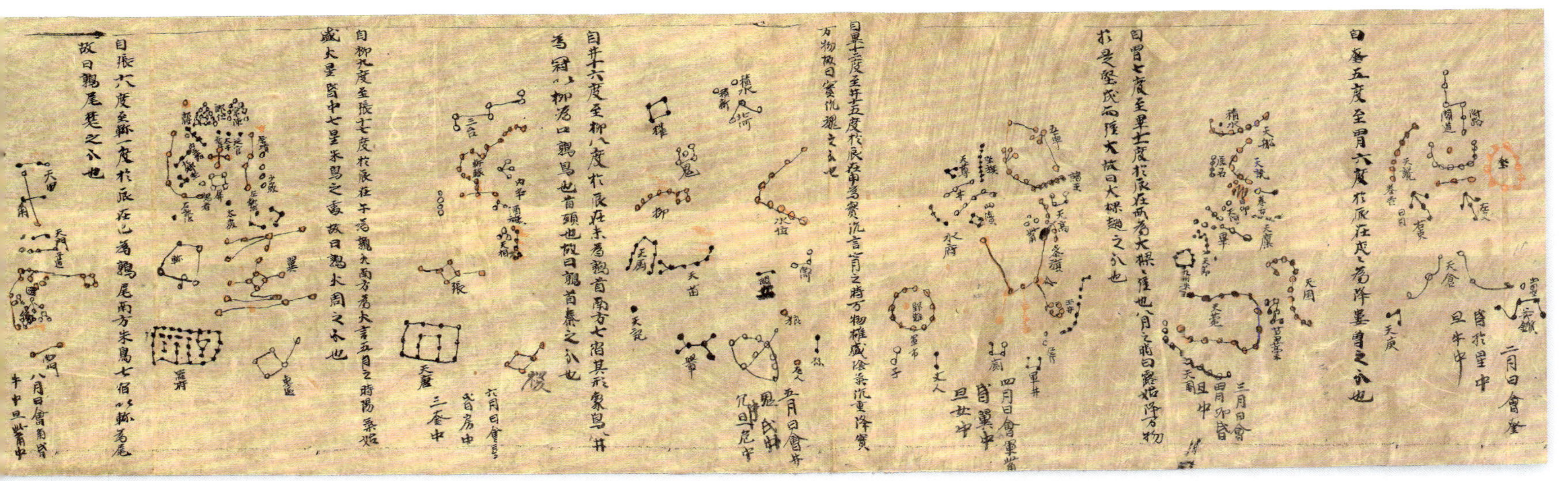

▲《敦煌星图》

北宋石刻星图

宋代是中国传统星图发展的巅峰，该时期的星图体现了当时的实测数据。

《苏州石刻天文图》是现存最古老的石刻实测星图，它被錾刻在一块高 2.16 米、宽 1.06 米的大石碑上。它的上半部分为圆形全天星图，下半部分为说明文字。星图刻于南宋淳祐七年（1247 年），直径约 91.5 厘米，有恒星 1400 多颗，银河斜贯星图。它以天球北极为中心，布有内规、赤道、黄道、外规和重规，同时刻有银河和 28 条经过二十八宿距星的经度线。该图是根据北宋元丰年间（1078—1085 年）一次恒星观测的资料绘制的。它已被中国国家文物局列为全国重点保护文物，现存于江苏省苏州碑刻博物馆。

《苏州石刻天文图》局部

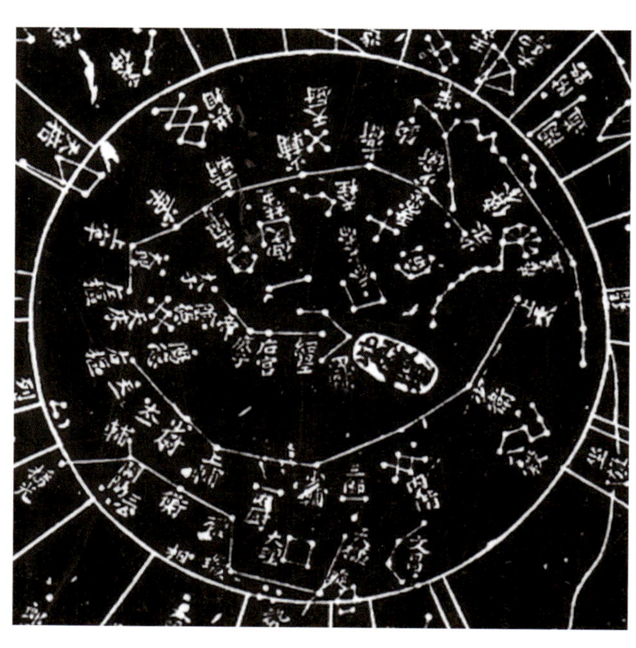

◀ **天球北极** | 图中心为天球北极。以之为圆心，星图上画有三个同心圆，此图中是最内的小圆，称为内规。在地球北纬约 35° 的地方，一年四季都能看见内规上的恒星。

▼ **图案** | 星图上星宿的名字和星官的图案大多与现代国际上通用的不同，但有少数几个星官的图案与现代星图中星座的图案形状极为相似。例如北斗七星是大熊星座的一部分，下图中的参宿所包括的星与猎户星座大致相当。

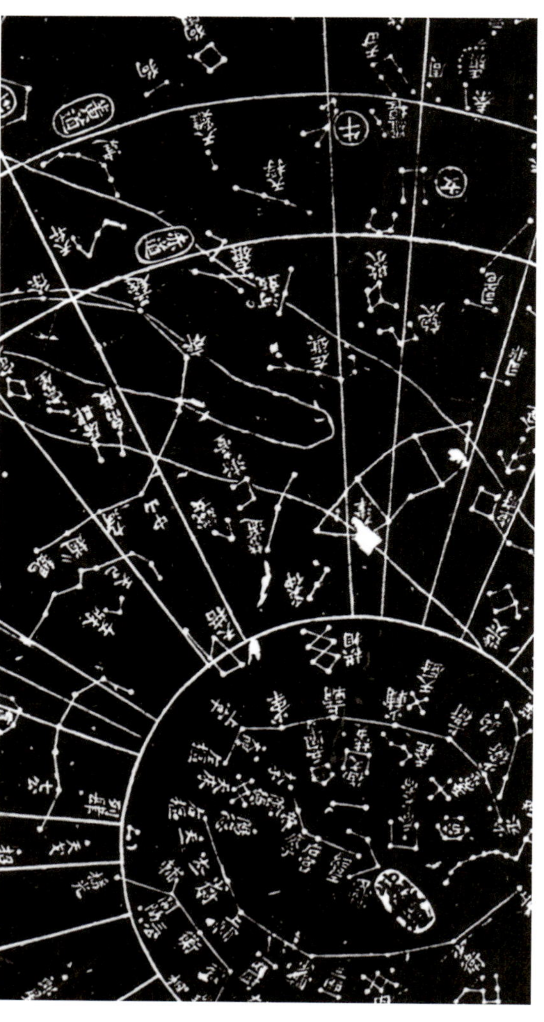

▲ **命名** | 图中并不是每个恒星都标有名字，科学家根据图中的北极点和一些可以辨识的星官图案，确定出天球的黄道和赤道位置，从而推算图中各个恒星的“西名”。

▼《苏州石刻天文图》

辽墓星图

张世卿墓是辽代墓室，发现于河北省张家口市宣化区下八里村，于1974年清理出来。此墓为一个双室墓，其后室墓顶绘有星图，正中为一面铜镜，代表天的中心，周围画有莲花图案，莲花之外绘有日、月和北斗七星等，再向外为二十八宿和本土化了的古巴比伦星座系统——黄道十二宫，星座罗列，秩序井然。这种中外天文记星法的结合，代表着该时期中原文化与域外文化的交融。

➤**张世卿墓壁画**｜壁画描绘了墓主人张世卿生前的生活情景。右图为前室东壁的《散乐图》，由12人组成，乐队11人分前后两排错位布置，乐队前方有一矮人在舞蹈。

张世卿墓彩绘《星宿图》局部

▲**中心铜镜**｜在张世卿墓后室的墓顶中央悬挂一面铜镜，铜镜周围绘有莲花，莲花外绘有淡蓝色的苍穹，历经岁月，蓝色已经变得斑驳。

◀**二十八宿**｜莲花的外围是二十八宿图。因为它们很像日、月、五星栖宿的场所，所以称作“宿”。全幅星图包括星体51颗。其实早在唐代，二十八宿就已包含180多颗星体了。

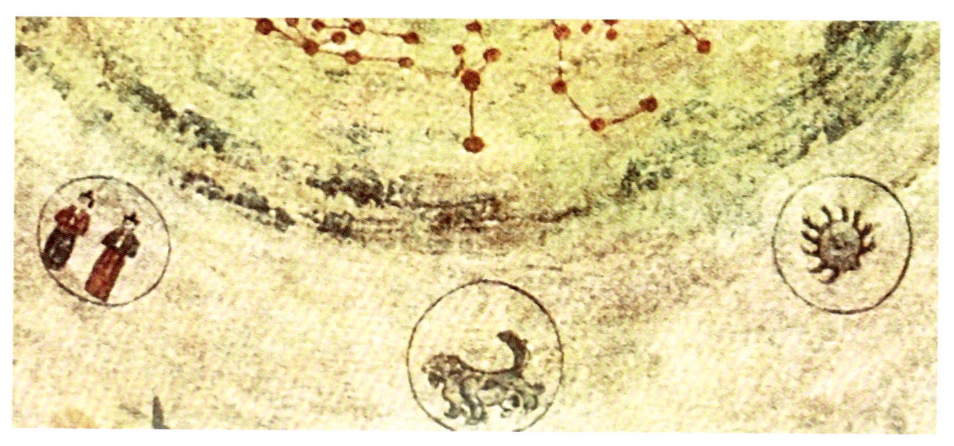

▼**黄道十二宫**｜在二十八宿的外圈，绘有黄道十二宫。黄道十二宫的术语起源于古巴比伦。这幅壁画中的星图，中西合璧，是后人研究中国古代天文学的重要资料。图中可以看到黄道十二宫中的三个：从右到左分别是巨蟹、狮子和室女。

▲张世卿墓彩绘《星宿图》

明清时期的星图

明末屏挂式《赤道南北两总星图》既是当时世界上首屈一指的科学“图画”，也是现存于世的时间最早、尺寸最大的东方皇家御用星图原图。它由明代天文学家徐光启主持测绘制作，并于明崇祯七年（1634 年）完成印绘。

该星图由 8 个条幅纵向拼组而成，主图是依据在南赤道和北赤道所见的星绘制的两幅星图，每个半球图直径约 160 厘米，共绘有恒星 1812 颗，所有恒星皆依实测数据绘制。南天极附近是中国古人未曾观测过的天区，绘图者依据西方星图和星表补充了 126 颗星，大小麦哲伦星系（云）也标注在星图上。图上还绘有 28 条赤经线，分天区为二十八宿。图上绘有星座、星云和银河系，各星座的名字有的是传统的中国命名，也有的是从西方翻译过来的。两幅主图之间及两侧分别绘有《赤道图》《黄道图》和各种小星图共 12 幅，黄道经纬仪等各种仪器图共 4 幅。该图原件保存在中国第一历史档案馆。

▼《赤道南北两总星图》

相关知识 | 黄道

我们现在知道，地球一年绕太阳转一圈。但是人们在地球上看太阳，就好象它一年在天空的背景图中转动了一圈。人们将太阳的这个移动路线称作“黄道”。

黄道经纬仪

▼**北京隆福寺万善正觉殿星图藻井**｜北京隆福寺始建于明景泰三年（1452年），为明清两代皇家寺院。寺中正觉殿藻井顶部为一正八边形图板。板上粗布衬底，漆以蓝色，沥粉施金，绘有星图1幅。现存星数1400余颗。图中以半径不等的几个同心圆分别显示内规、中规、外规和重规，但未标出黄道。

星图与古今生活

古代星图寄予古人精神追求。古代星图有许多物质载体。如前所述，星图运用在古代墓葬中，反映了墓主人对星图含义的认同。当然，这并非普通百姓能及。又如，星图作为装饰纹样运用在铜镜上。星图最直接的用途是作为航海定位工具。郑和远航时，用到了牵星图。中国古人利用牵星板，测量星体相对于海平面的高度，再对照牵星图上的注记，从而确定船只所在的纬度。

在今天中国人的生活中依然可以找到古代星图的影响。例如湖南省一座名叫“娄底”的城市，其名称即来自娄宿和氐宿；有款电子词典的商标为“文曲星”；有的公司用“星图”来命名。

星宿与二十四节气

中国古人通过“观象授时”，把天象运动与历法结合起来，而历法又与农事活动相联系。如先秦道家著作《鹖冠子》记载了通过北斗七星的斗柄所指的方向来确定一年四季。四季对应十二个月，每个月有两个节气，每年共二十四节气。中原的先民根据二十四节气来安排农事活动。二十四节气在西汉确定下来，传承至今。

道教认为，太阳帝君为阳宫总司，列二十八宿为属吏。太阴皇君为阴宫总司，总领二十四炁君，他们是与二十四节气对应的神祇。宋代道教经典《太上感应篇》记载了每个节气对应的星宿，多数节气对应二十八宿之一，少数对应之二。例如：立春对应虚宿，雨水对应危宿，惊蛰对应室、壁二宿。

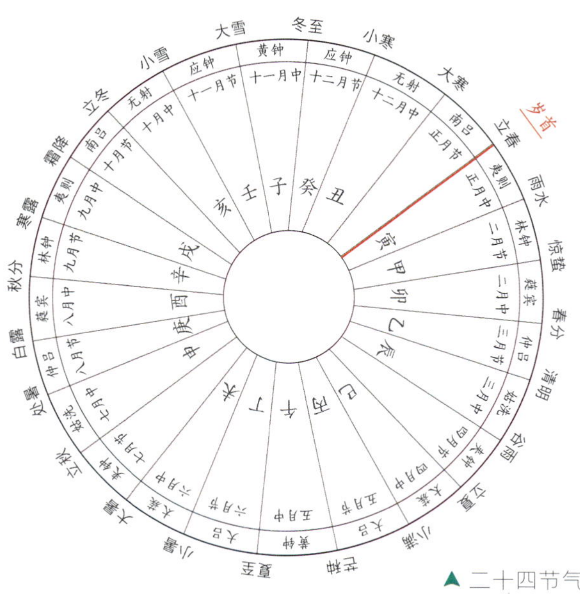

▲ 二十四节气

《郑和航海图》中的牵星图

《郑和航海图》中有多幅牵星图。郑和船队正是通过观察几个不同方位的星体，计算出当地的地理纬度，并结合其他信息，来测定船只的具体航向。有学者考释，当时的牵星术可以确定相当准确的纬度位置。

仿唐二十八宿铜镜

铜镜是中国古代梳妆照容的用具。仿唐二十八宿铜镜因铸有二十八宿而著名，反映了当时制作人对天文学的认识。该铜

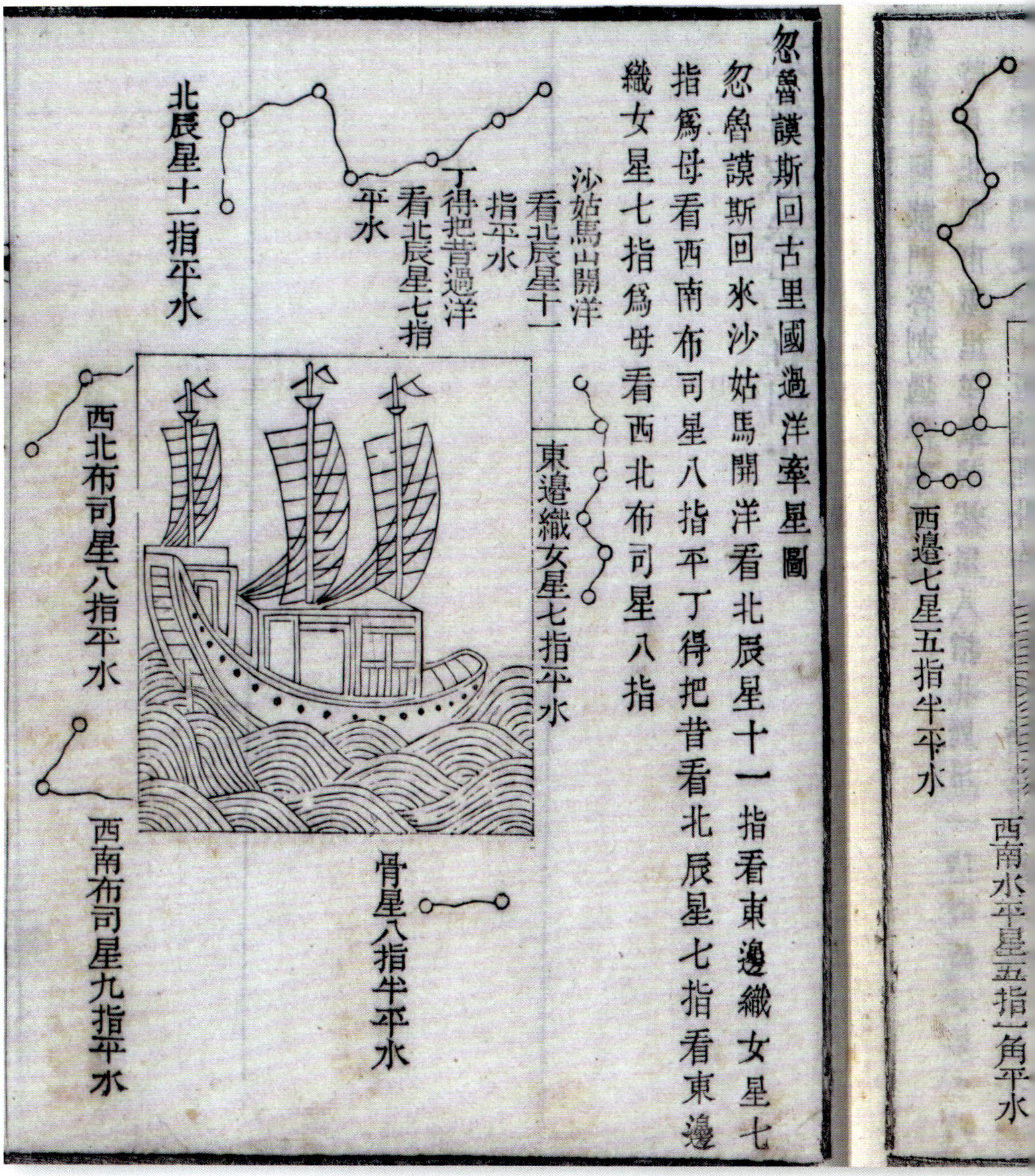

镜直径 27 厘米，为北宋年间仿制，现藏于湖南博物院。镜背以连珠纹间隔为五圈：第一圈绕钮座装饰青龙、白虎、朱雀、玄武四象；第二圈为鼠、牛、虎、兔、龙、蛇、马、羊、猴、鸡、犬、猪十二生肖；第三圈为花卉间八卦纹；第四圈为二十八宿星图；第五圈为 54 字铭文：“长庚之英，白虎之精，阴阳相资，山川效灵，宪天之则，法地之宁，分列八卦，顺考五行，百灵无以逃其状，万物不能遁其形，得而宝之，福禄来成。”

▲ 仿唐二十八宿铜镜拓片

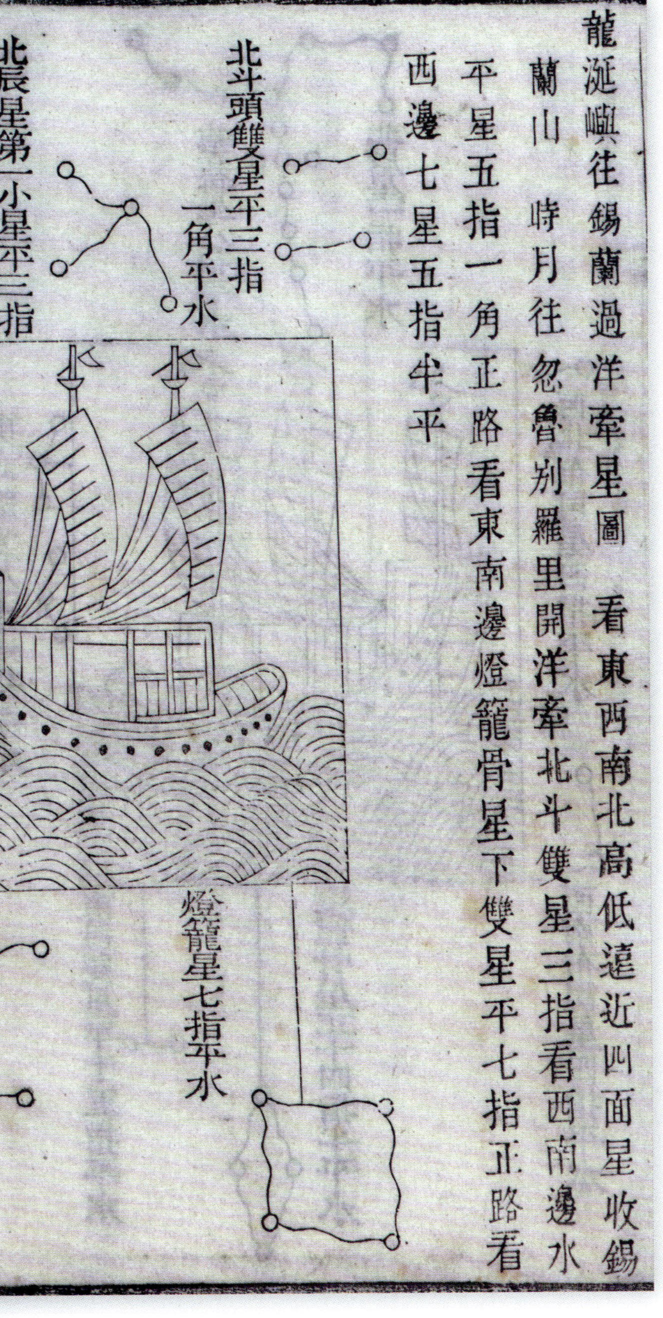

◀《郑和航海图》| 明代航海图集，成图时间为 15 世纪 20—30 年代。

牵星图原理

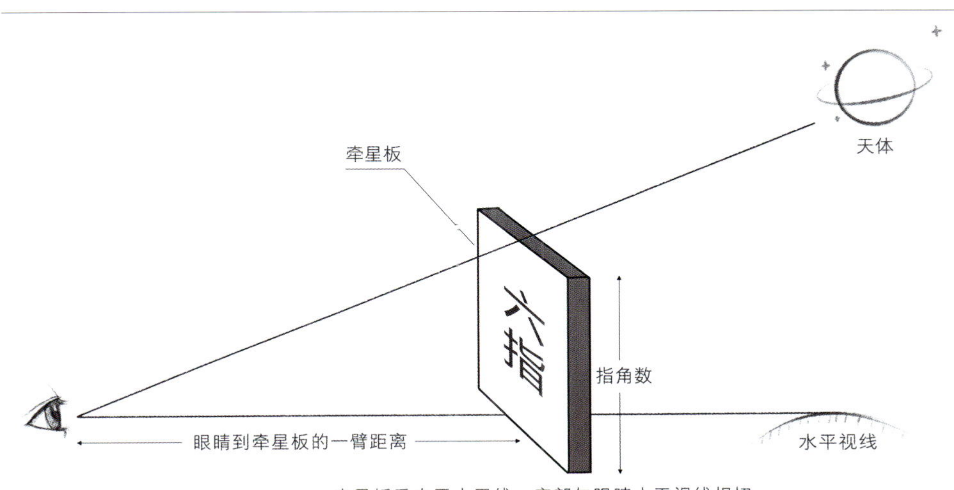

▲ **牵星板观星图** | 明初中国船只海上远航，普遍使用牵星板，配合牵星图来定位，这是先民智慧与经验的结晶。牵星图中所写的“三指”“六指”“十一指”等，指的是某天体与水平线的夹角，或视仰角。指数越大，某个恒星与视线水平线的夹角就越大。船所在的纬度不同，观察同一恒星的指数也不同。经过换算，一指大约是 2 厘米，每指代表的角度平均为 1.74°。

◀ **牵星板** | 由于每个人手的大小不一样，人们发明了带刻度的牵星板。好的牵星板用优质的乌木制成。图中这套牵星板文物共有 12 块正方形木板。每一块牵星板上都标有刻度，用“指”作单位，最大的那块为“十二指”（边长约 24 厘米），最小的为“一指”（边长约 2 厘米），如此类推。一指还可细分为四“角”。

象天法地

中国古人想象地面上的政治空间单元（如州、国）或建筑与天上的星宿有关系，并认为通过观察天相变化，可以预测对应地区的福祸吉凶。《易经》中讲“在天成象，在地成形”。古人讲究天、地、人相通，通过象天法地，实现天地人合。中国古代王城或都城的选址和规划几乎都考虑了象天法地的原则。此外，都城中的王宫也倾向建在城的中心位置，这个位置对应了天球的中心。

秦国都城咸阳与星图

秦始皇统一中国，建立了中央集权的秦王朝。之后，他对都城咸阳进行了大规模的改造和扩建，以体现帝王的威严。根据《史记》《三辅黄图》的记述，咸阳城内各主要建筑和景观就是参照星宿在空中的相对位置布局的。天上有银河，而渭河横贯咸阳，对应天河。横桥横跨渭河，其走向象征牵牛星与阁道之间的关系。咸阳宫象征紫微垣，紫微垣以北极星为中心，被视为天的中心，皇帝的居所咸阳宫与之对应。阿房宫的大小和方位，与二十八宿中室、壁二宿组成的“营室”一致。咸阳城中的市场、手工业区、居住区、军火库、祭祀空间等的位置，也能在星空中找到对应物。

▲ 咸阳城“象天法地”模式示意

温州“斗城”格局

温州位于浙江省南部，相传由东晋的郭璞选址建造。按照《温州府志》《方舆胜览》的记载，郭璞将温州定址于九山环绕之处，因为九山如同北斗七星一样，是块风水宝地，所以温州城也被称为“斗城”。同时将城设在群山之中，不易被外界的战争所扰，可以长居久安。

相关知识 | 郭璞

郭璞（276—324 年），两晋时期著名的文学家、训诂学家。字景纯，河东郡闻喜县（今山西省运城市闻喜县）人，建平太守郭瑗之子。郭璞自少博学多识，喜好经学与辞赋，曾注释《周易》《山海经》《尔雅》等古籍。也又拜大术士郭公为师，精于历算及术数，以善于卜筮闻名。他常以卜筮的形式，隐晦地表示对时局事态的看法。如他给晋元帝的几篇奏章，就是借谈阴阳灾异，以规劝帝王减轻对人民的压榨。

▼ 温州“斗城”格局

温州“斗城”格局

▲ **北斗七星** | 松台、郭公（原名西郭）、海坛、华盖四山，像北斗七星的“斗身”，远处的积谷、巽吉、仁王三山则像“斗柄”。

▲ **二十八宿** | 城内开凿二十八口水井，象征天上的二十八宿，可以解决城内人民的用水问题。图中的水井位置只是示意，并非水井考古地点。

▲ **五行** | 城内开五个水潭，象征五行。各潭与河相通。如果发生战争，城池被包围，在断水的情况下，城内五个水潭足以应付。

明孝陵与星图

明孝陵位于江苏省南京市紫金山南麓独龙阜玩珠峰下，是明太祖朱元璋与其皇后合葬的陵墓。此陵墓先后调用 10 万军工，历时 25 年修成。它被视为中国明清皇陵之首，代表了明初建筑和石刻艺术的最高成就，直接影响了明清两代 500 余年 20 多座帝王陵寝的形制。这些帝王陵寝分布在今北京、湖北、辽宁、河北等地。人们从明孝陵遗址可以看到皇家陵寝的规制。明孝陵传承了唐代、宋代帝陵依山为陵的旧制，坐落于紫金山，但其神道却不在传统的中轴线上，而是因循地势蜿蜒而上。原因是明孝陵正对着东吴孙权的墓葬所在地梅花山，朱元璋没有选择破坏孙权墓的位置，而是通过创新的设计，让自己的魂归之所传达天人合一的理念。从平面图上看，从大金门经神道到宝顶，其格局如同北斗七星。

“天上掉下来”的紫禁城

故宫曾是明清两代皇宫，旧称紫禁城。它是中国现存规模最巨大、保存最完好的古建筑群。紫禁城的名称就来自三垣中的紫微垣（又称紫微宫）。紫微垣正中，北极当天，有着无比高的尊严。在神话传说中，天帝居住在紫微宫，而人间皇帝自诩是受命于天的“天子”，其居所也应呼应紫微宫。又由于古代皇宫是禁地，常人不能进入，故“紫”和“禁”结合，宫城便被称为“紫禁城”。

▶ **紫禁城** | 既生动活泼又庄严崇高的紫禁城全貌跃然纸上。出自《京师生春诗意图》，由清代画家徐扬绘于乾隆三十二年（1767 年），由故宫博物院提供。

明孝陵

▲ **明孝陵** | 宝顶（即圆丘）、享殿（供奉灵位和祭祀的大殿）、文武方门为北斗七星的“斗柄”，“斗身”由金水桥、棂星门、望柱、大金门构成。明太祖认为，他生为人间天子，死后其魂当回归北斗，驾驭“天帝之车”。

◀ **梅花山和梅花谷** | 植物景观作为明孝陵景区的重要组成部分，对明孝陵整体基调的确定有相当大的作用。景区中优美的自然环境与历史悠久的文化景观协调相融，浑然一体。梅花山和梅花谷是明孝陵景区最好的赏花地点。

▼ **神道上的石像生** | 明孝陵在神道的设计上并未因循守旧。神道不但不在陵墓的中轴线上，而且还因形随势，蜿蜒曲折。这种设计体现了人们对自然地形的顺应之道。神道上的神兽有狮子、獬豸、骆驼、大象、麒麟和马。每种石兽 4 只，共 24 只。

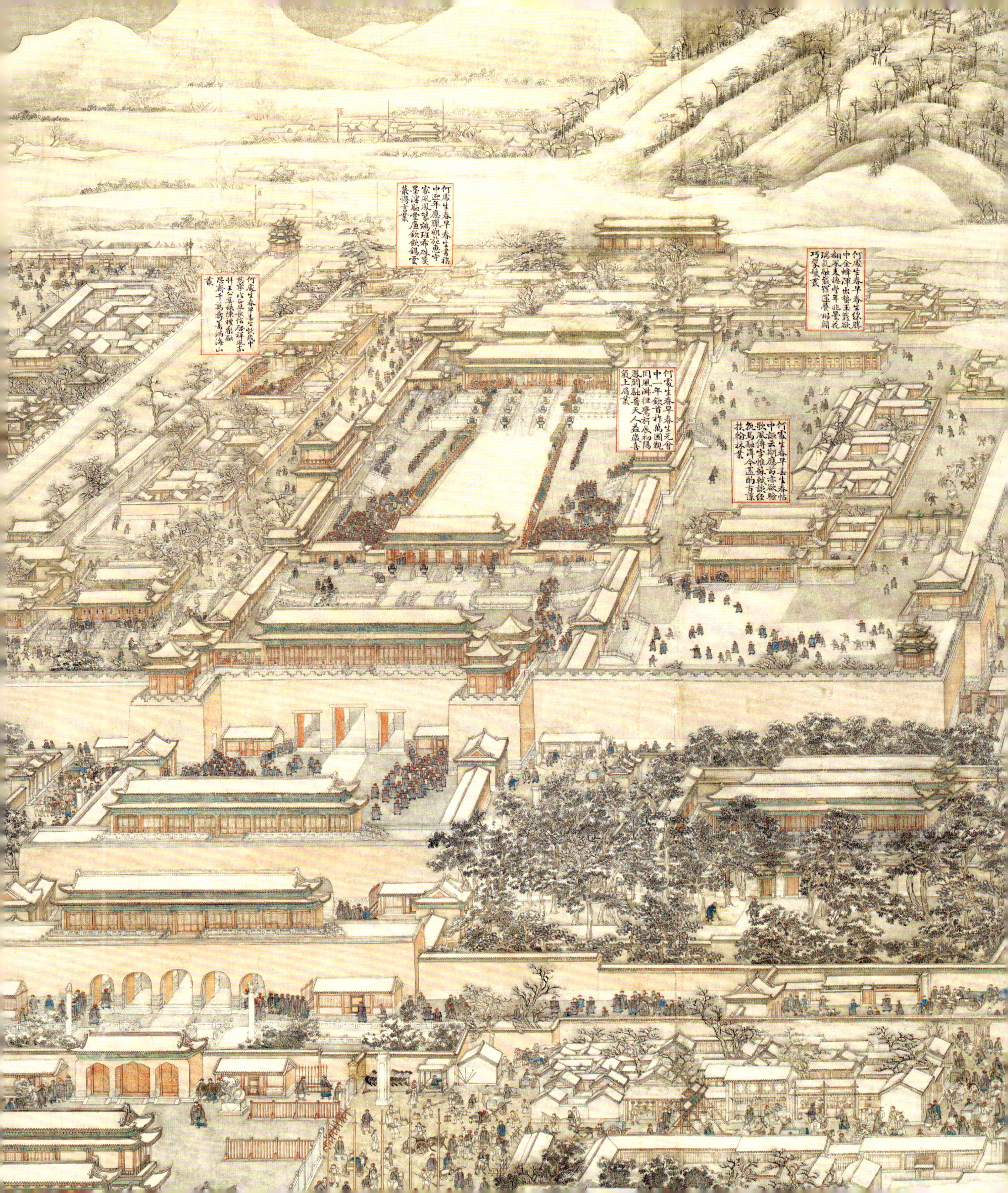
何處生春早春生書福
中迎年應臘朔旋惠守
家風鳳篆鵷班布殊箋
墨瀋融堂廉欽欽錫雲
藂惕言叢
何處生春早春生賀歲中
慈寧臨旦長信啓祥風
拜王公集秩陳禮樂融
思齊千萬壽纂滿海山
叢
何處生春早春生綵勝
中金蜂渾出蟄玉燕欲
翻風麥穗豐年兆曇花
瑞氣融歲羅還疊錦闌
巧篆驟叢
何處生春早春生元會
中一年欽首祚萬國覲
同風淑律鸞旂展和陽
鳳闕融普天人益歲喜
氣上眉叢
何處生春早春生春帖
中詎云期應詔亦欲驗
歌風傳字惟蘇軾談經
執馬融準今還酌古藻
扶翰林叢

天圆地方

▼**福建省漳州市田螺坑土楼群**｜福建省漳州市的土楼的合围形式有正圆形、椭圆形、正方形、长方形、八角形等，这组土楼因为包含正方形和正圆形，被赋意“天圆地方”。

“天圆地方”是中国古代早期对地球与宇宙空间关系的描述模式。这样的宇宙观源远流长。早期人们认为“天圆如张盖，地方如棋局”。但圆盖形的天与正方形的大地边缘无法吻合。于是又有人提出，天与地并不相接，而是像一把大伞一样高悬在大地之上，地的周边有八根柱子支撑着，天和地的形状犹如一座顶部为圆穹形的凉亭。天圆地方的宇宙观至今仍在影响中华民族的空间实践。

中国古人的宇宙观

“宇”具有空间含义，上下四方称为“宇”；“宙”具有时间含义，古往今来称为“宙”。“宇宙观”是人们对时间与空间的看法，因为人们需要理解昼夜四季的更替，以及空间方位的变化。在天文学尚不发达的古代，中国较流行的宇宙观是盖天说、浑天说和宣夜说，其中盖天说与天圆地方的观念相关。

盖天说

盖天说出现的时间最早，对人们的日常生活影响也最大。成书于西汉的中国古代数学和天文学著作《周髀算经》中，提出了两种关于天圆地方的认识。一种说法认为天如同人们戴的斗笠，地如同倒盖着的盘子，天和地都是中间高四周低，两者之间相距八万里。北极是天穹的中央，日月星辰围绕其旋转运行。另一种说法认为天如同盖子，而地如同棋盘，它们都是关于天圆地方的解释。两种说法都认同天如同盖子且固定不动。

浑天说

关于浑天说的记载见于晋代成书的《浑天仪注》，该观点认为天是圆球，如同蛋壳包裹着蛋黄一般包裹着大地。大地漂浮在水上，后来演变为天与地都漂浮在大气之中。大地并非静止不动，而是可以回旋浮动，大地的周边仍是方形，日、月、五星在天空中有序运行。浑天说认为地球是宇宙的中心，它在中国古代天文领域最为盛行。

宣夜说

宣夜说认为宇宙是无限的，并描绘了日月星辰在无限的宇宙中运动的壮阔图景。与浑天说或者盖天说相比，宣夜说更加接近真实的宇宙。但宣夜说并未解释天体运动的规律，在中国古代并未得到重视。

天圆地方的思维方式

古代人们的活动范围很小，根据直观感受，在天之尽头天地仿佛连在一起，从而形成天如同圆盘或斗笠覆盖着大地的朴实天地观念。后来，天圆地方的观念不仅指天地形状，还延伸到天明地暗、天阳地阴、天动地静的思维方式。世界是明暗互映、阳阴相济、动静相宜的对称、循环、渗透的过程。

神话传说

女娲补天和共工怒触不周山是家喻户晓的古代神话传说。西汉著作《淮南子》中记载女娲补天故事发生的背景是“往古之时，四极废，九州裂，天不兼覆，地不周载”，道家典籍《列子》记载共工怒触不周山后，“天柱折，地维绝。天倾西北，故日月星辰移焉；地不满东南，故水潦尘埃归焉”。这两则神话都讲到原来天地之间由天柱所支撑，地的四角有大绳拴挂，天塌了，大地无法承载天穹的重量，各种灾难也随之而来。这两则神话中的大地就是四方形的。

天明地暗，天动地静

北周卢辩为《大戴礼记 · 曾子天圆》

相关知识 | 《伏羲女娲图》

1965年，新疆阿斯塔那出土的一幅唐代绢本《伏羲女娲图》中，伏羲与女娲都是人首蛇身，他们并肩相拥，蛇尾交缠。伏羲与女娲的头上是太阳，尾下是月亮，而周围则布满了星辰。

图中，伏羲左手执“矩”，即曲尺，女娲右手执“规”，即圆规。中国古代的规、矩，代表着礼法、制度。“无规矩不成方圆”，一矩一规，象征着天圆地方。

▲《伏羲女娲图》

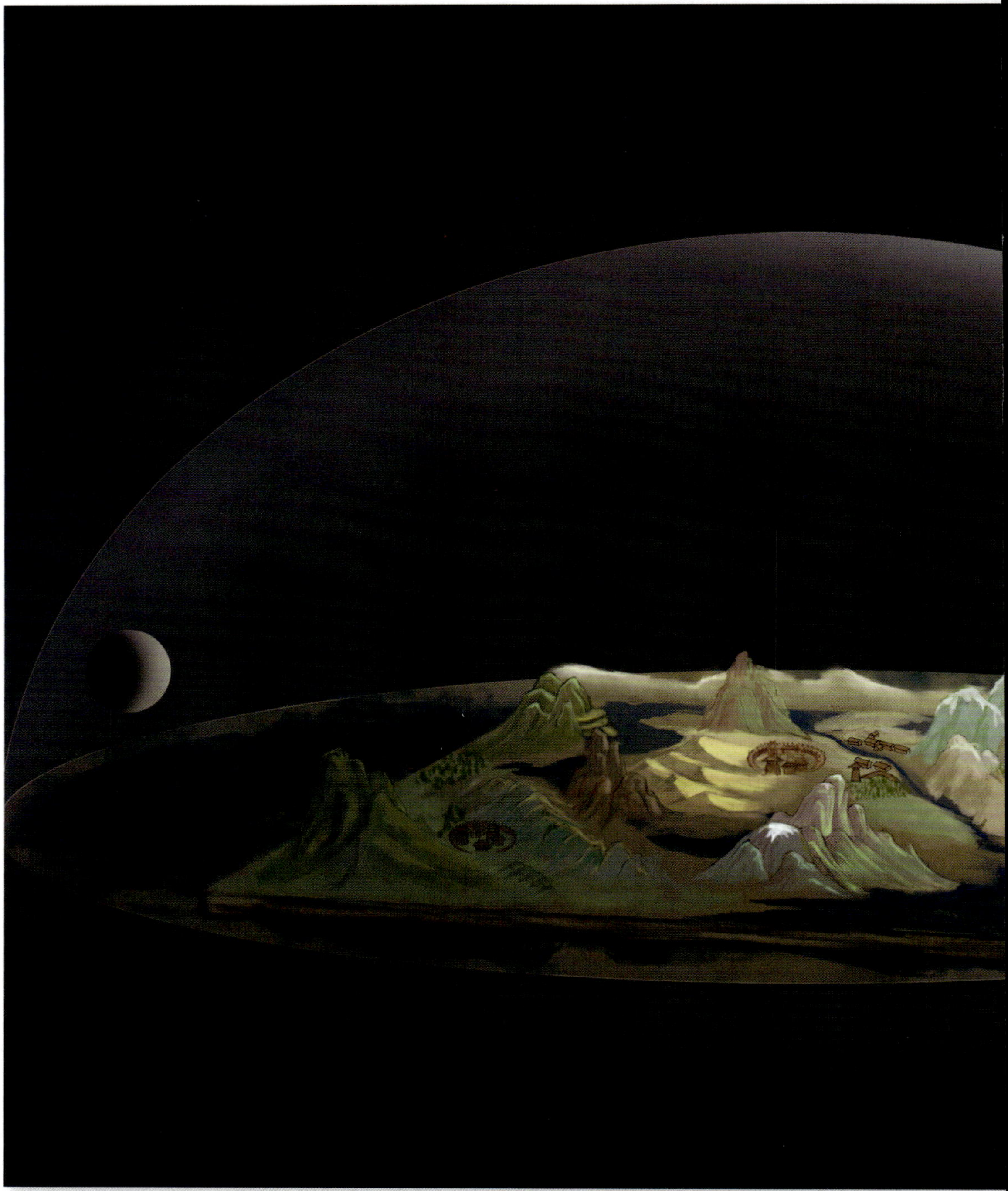

作注，记载了曾子对天圆地方的解释："道曰方圆耳，非形也。方曰幽，圆曰明。"天圆地方并不是指形状，而是指明暗。而庄子则认为"其动也天，其静也地"，天圆地方说的是动静。古人观天，发现天是明的，地是暗的；天是动的，星辰绕北极星而动，人们脚踏的土地是静止的，动为圆，静为方。因此古人从"天明地暗""天动地静"的角度解释了天圆地方的宇宙观。

四方

天圆地方也是对时空的描述坐标。古人用"天圆"形容时间轮回，如四季、昼夜的轮回；用"地方"形容空间有东、南、西、北"四方"。古人将太阳升起的一方称为东方，将太阳落下的一方称为西方，将清晨面对太阳时右手的一方称为南方，将清晨面对太阳时左手的一方称为北方。

天圆地方观念的考古印证

天圆地方的观念源远流长，从考古发掘来看，这种观念在新石器时期就已出现。

在河南省濮阳市西水坡仰韶文化遗址发现的一座距今 6000 多年的墓葬中，其墓室的形状极为特别，南半部为圆弧形，北半部为方形，它被认为是天圆地方观念早期的印证。此外，在墓主人东西两侧，有用蚌壳塑造的龙、虎造型，象征东、西二宫，北面以人骨和用蚌壳拼成的形状象征北斗七星，人骨代表"斗柄"，蚌壳拼成的三角形代表"斗身"。这样，墓室形成了一幅星图，也反映了墓主人的高贵地位。

▶ 西水坡仰韶文化遗址墓室示意图

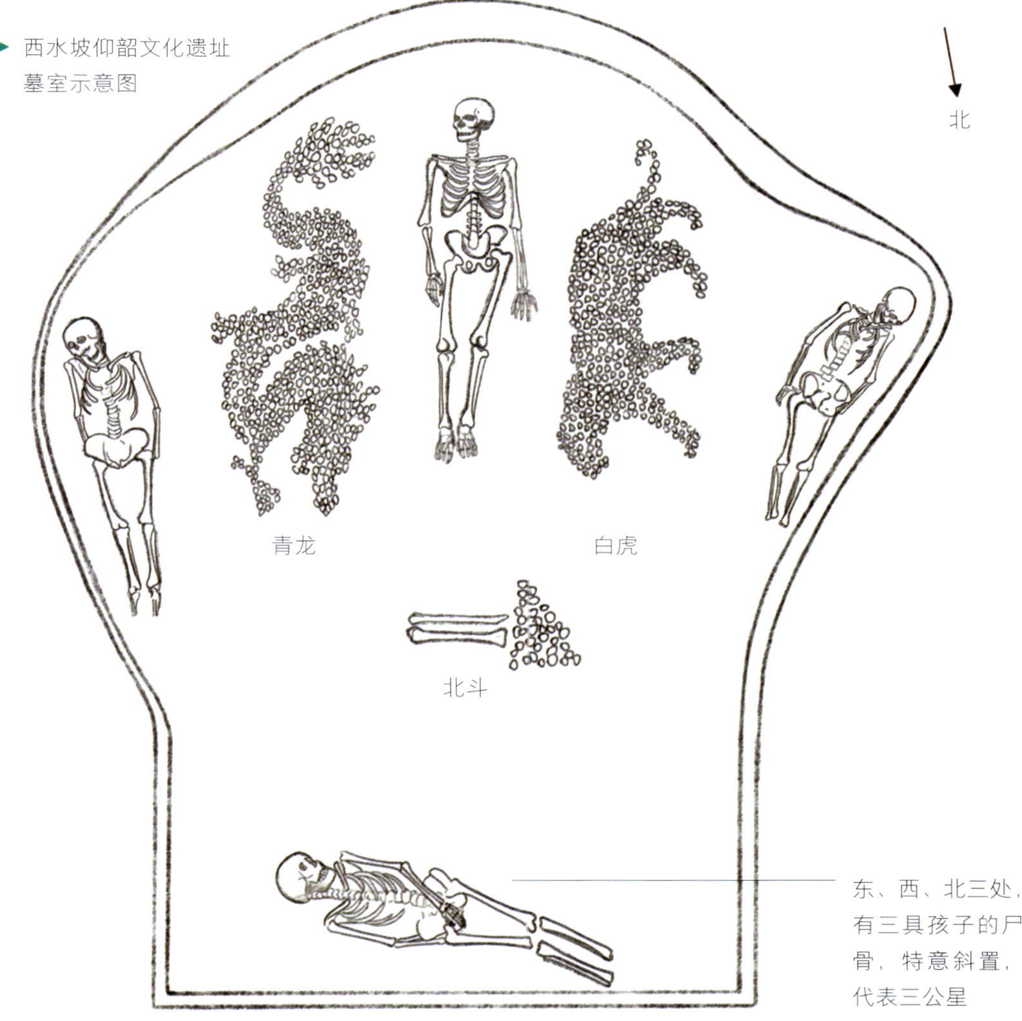

◀ 天圆地方示意图

文物中的天圆地方

天圆地方的模式带有形式美，外圆内方或方圆相接，正如“规矩”一词表达的秩序感。方圆组合形状常被用于物件样式的设计，以表达天圆地方的观念。

钱币

外圆内方的钱币的出现时间可追溯到周朝，荀悦《汉纪》记载：“周制则有文，凡钱外圆内方。”秦始皇统一六国后，统一了文字、律法、货币和度量衡，自此固定了外圆内方的钱币形态。从秦朝的“秦半两”开始到民国的“洪宪元宝”和“民国通宝”（辛亥革命后，云南、福建曾铸“民国通宝”）止，方孔圆钱的形制在中国存在了 2000 多年。

玉琮

玉琮是中国古代祭祀的重要礼器。玉琮的形状为方柱体，外方内圆，寓意天圆地方。新石器中晚期，玉琮在江浙一带的良渚文化中大量出现。四川省成都市西郊的金沙遗址也出土了两件良渚式玉琮。

式盘

式盘是中国古代用于推算历数的工具。式盘主要有三类：遁甲、太乙、六壬。六壬式盘分为天盘和地盘。天盘为圆形，地盘为正方形。上面画有北斗和二十八宿的方位。《史记》中对式盘形态的描述为“上圆象天，下方法地”。地盘较大，其上托着的天盘形如盖笠，可以旋转。

汉代规矩镜

汉代规矩镜的背面图案为外圆内方，寓意天圆地方。中心的方形代表大地，周边辅以青龙、白虎、朱雀、玄武四神纹饰，分别代表东、西、南、北四个方向，显示了古人认为“天包地，地依天”的观念。规矩镜的另一种说法是，匠人在设计纹饰时用到了规和矩两种工具。前者为圆，后者为方。汉代规矩镜的纹饰丰富，线条有单线和复线。尽管如此，规矩镜的纹饰布局严谨，万变不离其宗，即都遵循三个圈层结构：外圈是圆镜的边饰纹，中间是一圈方形纹，中心是一个圆钮。

▲**通宝**｜“通宝”是中国钱币的一种名称。早期钱币多以重量命名，如半两、五铢。唐武德四年（621 年）废五铢钱，开始铸造开元通宝。图为唐代开元通宝。

▲**玉琮**｜图为江苏省苏州市草鞋山出土的玉琮，现收藏于南京博物院。上面有神兽之纹。

▲**六壬式盘**｜天盘中部有北斗，四周有两圈篆文，分别是十二月将和二十八宿。地盘四周有三层篆文：

苦节君

茶室（茶席）始于唐，盛于宋。通常茶炉设于茶室当中，周围设几个座位，茶具井然有序地陈放在四壁的橱内或案上。茶炉通常是用泥土烧制的，内放木炭。为了防止人无意中触碰到茶炉被烫伤，人们用竹篾编制一个比茶炉外径稍大一些的圆形外套，而后将茶炉放在其中，再将这个竹篾外套和茶炉一并置于一个方形台上。这样一套茶炉装置被称为苦节君。到明代苦节君更为流行，因竹子象征贞洁、有操守，而造型呈上圆下方，“肖形天地”，符合文士追求的儒雅与天人合一的境界，这种茶具备受文人喜爱。

相关知识 | 良渚文化

良渚文化因以浙江省杭州市余杭区良渚遗址为代表而命名。主要分布在太湖地区，东临海滨，西至茅山一带，北抵长江，南达杭州湾南岸。年代约为公元前3300—前2000年，也有学者认为起始年代可早至前3400年。良渚文化是中国新石器时代晚期最发达的文化之一，对中国古代文明的形成起过极为重要的作用。

良渚文化玉器制作尤为突出，代表了中国新石器时代玉器工艺的最高成就。玉器种类有琮、璧、钺、镯、坠等，还有鸟、蛙、蝉、鳖、鱼等动物造型。浙江省反山遗址12号墓出土的一件大玉琮高8.8厘米，重6.5千克，被称为玉琮王。

▶ 良渚文化分布示意图

内层八干四维，中层十二地支，外层二十八宿。

▲**汉代规矩镜** | 图为安阳殷墟艺术博物馆收藏的汉代规矩镜。欧美收藏界将上面的圆形纹饰称为V纹，比喻圆规；将直角纹称为T、L纹，比喻直角尺。

▲**苦节君** | 这套苦节君采用了不同的竹子材料，既有竹篾，也有竹筒、竹板。总体上保留着上圆下方的形式。

天圆地方与古代建筑

天圆地方观念对中国古代城市和建筑影响深远。古人讲“天道曰圆，地道曰方”，因方而正，只有在地上建立秩序才能维持安定，因此中国古代的祭祀建筑、陵寝建筑等多体现了天圆地方的思想。

祭祀建筑

体现天圆地方理念的祭祀建筑代表当属位于今北京市的天坛与地坛。天坛的祭坛圜丘坛为圆形，凸显了天穹至高无上的地位；地坛的祭坛方泽坛为方形，彰显了大地的沉稳、庄重。天坛也根据“天圆地方”的格局建造两道坛墙，北边的坛墙为半圆形，南边的坛墙为方形，合天圆地方之意。

陵寝建筑

明孝陵之后，帝王陵墓基本确定了由方城、明楼和宝城、宝顶构成的封土格局。其中，明长陵建于永乐七年（1409年），位于北京市昌平区天寿山主峰南麓，为明十三陵之首，是明成祖朱棣和皇后徐氏的合葬墓。明长陵在十三陵中建筑规模最大，营建时间最早。平面布局呈前方后圆的形状，寓意天圆地方。

到清代，“前朝后寝”，由前至后纵向排列二方一圆的三进院落，成为清代帝陵的基本建筑形式。方城建成方形，宝城建成圆形，分别象征着地和天，以合天圆地方之说。

南北朝·佚名《乐府诗集·杂歌谣辞四·敕勒歌》：敕勒川，阴山下。天似穹庐，笼盖四野。

注：“穹庐”指游牧民族居住的圆顶毡帐，“四野”泛指四方。敕勒族人用“穹庐”比喻草原的天空，就像巨大无比的圆顶毡帐将无边无际的草原笼罩起来，隐含了天圆地方的观念。

五千多年前的石筑天坛和地坛

辽宁省朝阳市东山嘴红山文化遗址和辽宁省朝阳市牛河梁红山文化遗址均属于红山文化，该文化因内蒙古自治区赤峰市红山后遗址的发掘而得名。辽宁省的这两处遗址中各发现了一组距今 5000 多年的祭坛，祭坛由一圆一方组成，被认为是天坛和地坛的早期形式。除此之外，遗址还发现有神庙、积石冢等，这些都是高等级的祭祀遗址，反映出红山文化盛行祭祀。

▼ 东山嘴红山文化遗址

石筑圆坛祭坛

▼ 牛河梁红山文化遗址

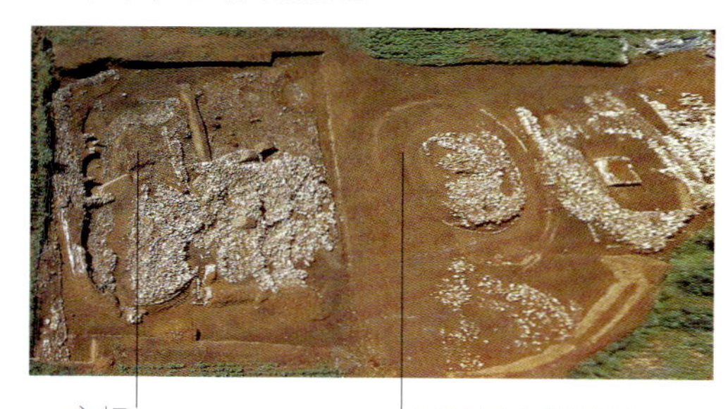

方坛

三层同心圆圆坛

◀ **天坛鸟瞰图** | 北端坛墙呈半圆形，象征“天”，南端坛墙呈方形，象征“地”。

▼ **明长陵** | 陵园规模宏大，整体布局前方后圆，象征天圆地方。其前面的方形部分，由前后相连的三进院落组成。

相关知识 | 黄帝陵轩辕殿

号称“天下第一陵”的黄帝陵是历代举办祭祀大典的地方，由张锦秋院士设计的黄帝陵祭祀大殿轩辕殿于2004年3月15日建成。轩辕殿由36根圆形石柱围合成一个方形空间，柱间没有墙壁，殿顶中央有一个直径14米的圆形天光，这种设计一方一圆，表达了天圆地方的理念，同时蕴含了黄帝陵“承天接地”的深意。

▶ 黄帝陵轩辕殿

英宗睿皇帝宣宗長子在位十四年國號正統為也先擁之北去景泰權朝七年八月亨等以兵迎復又即位八年改元天順葬石門山壽四十一歲名裕陵
光宗貞皇帝神宗長子母王后在位一月國號泰昌葬黄山二嶺壽三十九歲名慶陵
賢莊口
憲宗純皇帝英宗長子母周后在位二十三年國號成化葬寶山壽四十一歲名茂陵
神宗顯皇帝穆宗次子母李后在位四十八年國號萬曆葬小峪山壽七十三歲名定陵
茂陵監
裕陵監
慶陵監
三皇廟
獻陵監
五頂坡
胡家莊
碑樓

▲《明十三陵图》（局部）| 清人所绘，佚名。图中清晰地标出13座皇帝陵墓、7座妃子墓，并介绍了陵墓的位置和主人，皇帝的年龄和在位时间。此外还形象地绘出了神道上的石像生（帝王陵墓前石人、石兽的统称）、龙凤门等雕塑和建筑。

天圆地方宇宙观的文化传承

天圆地方的宇宙观演变至今，逐渐延展为中国人推崇的“圆融”“包容”“收敛”“方正”等思维与行为方式。许多中国企业的标志偏向用圆形与方形结合的形式。此外，也有很多现代建筑、物品运用了这种设计理念。

中国的银行标志

中国银行( )、中国建设银行( )、中国工商银行( )等许多银行的标志都采用了外圆内方的设计方案。著名设计师靳埭强设计的中国银行标志，以中国古代方孔钱和中国汉字“中”字为基本设计要素，巧妙地呈现了中国银行的特质，既简洁，又易识别，还传达了天圆地方的寓意，极具中国风格。

当代建筑

坐落在北京奥林匹克公园中心区的

鸟巢（国家体育场）和水立方（国家游泳中心，也叫冰立方），一东一西，一圆一方，一阳一阴，将中国古代天圆地方、天地和谐及阴阳调和的观念展现得淋漓尽致。

▶ **国家大剧院** | 正投影为圆形的中国国家大剧院于2007年竣工，坐落在北京城中轴线西侧（天安门广场西侧），它由一方形静水环绕。两者组合体现了天圆地方的古老宇宙观。

▼ 鸟巢和水立方

天下

“天下”，即“普天之下”。在不同语境下，“天下”的范围大小不一，但都是指地球表面人们居住的地方。在中国古代，人们尚不知道地球有多大时，就将看到、听说、想象到的地球表面都称为“天下”。譬如其中有一种想象是：天下的中间为陆地，四周为海洋。也有文献将“天下”比作国家的疆域，如魏蜀吴“三分天下”，就是指三方各据中国疆域一方。中国古人通过划分区域来管理天下，划分方式如“九州”“山川形便”“犬牙交错”；通过布局神山、神水，以佑天下，如“五岳”“四渎”等。这种空间格局的思想持续影响到中国人今日的生活，在古代还传到了中华文化辐射的东亚地区。

九州 ｜ 五湖四海 ｜ 五岳 ｜
五镇 ｜ 四渎 ｜ 山川形便与犬牙交错

河南 洛陽
懷慶 河內
潞安 長治
彰德 安陽
大名 元城
東昌
曹州
河南 開封 祥符
陳州 淮寧
鄭
許
汝
裕
南陽
嵩山
汝水
洛水
均
武當
鄖陽
襄陽
竹山
房
光
光山
桐柏
隨
荊門
安陸 鍾祥
德安 安陸
黃州 黃岡
漢陽
荊州 江陵
宜都
枝江
長陽
澧州
監利
三江口
岳州 巴陵
君山
洞庭湖
赤沙湖

九州

▼《禹贡九州山川之图》（局部）| 出自宋代唐仲友编撰的《帝王经世图谱》。该图展现了《尚书 · 禹贡》中所描述的九州分布及山川大势。

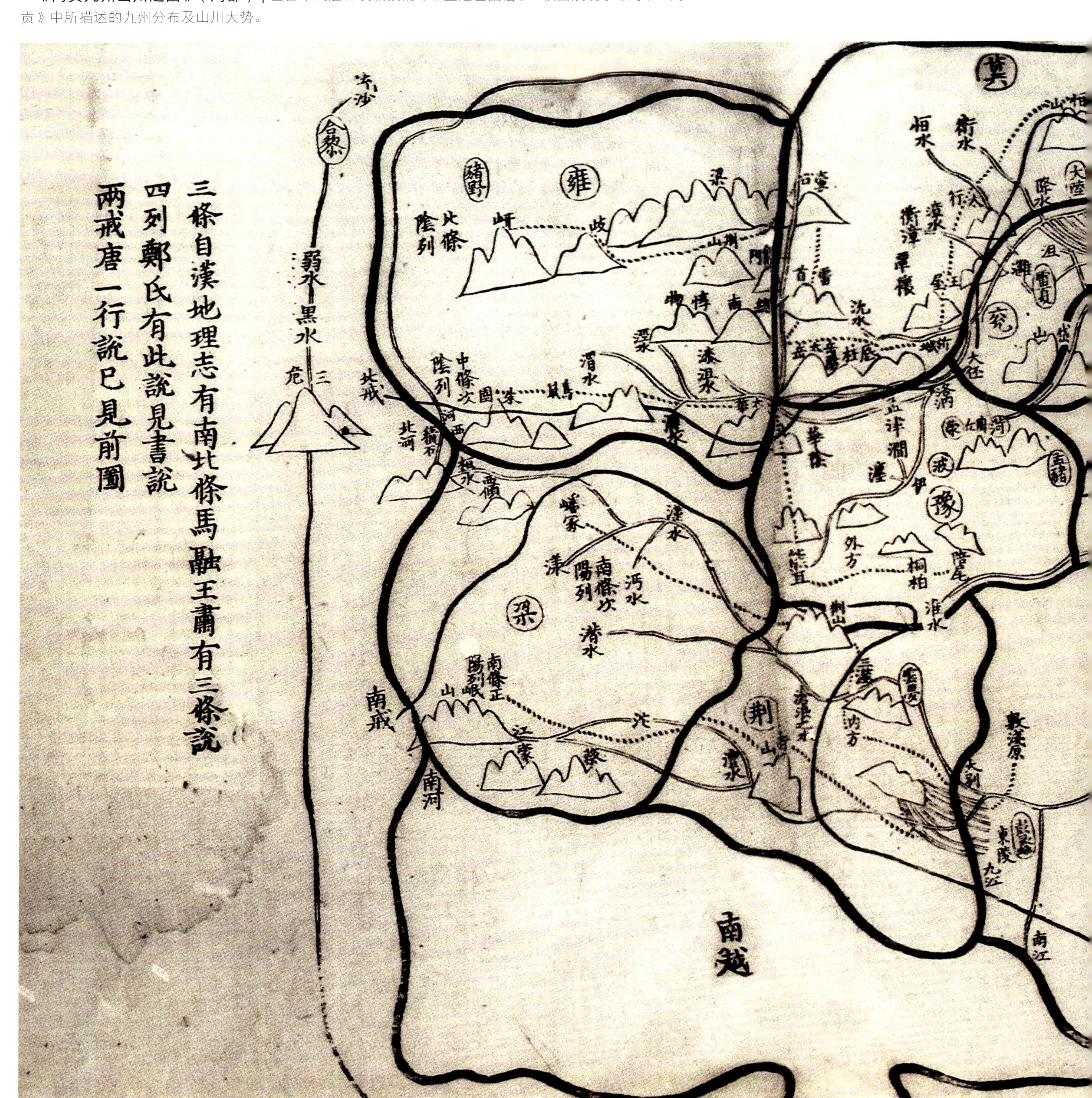

中国人常用“九州大地”代表中国。“九州”的概念出自中国古代地理著作《尚书·禹贡》。九州是以井字格局，将当时中国的核心区域分为九个部分。九州中个别州的名字在历史上有一些变化，但是分为九部分的格局是固定不变的。九州是中国古代因地制宜划分国土、管理国土思想的体现。

九州的大致范围

中国历史上关于九州界线有不同版本。其中提到的重要分界线地名有：大别山、终南山（今秦岭）、岱山（今泰山）、彭蠡（今鄱阳湖）、弱水（今黑河）、黄河古道、济水流域北界、碣石等。

		州境
冀		东界兖（兖州），西界雍（雍州），南界豫（豫州），皆距河（黄河）
兖	济河	东南据济（济水，今无），西北距河（黄河）
青	海岱	东北至海，西南距岱（泰山）
徐	海岱及淮	东至海，北至岱（泰山），南及淮（淮河）
扬	淮海	北据淮（淮河），南距海
荆	荆及衡阳	北据荆山，南及衡山之阳（衡山南坡）
豫	荆河	西南至荆山，北距河（黄河）水（济水）
梁	华阳黑水	东距华山之南，西距黑水（黑水河）
雍	黑水西河	西距黑水（黑水河），东据河（黄河）

▲《禹贡九州谱》| 出自《帝王经世图谱》（中国国家图书馆藏品），此版本源自清代永康胡氏退补斋刻本。

三代九州

“九州”最早见于《尚书·禹贡》（即《尚书·夏书》中的《禹贡》一文）。就其作者和成文时间，历史学家们还没有给出一致的答案，但是多数学者认为，《尚书·禹贡》作于公元前 5—前 3 世纪，距今已有 2000 多年。此外，九州在《尔雅·释地》和《周礼·职方》中也都有明确的记载，但相关表述与《尚书·禹贡》略有不同。因古人以《尔雅·释地》中的九州作为商人认同的九州，以《周礼·职方》中记载的九州作为周人所认同的九州，所以后世将《尚书·禹贡》《尔雅·释地》《周礼·职方》的九州，合称为夏、商、周“三代九州”。

《尚书·禹贡》

《尚书》是一部历史文献汇编，主要记载了商、周两代统治者的一些讲话。《禹贡》被收编在内，虽传说是大禹之作，但应为春秋战国时期的人根据部分上古时期的材料再加工编成的。《尚书·禹贡》篇幅不长，它按照自然山水，将当时中国疆土的核心部分划为九州，并简要地描述了每州的疆域、山脉、河流、植被、土壤、物产、贡赋、民族、交通等自然和人文地理现象。这里的“贡”代表一个地方可以向国家提供的贡赋。

《尔雅·释地》

《尔雅》是中国最早解释词义的书，被誉为中国辞书之祖。全书本有 20 篇，现存 19 篇，分为释诂、释言、释训、释亲、释宫、释器、释乐、释天、释地等。《释地》的内容与地理有关。

《尔雅·释地》记载：“两河间曰冀州，河南曰豫州，河西曰雍州，汉南曰荆州，江南曰扬州，济河间曰兖州，济东曰徐州，燕曰幽州，齐曰营州。”

《周礼·职方》

《周礼》，汉代原称《周官》，又称《周官经》，西汉末刘歆始称《周礼》。《周礼》是周代后期根据周王朝系统曾有过的官制，加工整理的王朝设官分职的书，以此表达治国方案。全书六篇分载天、地、春、夏、秋、冬六官。

《周礼·职方》记载：“东南曰扬州”“正南曰荆州”“河南曰豫州”“正东曰青州”“河东曰兖州”“正西曰雍州”“东北曰幽州”“河内曰冀州”“正北曰并州”。

▼**九州地图** | 以下三图出自清代胡渭编撰的《禹贡锥指》。三图分别展现了夏、商、周时期的九州分布。

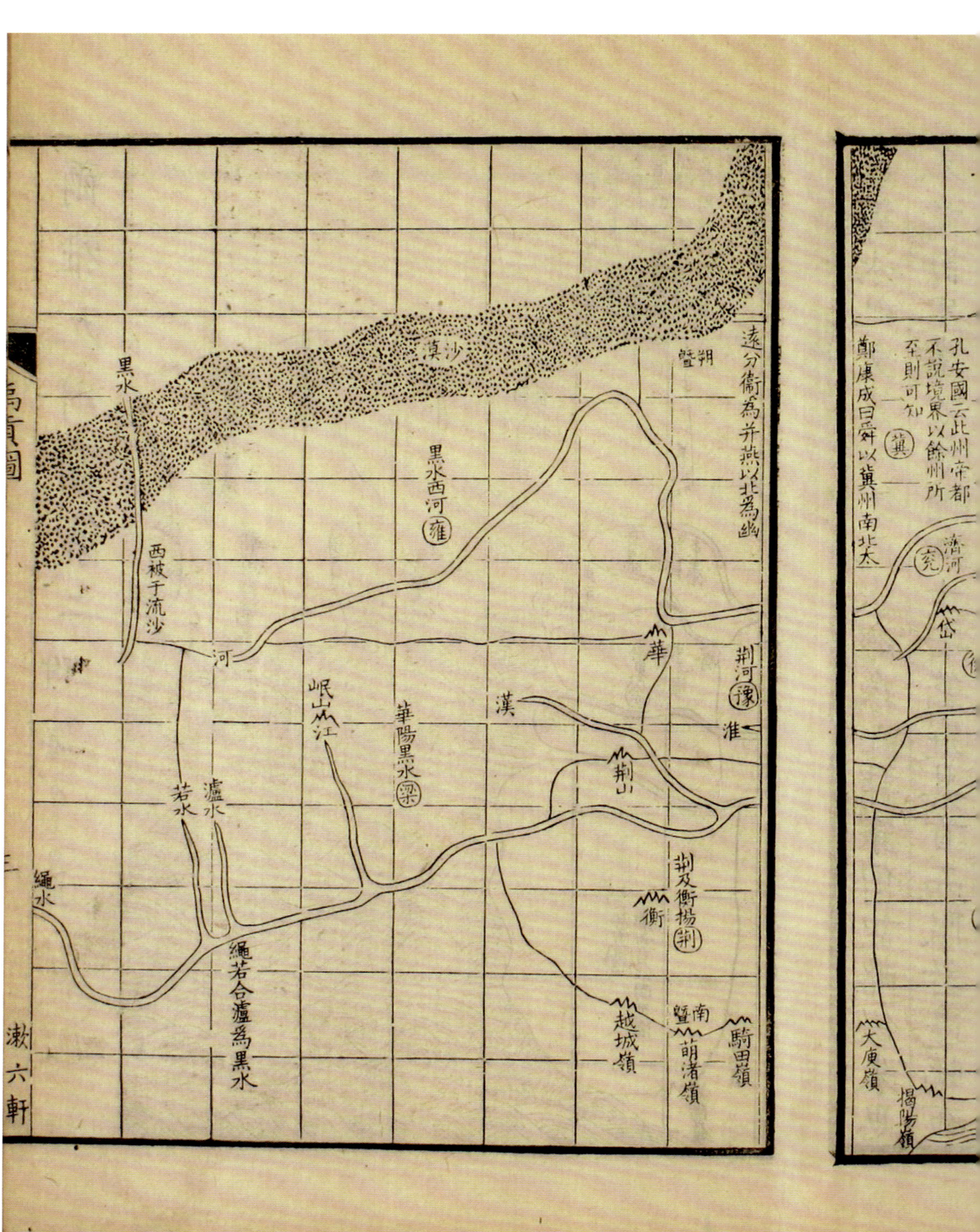

三代九州州名

九州的州名不是一成不变的，《尚书·禹贡》《尔雅·释地》和《周礼·职方》中对此有明确的记录。

《尚书·禹贡》 《尔雅·释地》 《周礼·职方》

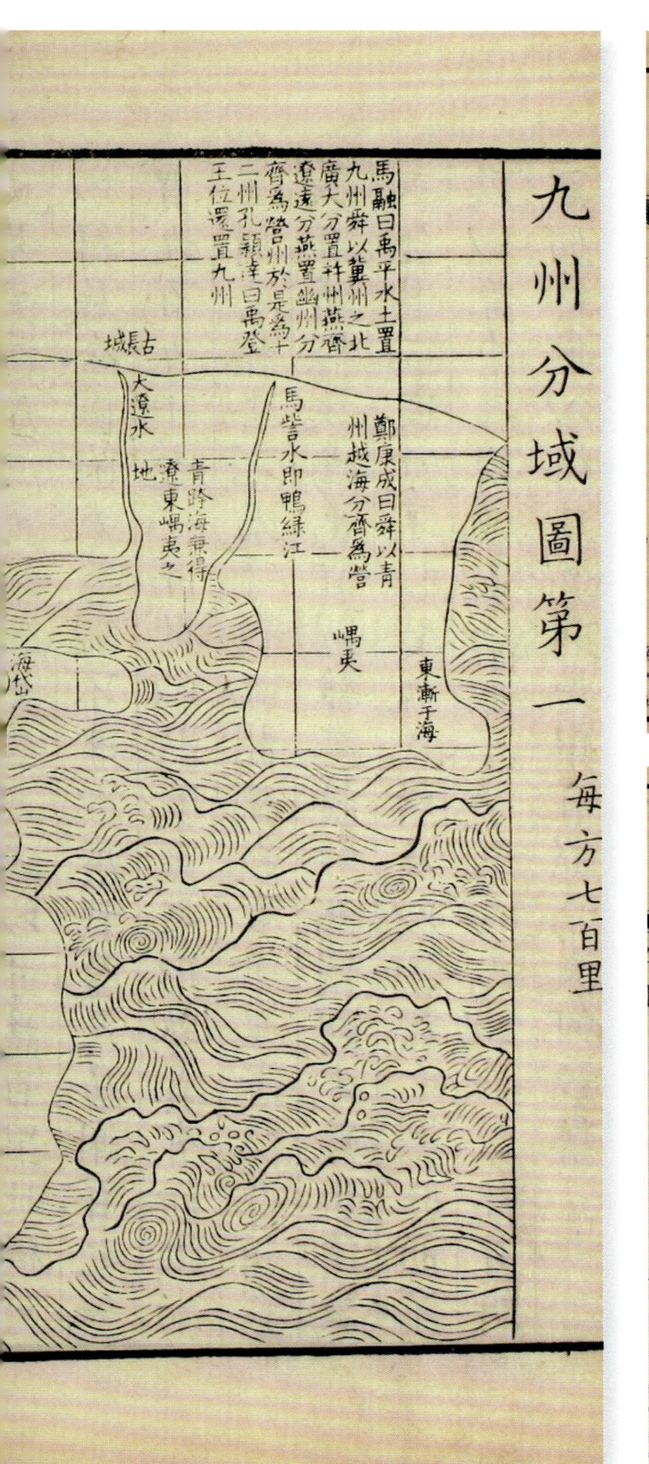

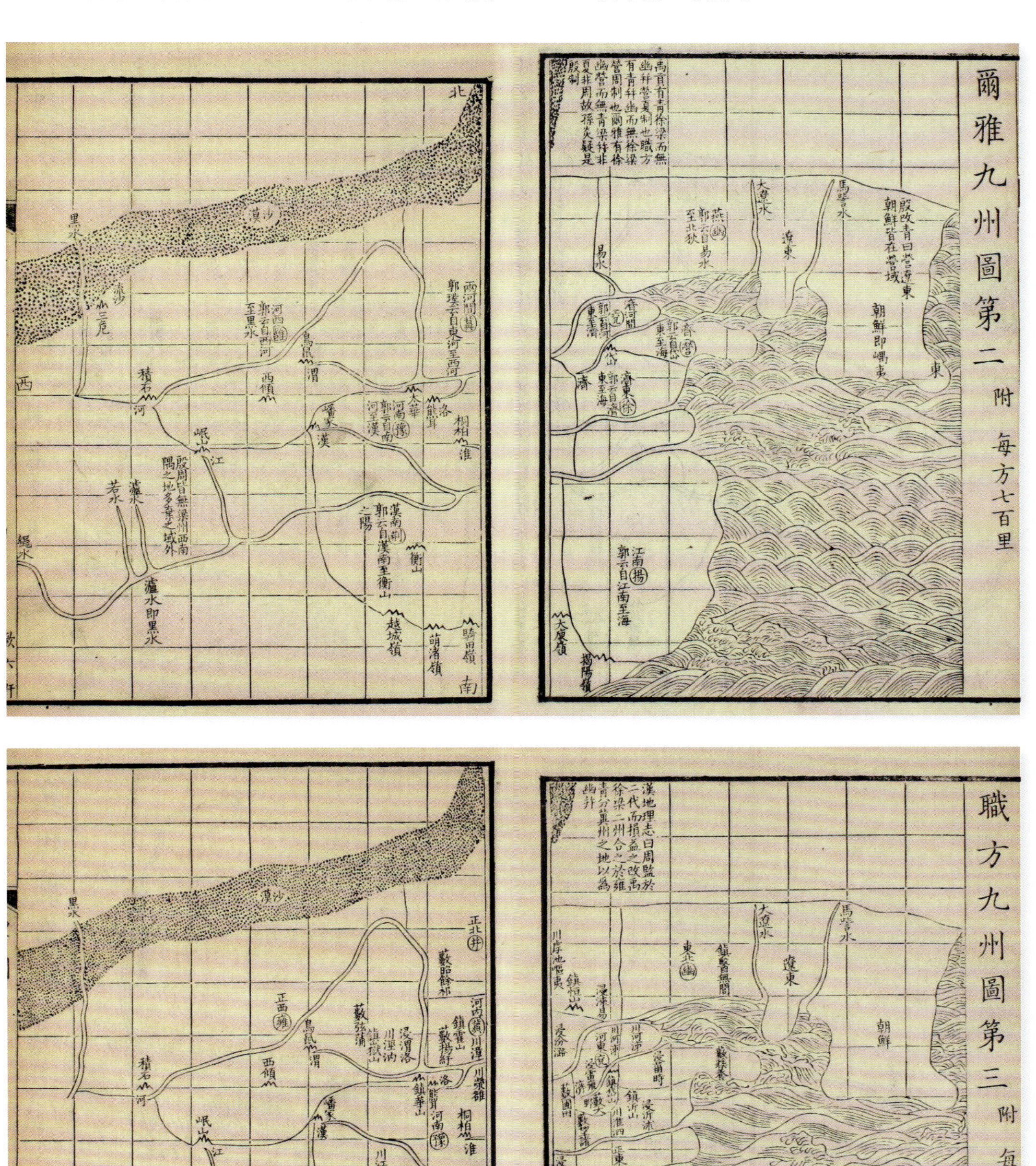

九州的设计理念

九州是古代传说中的中国地理区划，不同于秦代以后推行的行政区划，《尚书·禹贡》中九州的范围是依据山川确定的。

有学者推论九州的设计理念源于对大一统国家的希冀。秦朝建立之前，在今天中国的这片土地上，有许多诸侯国，它们之间烽火不断。而撰著《尚书·禹贡》的人有一个美好的想法：如果有朝一日诸侯称雄的局面结束，形成统一的国家，天子要管理好这个大国家，必须将天下分为不同的区域来管理。由于各个区域的自然条件、人文条件都不同，所以每个区域要根据自己的长处来发展。如果各个区域互通有无，那么整个国家就安宁富强了。《尚书·禹贡》被假托为上古英明君王的代表禹所著，因为那时人们对禹的治国理念十分赞同。

大禹其人

禹是中国传说时代与尧、舜齐名的贤圣古帝，在古文献中，他被尊称为大禹。相传大禹治水时三过家门而不入，留下治水佳话，受到部落人们的敬仰。他因改用“疏导”的方法治水有功，接受舜的禅让，成为部落联盟的首领。

▶ **大禹像** | 位于河南省郑州市黄河游览区骆驼岭主峰之上。禹头戴斗笠，身穿粗衣，右手持耒，面向黄河及东部平原。

禹铸九鼎

《汉书·郊祀志》记载：“闻昔泰帝兴神鼎一，一者一统，天地万物所系象也。黄帝作宝鼎三，象天、地、人。禹收九牧之金，铸九鼎，象九州。”禹铸的这九鼎即冀州鼎、兖州鼎、青州鼎、徐州鼎、扬州鼎、荆州鼎、豫州鼎、梁州鼎、雍州鼎。鼎上铸着各州的山川名物、奇禽异兽。九鼎象征着九州，其中豫州鼎为中央大鼎，豫州即为中央枢纽。禹把九鼎称为镇国之宝，借以显示他为九州之主，天下从此一统。九鼎继而成为"天命"之所在，是王权至高无上、国家统一昌盛的象征。

▼ **《随山刊木图》** | 历史上许多文献记录大禹功德时用“随山刊木”一词，说的是大禹考察山川时，砍除树木，开辟道路。后人便绘《随山刊木图》。此为其中一幅，出自宋代杨甲编撰、清代礼耕堂重订的《六经图考》。

耳當洪水氾濫爲災平原廣隰瀰漫無際疆土區域幾不可辨故必先分別其土地定爲九州一冀二兗三青四徐五揚六荆七豫八梁九雍是也州域既判而後因勢利導可以知所先後矣次乃開山通道以實行其濬導之法凡兩山之間必有一水即平地巨流其發源則多依山谷水患方殷山徑梗阻一望皆豐草長林水勢愈形障塞禹則隨山而行刊除樹木以通道路而後疏瀹導滯可以隨地施功矣疆土既分治法既行又必奠定其山川以表識九州之方域據其山之高者與其川之大者標爲一州之疆界此實爲自古講求輿地最善之法尤爲禹當日行水最要之法也山川瞭晰綱紀釐然而後則壤成賦諸大政導山導水諸巨工可以次第畢舉矣夫地有高下區畫明則緩急皆宜水有通塞道路闢則設施自易境有變遷山川定則準望無改大禹平治水土之功賅以三端而昭然悉著此史臣立言所以貴知體要也

问鼎中原

这个成语来自一个典故。传说上古禹铸九鼎，代表九州，作为国家权力的象征。夏、商、周三代以九鼎为传国重器，为得天下者所据有。《左传》记载，春秋时楚庄王带着军队到了当时东周的首都洛阳，向周天子的使者王孙满询问周天子掌握的九鼎有多大多重，并说楚国人把兵器上的金属部件熔化了，可以造更大的鼎。王孙满委婉地回答，周室虽然已走下坡路，但是天命是不会改变的，因此你没有权力过问鼎的大小轻重。楚庄王听后，只好忍住夺取周朝天下的野心。

小九州与大九州

小九州的说法来自《左传 · 昭公四年》，其中记载“四岳、三涂、阳城、大室、荆山、中南，九州之险也”。据学者考证，这里提到的九州地域没有超出晋中、晋南、豫西、陕西东南，应该指的是夏部落的发源地。

大九州的说法出自战国时期齐国阴阳学家邹衍。他认为这世界上有包括中国在内的九个大州，各个州之间由小的海洋相隔，在各州生活的人和生物互不相通，而九州之外被大海所环绕。在《淮南子》中记载有九州的名称，有人认为这里记载的九州来自邹衍的九州思想。中国在《淮南子》中被称为神州。除了冀州外，其他八州的名称都与《尚书 · 禹贡》中九州的名称不同。

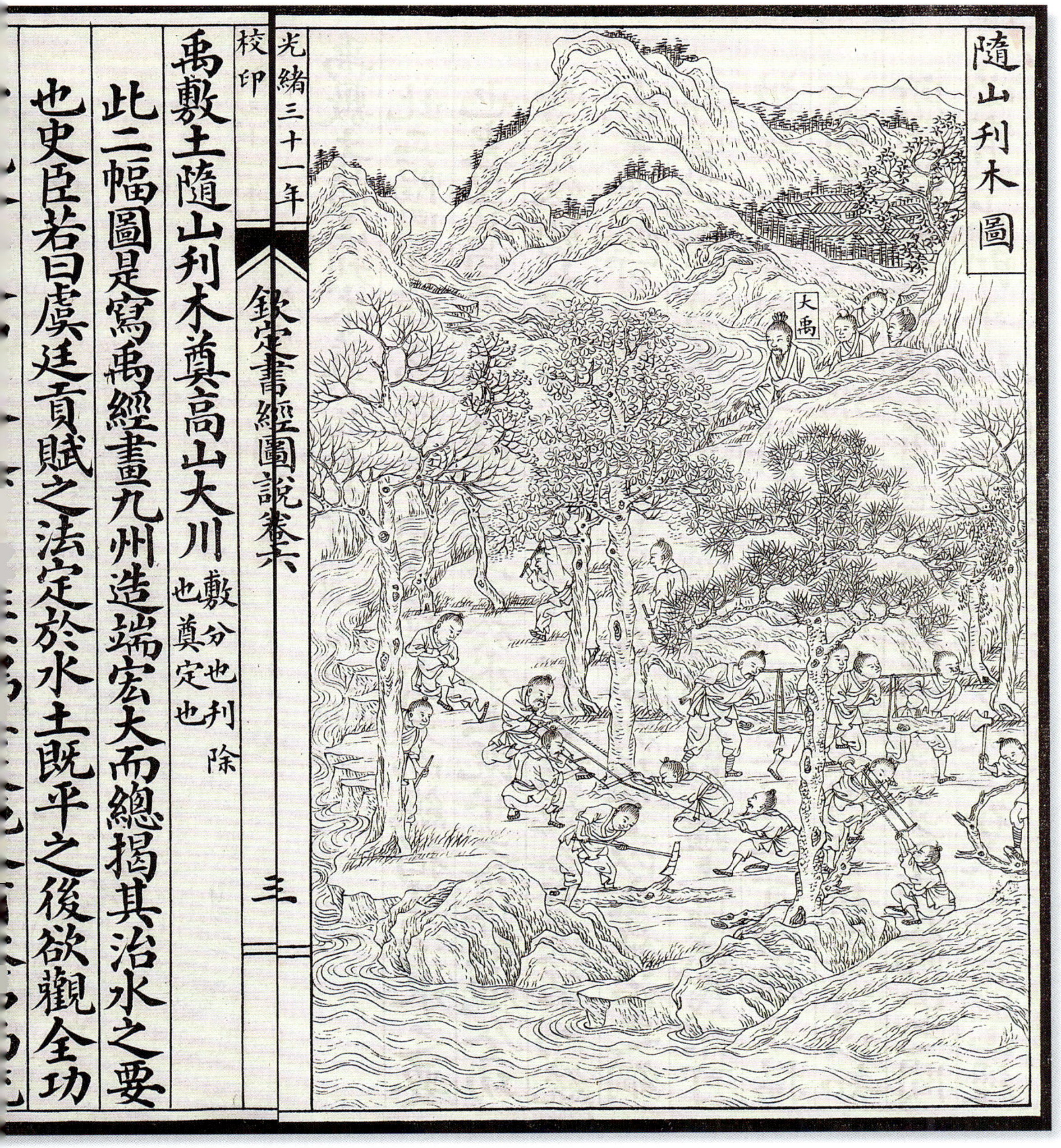

隨山刊木圖

大禹

光緒三十一年校印

欽定書經圖説卷六

禹敷土隨山刊木奠高山大川 敷分也刊除也奠定也

此二幅圖是寫禹經畫九州造端宏大而總揭其治水之要也史臣若曰虞廷貢賦之法定於水土既平之後欲觀全功

相关知识 | 鼎

鼎是中国古代炊食器、礼器。质地以陶、铜为主。陶鼎自新石器时代早期就广为使用。青铜鼎始见于二里头文化晚期，年代约在夏末或商初，盛行于商周，沿用至汉代。其主要用途是在贵族祭祀、宴飨等礼仪活动中盛放肉类。周代有用鼎制度，不同等级身份的贵族使用的随葬鼎数各有等差。

下图为河南省安阳市武官村商代大墓出土的“后母戊”青铜方鼎（曾称“司母戊鼎”）。此鼎形制巨大，雄伟庄严，重 832.84 千克，是目前已知中国古代最重的青铜器。其纹饰精美细腻，代表了中国古代青铜文化的最高水平。器腹部内壁铸铭“后母戊”，是商王母亲的庙号。现藏于中国国家博物馆。

▲“后母戊”青铜方鼎

珍贵的九州地图

九州的观念诞生后，后人便不断对九州进行考释，此外，古人还绘制以九州为主题的地图。早在西汉，可能就出现了禹贡九州地图。魏晋时期的地图学家裴秀曾主编《禹贡地域图》，并在该地图集的序言中论述了制图的原则，即著名的“制图六体”。可惜的是，这套《禹贡地域图》已失传。唐代地理学家贾耽组织画工按裴秀制图法绘制了《海内华夷图》，展现了唐代的疆域。宋人制有石刻的《禹迹图》，现存于陕西省的西安碑林博物馆。这些珍贵的九州地图为后人的研究提供了材料。

《帝喾九州之图》

该图出自《历代地理指掌图》，由北宋地图学家税安礼编撰。明人所撰《三才图会》中亦有该图。帝喾为上古五帝之一，是黄帝曾孙。《帝喾九州之图》可看作帝喾统治时期的九州地图，但该九州名称与《尚书·禹贡》中的九州并无差异，说明九州文化的传承力极强。

《禹贡九州疆界之图》《禹贡随山浚川图》

此二图出自《六经图》，由宋代地理学家杨甲编撰。杨甲将《诗》《书》《礼》《易》《春秋》《仪礼》中有关地理的内容绘制成图，其中就包括《禹贡九州疆界之图》和《禹贡随山浚川图》。

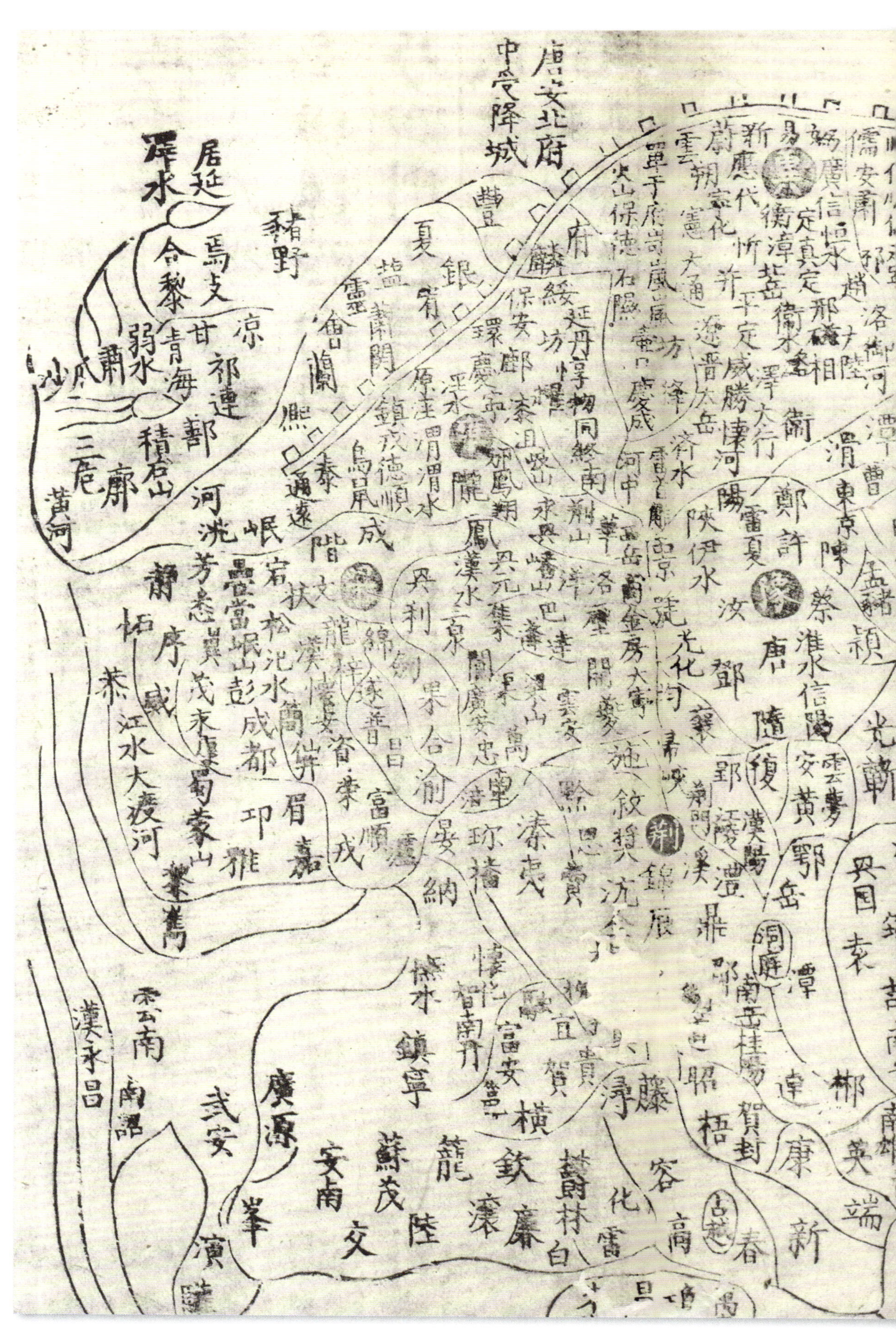

➤《帝喾九州之图》（局部）

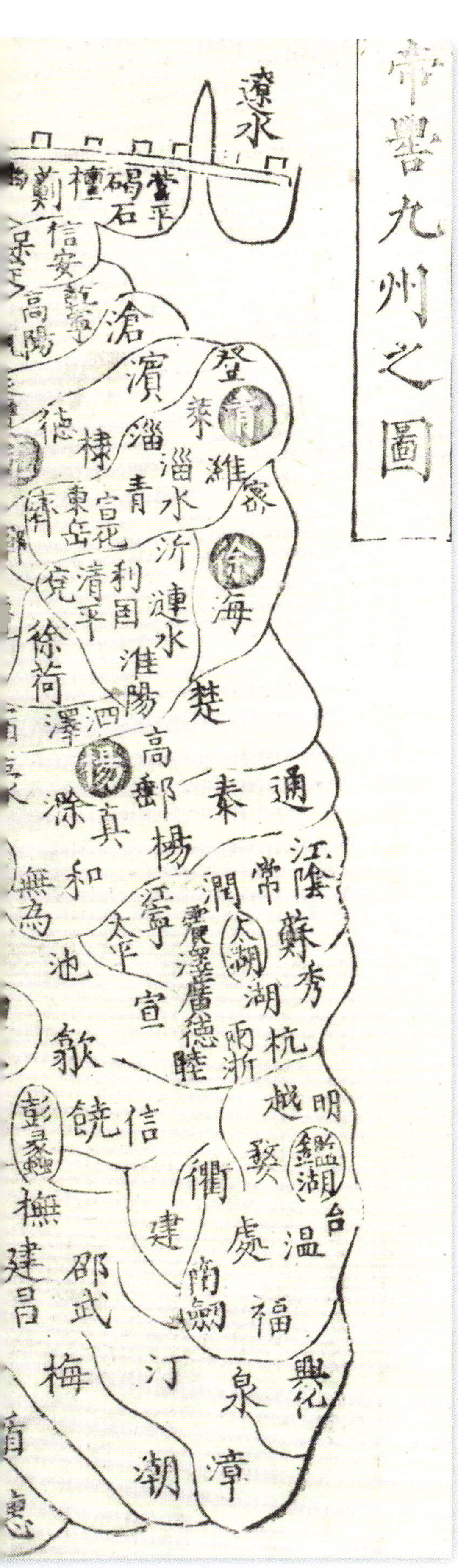

战国·屈原《楚辞·离骚》：思九州之博大兮，岂惟是其有女？

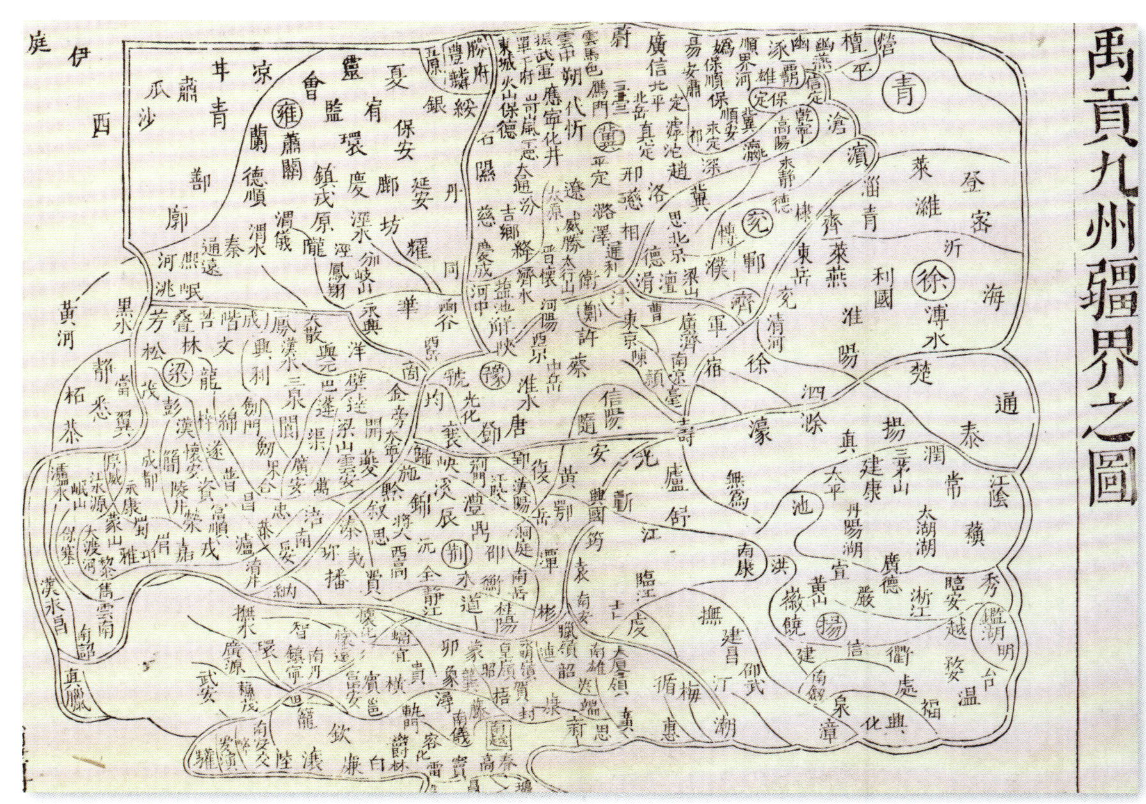

▲《禹贡九州疆界之图》（局部）

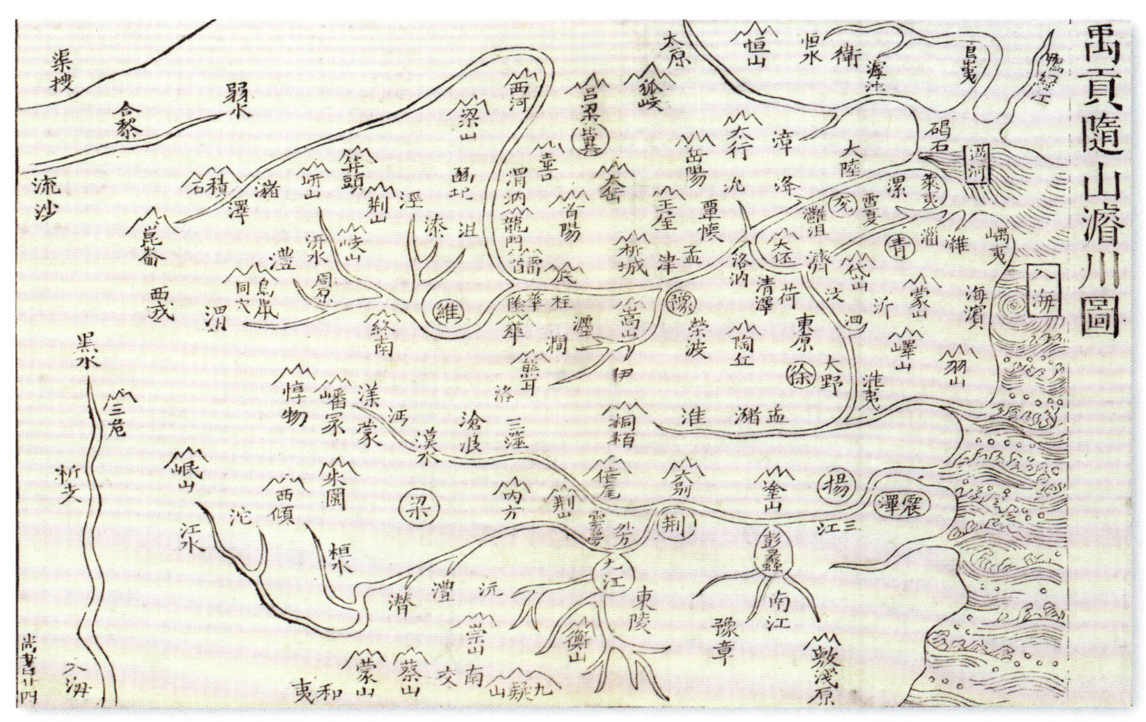

▲《禹贡随山浚川图》（局部）

宋代石刻《禹迹图》

现存于陕西省的西安碑林博物馆的石刻《禹迹图》作于南宋绍兴六年（1136年），是中国现存最早的石刻地图。图纵79厘米，横77厘米。它也是目前所见的中国古代地图上最早出现计里画方的图，纵73方，横70方，共计5110方，并注记“每方折地百里”，计算下来地图的比例尺约为1∶5000000。《禹迹图》较为准确地绘制了当时中国的国土轮廓，图上没有山脉符号，但海岸线、山东半岛、雷州半岛、长江三角洲以及黄河、长江等轮廓都比较准确。但是黄河和长江的源头与今人确定的不一致。《禹迹图》在当时主要用于教学。

《九州山川实证总图》

该图出自宋代程大昌所撰《禹贡山川地理图》一书，成图时间是南宋淳熙四年（1177年）。该图将九州与当时的国土范围相融合，图中主要表现了《尚书·禹贡》中的山、河、湖、海及冀、兖、青、徐、扬（图中写作杨）、豫、荆、雍、梁九州界域及内容，其中九州名用阴文表示，宋代建置名用阳文表示，一般地名加上黑圈，山河名加方框（二广、福建、浙江例外）。此图是中国现存最早的雕版墨印地图实物，为中国国家图书馆藏品。

相关知识 | 九州的井字结构

《说文解字》对“州”的解释是：“昔尧遭洪水，民居水中高土，或曰九州。”大意是尧时期遭遇洪水，江河中央可以居住的地方，人们将之称为九州。之后九州逐渐从居住区向划分国土空间的概念转变。九州大体呈“井”字结构，天子居住在最中间的地方，接受八方的朝贡，地位由此体现。

> 战国·屈原《九歌·大司命》：纷总总兮九州，何寿夭兮在予。

《禹迹图》局部

注：现代地理学家研究表示，《禹迹图》有两处今人看来的错误。第一处是黄河源头标记为积石山，这是受《尚书·禹贡》“导河积石”之说的影响。1978年黄河水利委员会组织勘察队对黄河河源考察后宣布，黄河源头为卡日曲。第二处是长江源头标记为岷江，这是受《尚书·禹贡》“岷山导江”之说的影响。1978年长江流域规划办公室宣布长江发源于唐古拉山脉主峰各拉丹冬雪山。

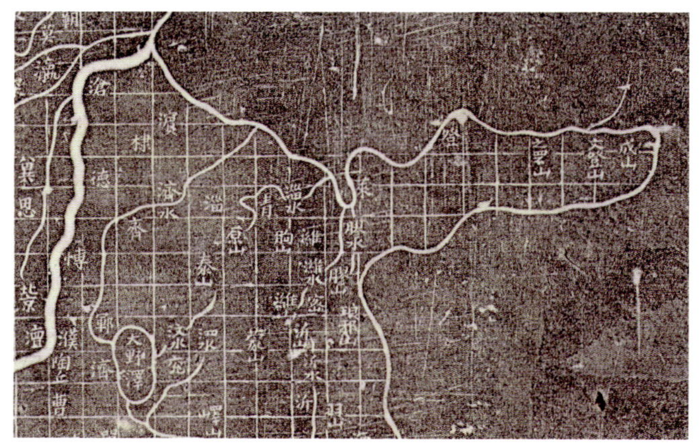

▲**山东半岛 |** 《禹迹图》中对山东半岛刻画得非常细致。山东半岛又称胶东半岛，其海岸线轮廓清晰可辨，还可以看到黄河下游及入海口。

▲**文字说明 |** 《禹迹图》用文字标注了地图的图名、比例尺、表现的内容和刻制的时间。

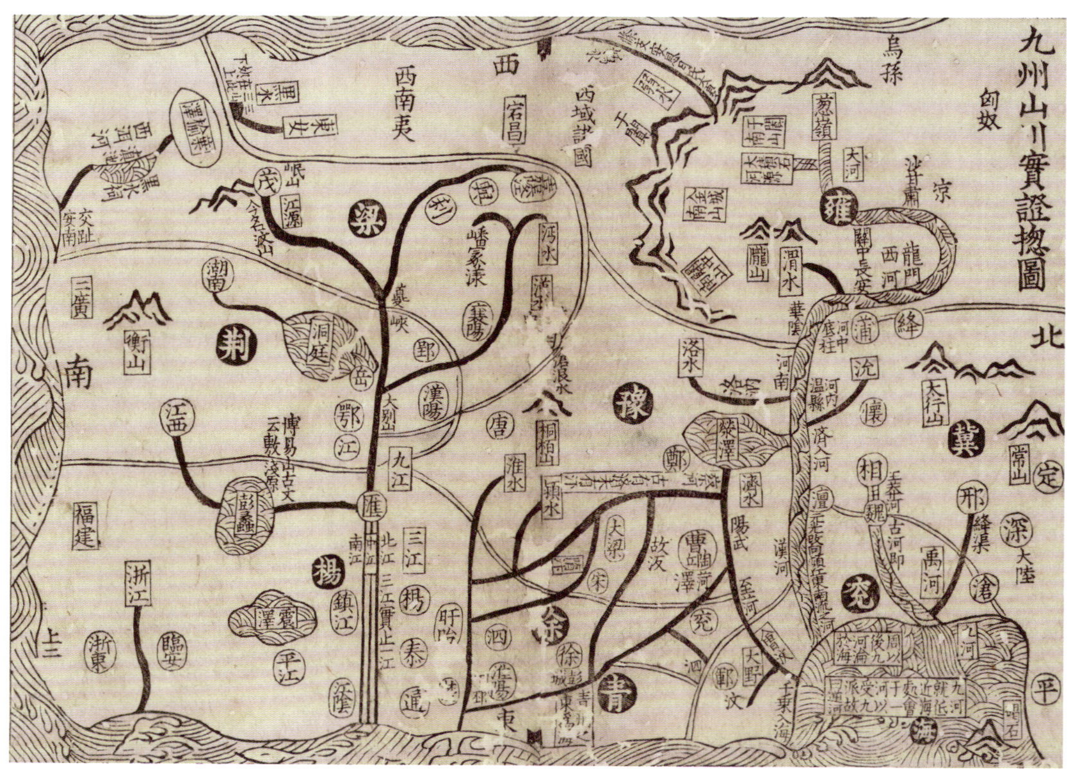

▲《九州山川实证总图》（局部）

▲宋代石刻《禹迹图》（局部）

九州的文化传承

九州的含义逐渐从中国地理区划方法演变成华夏文明区域的代名词。在皇家园林里使用九州的概念，目的是以园林景观寓意天下。今日，保护九州这一套地名可使人们了解过去的华夏空间格局，对于加深地域认同有一定帮助。

九州与皇家园林

九州所代表的大一统理念也被用于古代皇家园林水景营造中，以表达君王对江山永固的希冀。清代，皇家在北京西郊修建圆明园，其中有一个著名的景区名为“九州景区”。该景区由九个人工岛组成，其中最大的岛为“九州清晏”（又名“九洲清晏”），寓意九州江山永固，河清海晏。它为圆明园四十景之一。雍正皇帝的题额为“九州清晏”，后乾隆皇帝所题咏景诗为“九洲清晏”，所以这两个名字如今都有使用。

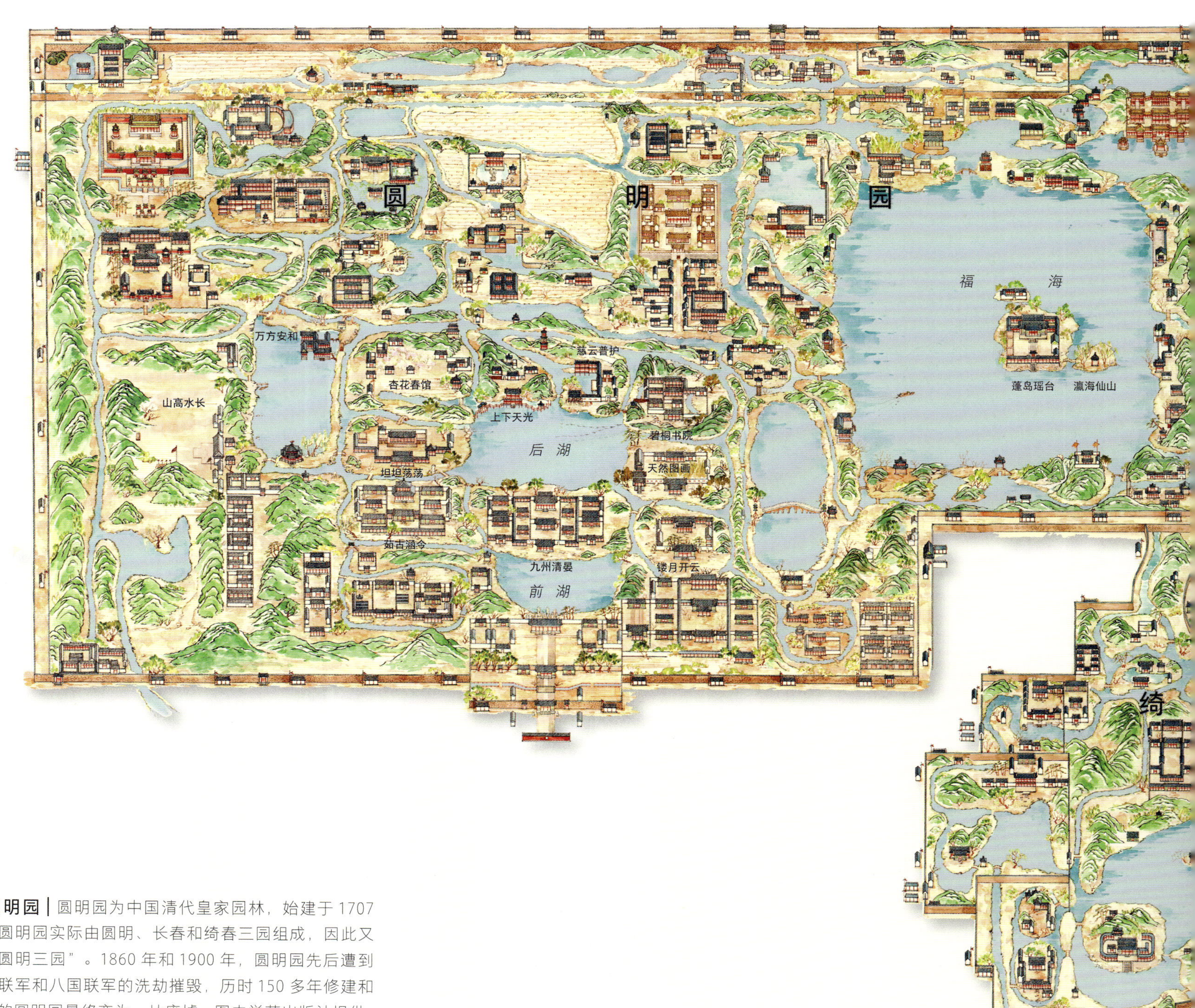

▲**圆明园**｜圆明园为中国清代皇家园林，始建于 1707 年。圆明园实际由圆明、长春和绮春三园组成，因此又称“圆明三园”。1860 年和 1900 年，圆明园先后遭到英法联军和八国联军的洗劫摧毁，历时 150 多年修建和经营的圆明园最终变为一片废墟。图由学苑出版社提供。

相关知识 | 《圆明园四十景图咏》

根据清乾隆皇帝的旨意，《圆明园四十景图咏》由当时最知名的宫廷画师唐岱、沈源、冷枚等历经 11 年绘制而成。图画绘工精美，直观效果极佳。所绘建筑、泉石等景观都为写实风格。画成之后，由乾隆御笔题诗，由工部尚书汪由敦书写，题诗意境深远，书法隽永飘逸，诗、书、画达到了完美的统一。这是中国成就最高的工笔彩画之一。1860 年，英法联军火烧圆明园，这套珍贵的彩绘图被侵略者掠走，现存于法国巴黎国家图书馆。

▶《圆明园四十景图咏》之九州清晏

圆明园局部

◀**九州景区**｜这一景区是圆明园的核心区域。景区中有九个小岛，分别是：九州清晏、镂月开云、天然图画、碧桐书院、慈云普护、上下天光、杏花春馆、坦坦荡荡和茹古涵今。九个小岛大致呈井字形分布。

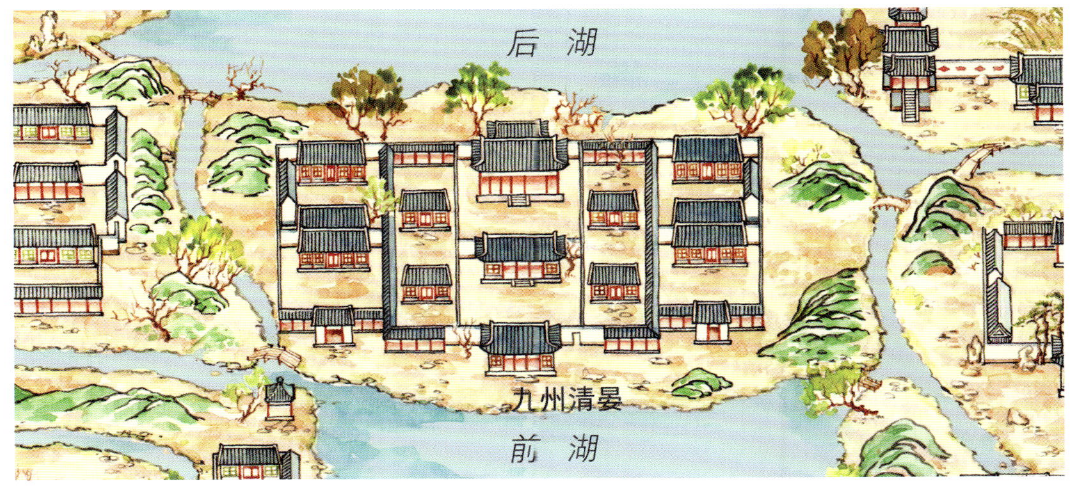

▲**九州清晏**｜此岛夹在前湖和后湖之间。中轴线上自南向北分为三大殿——圆明园殿、奉三无私殿和九州清晏殿，九州清晏殿是皇帝办公的场所。中轴线的西侧乐安和是皇帝的寝宫，东侧天地一家春是帝后和嫔妃居住的寝宫。由于当时“西炕为上”的思想，故皇帝寝宫位于西侧。

九州作为行政区名使用的历史

九州中一些地名如今仍在使用。《尚书·禹贡》所载九州地名中传世的有冀州、兖州、青州、徐州、扬州、荆州。它们如今只是城市或城区的名字，虽然它们对应的空间范围与古代不一致，但是它们的位置仍在古九州历史空间范围之内。河北省的简称“冀”和河南省的简称“豫”也间接保留了冀州和豫州的地名。遗憾的是，中国城镇或城区的名称中已经找不到梁州和雍州了。

冀州：古冀州地域大致相当于今山西省、陕西省之间的黄河以东、河南省和山西省之间的黄河以北以及山东省西部和河北省东南部。西汉设冀州刺史部，辖境相当于今河北省中南部、山东省西部及河南省北部。唐、宋冀州为二级行政单位，辖境相当于今河北省冀州及周围许多市县。清代，冀州升为直隶州。民国裁撤直隶州冀州，设冀县。1993 年冀县撤县建市。2016 年撤销县级冀州市，设河北省衡水市冀州区。河北省的简称“冀”也源于此。

兖州：古兖州地域大致相当于今河北省南部和山东省大部分地区。西汉设兖州刺史部，辖境相当于今河南省东部和山东省中、西部。唐高祖李渊实行州治，设兖州，辖境相当于今山东省济宁市及周围许多市县。五代十国时期的梁、唐、晋、汉，设兖州泰沂节度使。明、清均设兖州府，辖境不断变化，但今兖州区一直在其中。1962 年设兖州县，1992 年改称兖州市，2013 年撤销兖州市，设山东省济宁市兖州区。

● 至今以城市名、城区名形式存在的九州地名

豫 至今以省级行政区简称形式存在的九州地名

相关知识 | 中国古代行政区划的演变

中国的行政区划历史悠久。中国古代地方行政制度演变大致可以划分为以下五个时期：采邑时期（先秦）、郡县制时期（秦、汉）、州制时期（魏晋南北朝、隋）、道（路）制时期（唐、宋）和行省制时期（元、明、清）。

主要朝代行政区层级为：

秦：郡—县

汉：州—郡—县

隋：州（郡）—县

唐：道—州—县

宋：路—府、州—县

元：行省—路—府、州—县

明：布政使司（亦称行省）—府、州—县

清（主要时期）：行省（亦简称省）—府、厅、直隶州—县、散州，此外还设有土司、将军辖区

历史上，中国行政区划制度各朝各代不尽相同。其中，县是中国历史最悠久的行政区划单位，并一直沿用至今。一些行政区划的通名还被用到了一些国家的地名翻译，如美国的州、英国的郡。

青州：古青州地域大致相当于今泰山以东的山东半岛。西汉设青州刺史部。隋、唐、五代及北宋设青州，明、清设青州府，辖境不断变化，但一直在今山东半岛部分区域。1948 年曾设青州特别市，后并入益都县，1986 年改称青州市。青州现为山东省县级市。

宋·陆游《示儿》：死去元知万事空，但悲不见九州同。

清·龚自珍《己亥杂诗》：九州生气恃风雷，万马齐喑究可哀。

徐州：古徐州地域大致相当于今山东省南部和江苏省北部。西汉设徐州刺史部，辖境相当于今江苏省长江以北和山东省东南部。东晋治所南迁。隋初设徐州，后改彭城郡。唐初又改为徐州，辖境缩小，相当于今江苏省徐州等地及安徽省北部和山东省西南部。宋、元、明初、清初都置徐州。宋徐州辖境南缩，明初辖境仅为今江苏省徐州市周围几个县市和安徽省几个县市。清雍正末年升为徐州府。抗日战争结束后，国民政府置徐州市。徐州现为江苏省地级市。

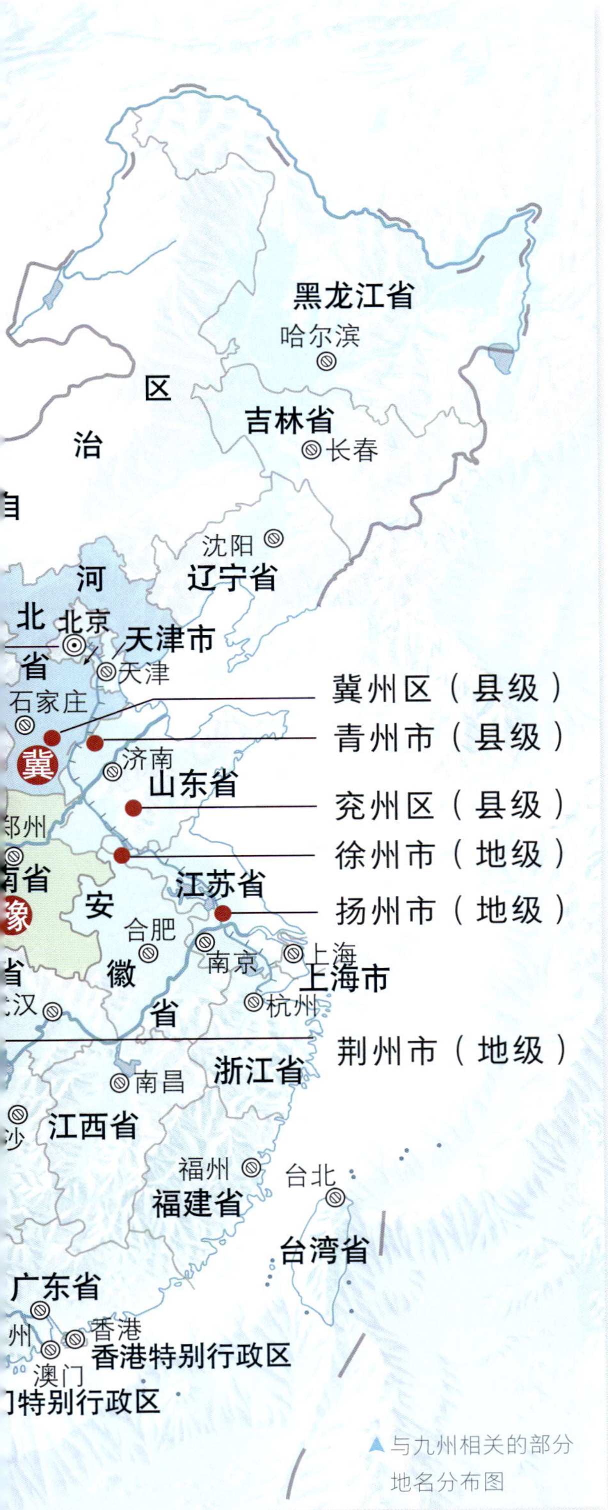

▲与九州相关的部分地名分布图

扬州：自西汉设扬州刺史部，至魏晋初，扬州辖境广阔，几乎包括今江苏、安徽、浙江、江西、福建五省。三国时期，魏国和吴国相争，扬州一分为二。隋改吴州为扬州，至此，历史上的扬州和今扬州在名称、区划、地理位置上基本统一，但总管府仍设在丹阳（今南京）。唐将广陵（今扬州）改称扬州，扬州作为城市名称自此开始并延续至今。元设扬州大都督府，次年改为扬州路总管府。明、清设扬州府。清改扬州府为扬州郡。1949 年设扬州市。扬州现为江苏省地级市。

荆州：古荆州地域大致相当于今湖南、湖北地区。西汉设荆州刺史部，辖境相当于今湖南、湖北两省及河南省、贵州省、广东省和广西壮族自治区各一部分地区。南北朝时，齐、梁、后梁曾以荆州为国都。唐设荆州大都督府，辖境相当于今湖北省荆门市等地。元、清曾为荆州府。1949 年设荆州行政区督察专员公署（简称荆州专区）。1970 年改称荆州地区，1994 年设荆沙市，1996 年更名荆州市。荆州现为湖北省地级市。

豫州：古豫州地域大致相当于今河南省及湖北省北部一小部分。西汉设豫州刺史部，辖境相当于今淮河以北、南北汝河流域以东的河南省东部、安徽省北部和江苏省丰县、沛县一带。东汉与西汉大致相同。后来因战事频繁，治所频频迁移，设置混乱。隋改洛州为豫州，唐初复为洛州。如今，豫州作为行政区地名只以河南省的简称“豫”保留下来。

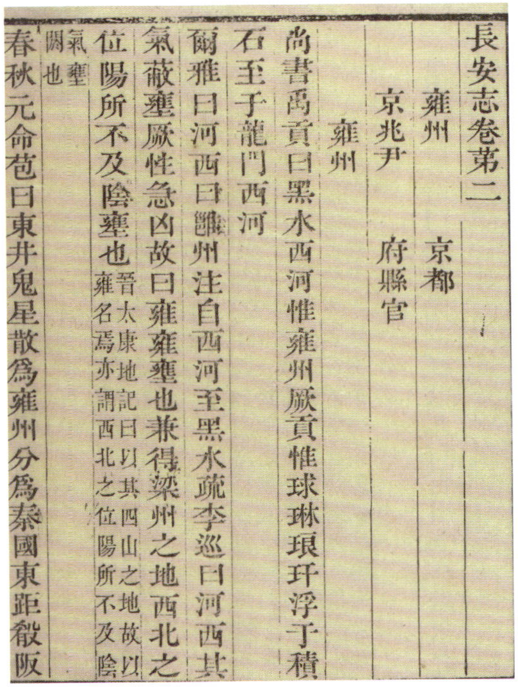
長安志卷第二
雍州 京都
京兆尹 府縣官
雍州
尚書禹貢曰黑水西河惟雍州厥貢惟球琳琅玕浮于積
石至于龍門西河
爾雅曰河西曰雝州注自西河至黑水疏李巡曰河西其
氣蔽壅厥性急凶故曰雍雍壅也兼得梁州之地西北之
位陽所不及陰壅也晉太康地記曰以其四山之地故以雍名焉亦謂西北之位陽所不及陰
氣壅閼也
春秋元命苞曰東井鬼星散爲雍州分爲秦國東距殽阪

▶古籍中关于雍州的记载 | 北宋史地学家宋敏求编撰的《长安志》有相关记载。古雍州地域大致相当于今陕西省关中平原及其以西的地区。唐代时仍有雍州，治所在都城长安。可惜，雍州作为政区名现在只以道路名、镇名等小地名的形式存在。

五湖四海

▼《古今华夷区域总要图》（局部）| 出自《历代地理指掌图》。《历代地理指掌图》是中国现存最早的历史地图集，首版刊行于宋代。此图不仅表示了华夷的分布，还突出表示了海岸线、河流、长城及地形等要素。彭蠡（今鄱阳湖）、洞庭、太湖、巢湖、东海清晰可见。

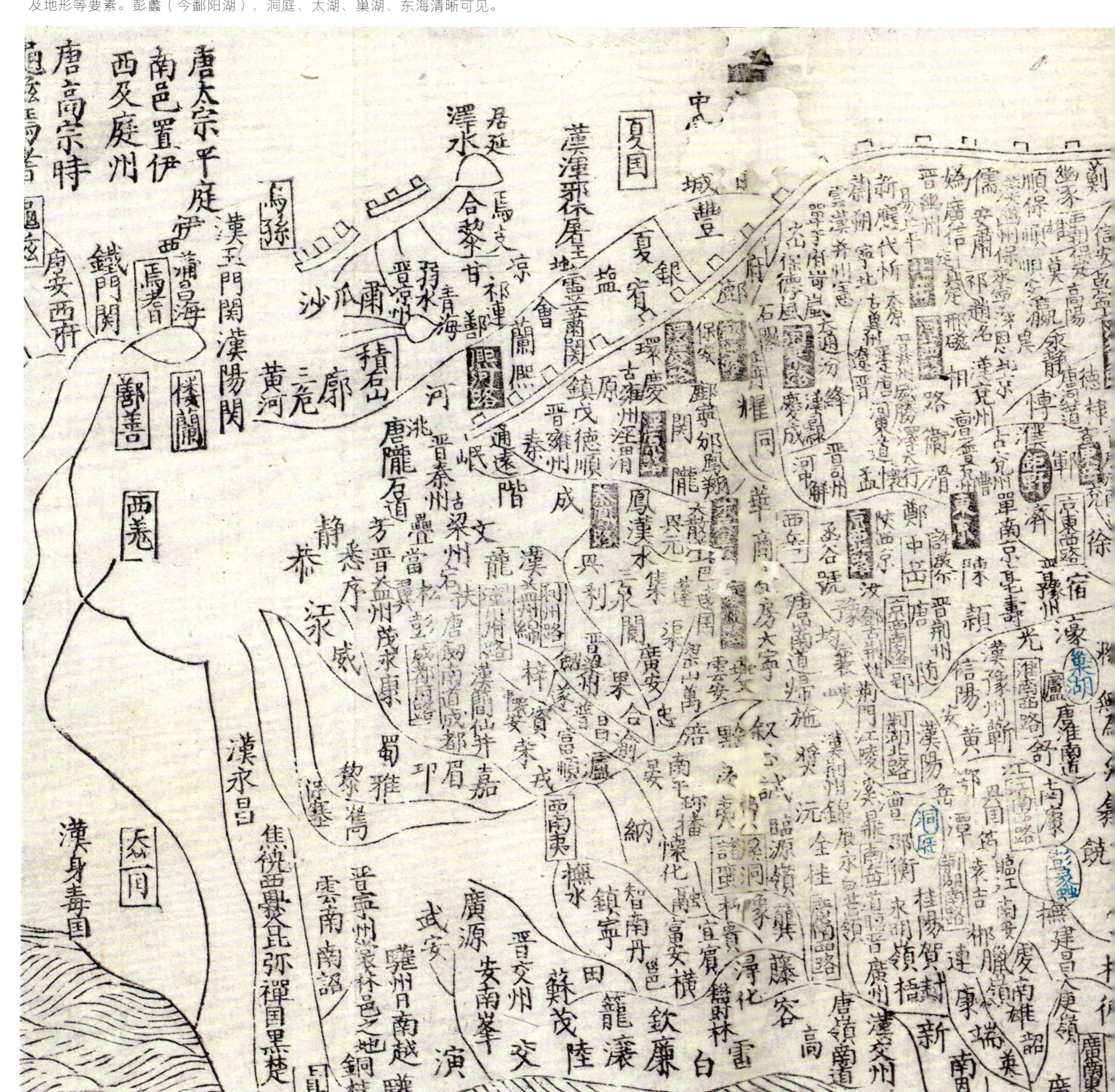

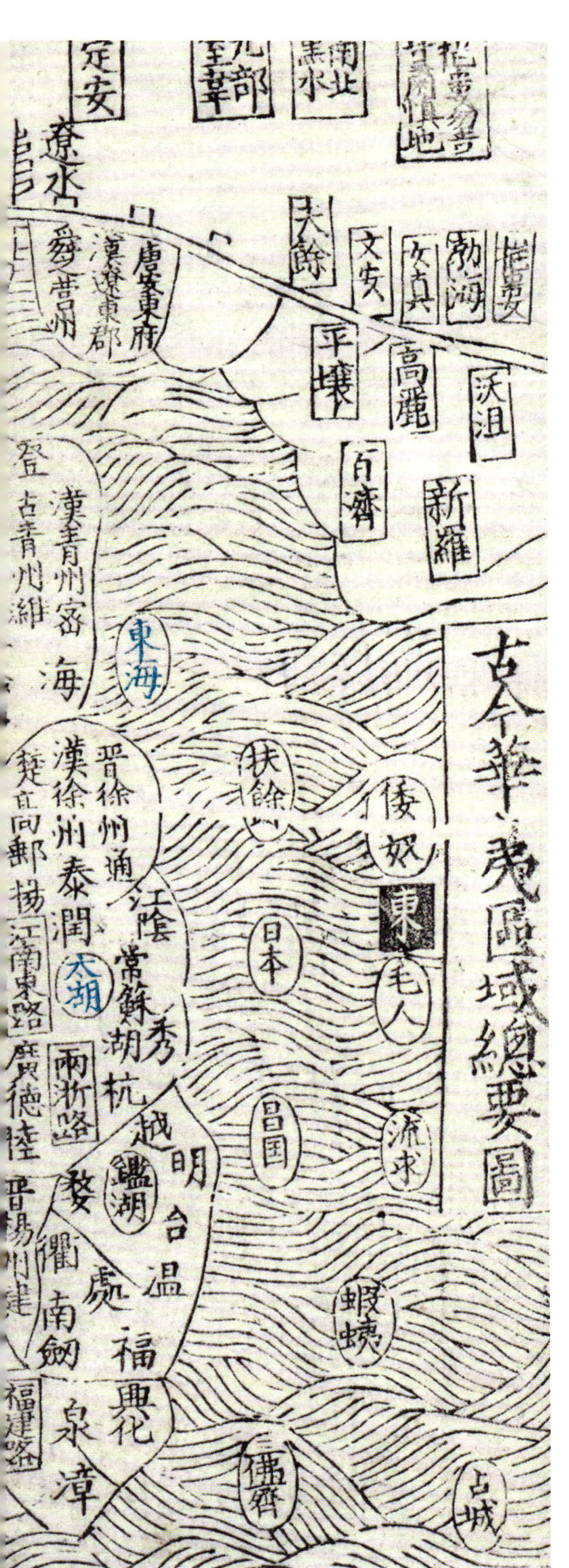

“五湖四海”是一个汉语成语，指全国各地，有时也指世界各地。历史上关于“五湖四海”的位置和范围有多种说法，如今，虽然“五湖”指鄱阳湖、洞庭湖、太湖、洪泽湖、巢湖，“四海”指渤海、黄海、东海、南海，但是这个成语指代的地理空间已经超越了这些湖和海覆盖的地理范围。

五湖四海的由来

人们常提到的五湖四海最早是分开说的，即五湖、四海。五湖最早可追溯到先秦古籍《周礼·职方》，在介绍东南扬州的自然地理概况时写道：“东南曰扬州……其泽薮曰具区，其川三江，其浸五湖……”四海出自《尔雅·释地》：“九夷、八狄、七戎、六蛮，谓之四海。”

从唐宋时期起，五湖四海开始并用。唐代诗人吕岩在《绝句》中写道：“斗笠为帆扇作舟，五湖四海任遨游。”宋元时期戏曲《宦门子弟错立身》有：“托赖洪福，采访五湖四海。”

▼ **今日五湖位置分布图** | 今日五湖位于长江中下游平原。

五湖四海的空间位置

关于“五湖四海”的空间位置，历史上一直说法不一。有关五湖的说法主要有：太湖附近的湖泽；专指太湖（在今江苏省）；太湖及其周围四湖的合称；太湖周边五个湖湾的合称。四海指中原以外的荒远之地，也指四片海域。尽管时代不同，五湖、四海所指的地理实体不同，但它们均反映了中国古人以湖海水域作为认知空间范围的参照物。

五湖位置的变化

东汉大儒郑玄为《周礼 · 职方》注：“具区、五湖在吴南”，具区为太湖的古称，郑玄将具区、五湖相提并论，由此可见他认为《周礼 · 职方》中的五湖泛指太湖流域一带的湖泊，“五”并非指五个，而是虚数，意思是众多湖泊，至于有几个，是否包括太湖在内，都难以确定。《国语 · 越语下》中记载春秋时期，范蠡辅佐越王勾践攻打吴国，“战于五湖”，这里的五湖指太湖；在范蠡功成名就后，“乘轻舟以浮于五湖”，五湖指的是吴越一带。

大多数文献记载的五湖指太湖及其周围的四湖，并给出了五个湖泊的名称。如唐代司马贞在《史记索隐》中注解“五湖”是：具区（今太湖）、洮滆（今长荡湖、西滆湖）、彭蠡（今鄱阳湖）、青草（今洞庭湖西南部）、洞庭。北魏郦道元在《水经注》中曾提及：“南江东注于具区，谓之五湖口。五湖谓长荡湖、太湖、射湖、贵湖、滆湖也。”

也有文献认为太湖是周边五个湖湾的合称。如《史记 · 夏本纪》记载：“五湖者，菱湖、游湖、莫湖、贡湖、胥湖，皆太湖东岸，五湾为五湖，盖古时应别，今并相连。”

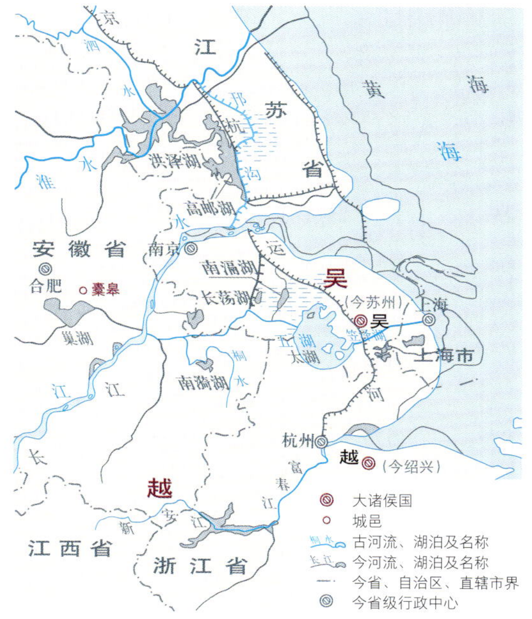

▲春秋时期的吴越位置｜今太湖当时名为五湖，太湖周围有大片水泽，如长荡湖、笠泽湖、南滆湖等。

四海位置的变化

“四海”一词最初并不指水或特定的几片大海，海通“晦”，是晦暗无边的荒远之地。故《尔雅 · 释地》将“九夷、八狄、七戎、六蛮”统称四海，夷、狄、戎、蛮，分别指中国东、北、西、南各方的少

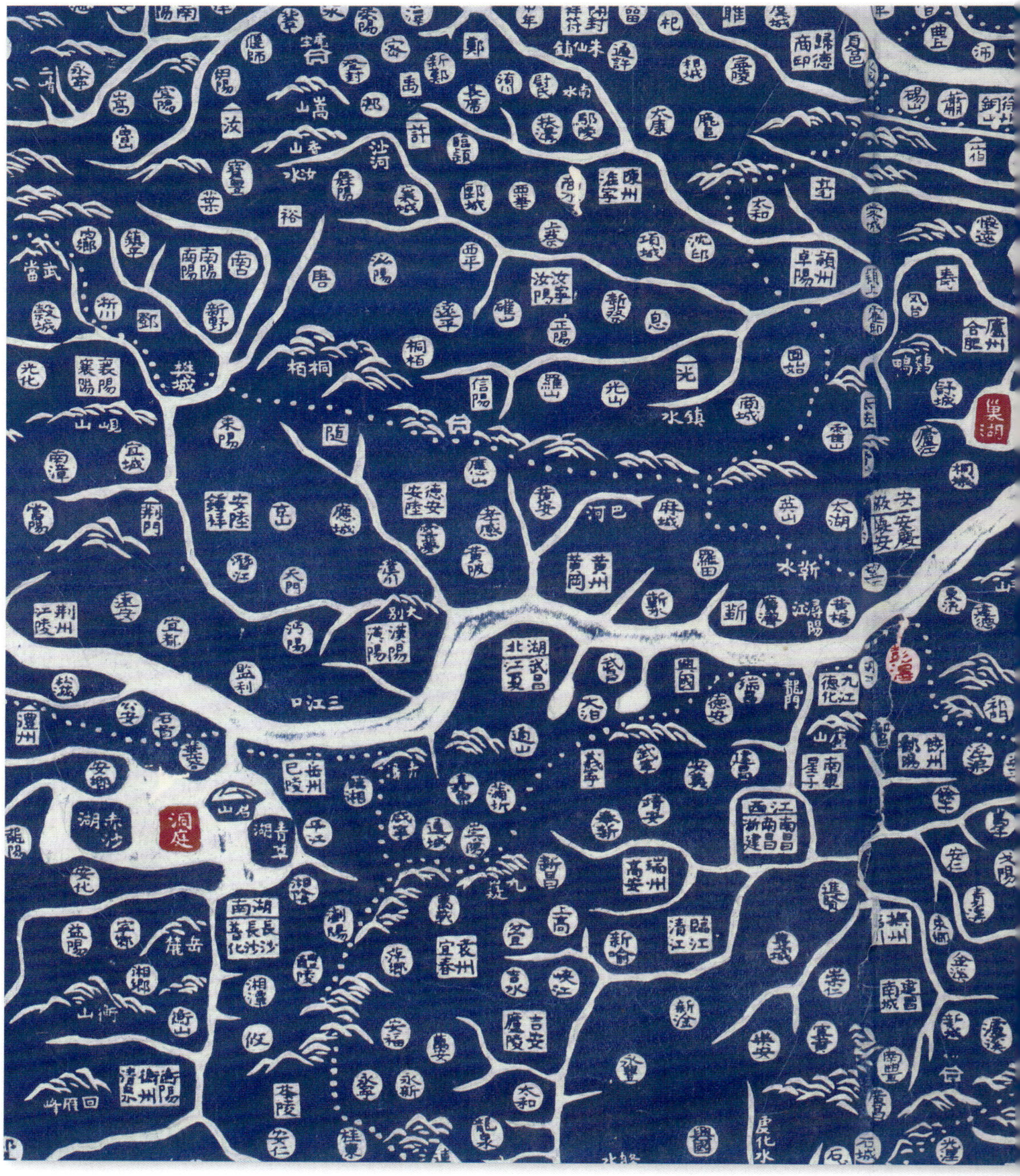

> 唐·杜牧《阿房宫赋》：六王毕，四海一，蜀山兀，阿房出。
>
> 唐·李白《书情题蔡舍人雄》：我纵五湖棹，烟涛恣崩奔。

数民族。后来四海也指围绕中国陆地的四片海域，通常根据方位称为东海、西海、南海、北海。

今天的渤海，在先秦叫北海。今天的东海，在古时曾被称为南海，因为在先秦，北方诸国把南方广阔的地区视为蛮夷之地，将吴越之东的海域称为南海。据《左传·僖公四年》记载，齐国“处北海”，楚国“处南海”。汉代还曾在渤海西侧设北海郡。秦朝统一岭南后，在那里设置了南海郡，从此，古代所称的南海已大致相当于今天的南海。今天的黄海，在古代被称为东海。据《孟子·离娄》记载：“太公避纣，居东海之滨。”这里的东海指的就是今天的黄海。中国古人居住在东方，见其东面临海，便推断四边所在的环境都是海，但西海的位置并不确定。

到宋代，由于交通条件的改善，人们的地理观念有了进一步的发展，逐渐认识到中国地势呈现西高东低的特点，中国的西边“无由有所谓西海者”。所以，四海是历史地理观的产物，包含了中国古人对四周地理环境的猜想。

《四海华夷总图》是一幅于明嘉靖十一年（1532 年）绘制的“世界地图”，收录于明代理学家章潢所撰的《图书编》中，现存于美国哈佛大学图书馆。该图标出了四海中的北海、东海、西海、南海，四海包围着位于中间的陆地，中国便处于这块大陆的东南部，东临大海。居大陆南部、面积较大的还有印度，因此有学者认为这是一幅佛教世界观下的地图。

◀《大清万年一统地理全图》（局部）| 清嘉庆时期（1796—1820 年）绘制，全图由 8 块图版拼合而成。图中彭泽（今鄱阳湖）、洞庭、太湖、洪泽湖、巢湖五湖清晰可见。

明清时期中西交流下的四海观变化

明清时期，不少传教士来华，他们带来西方的“四海”观念，这来自航海对世界海陆位置的认识。西方观念与中国人的天下观发生了碰撞。为了使中国的统治者及文人更好地接受这套知识，他们遵从中国人以天下之中自居的习惯，提出“海虽分而为四，然中各异名”，用西方的地理知识填补了中国只以方位命名的四海。通过这种方式，部分中国人接受了西方人所绘的世界地图和地理著作。一些文人也意识到中国并非居于世界的中心，但在明清时期自我封闭的历史环境下，这一新的世界格局观并未对整个社会产生较大影响。

《职方外纪》是一部详细介绍世界地理的中文文献，由明代意大利传教士艾儒略著，其中有一幅世界地图《万国全图》。图中亚洲部分可见中国的东、南方为海域，西、北方并无海。“四海”指北海、南海、大东洋、大西洋，分别位于地图的四方，展示出“四海”环绕了更大的区域。

相关知识 | 五湖之战

春秋末期，吴国和越国在五湖发生两次争霸战役。鲁哀公元年（公元前 494 年），吴王夫差与越王勾践率军战于五湖（今太湖），吴军大胜。危急之际，越王勾践听从范蠡等的建议，委曲求全，向吴国求和，入吴为奴。勾践回国后，卧薪尝胆，励精图治，任用贤能之臣治国整军。鲁哀公十七年（公元前 478 年），越王乘吴王率军北上伐齐之机，发兵大举进攻吴国。吴军仓皇南下，双方又在五湖展开激战。吴军士气低沉，越军大获全胜。越王勾践成为春秋时期的最后一位霸主。

四海祭祀

中国古人想象东、西、南、北四海皆有神灵管辖，并衍生出在四方祭祀海神的传统，以保平安。为表达人们对海神的敬畏和虔诚，还在近海处修建海神庙。

四海之神

《旧唐书 · 礼仪志》中记载了唐玄宗封四海之神为王：“（天宝）十载正月，四海并封为王。”东海为广德王，南海为广利王，西海为广润王，北海为广泽王。古人认为四海是天下的四至，明君要拥有天下，必须让四海之内的疆土得到治理。战国时期著名的政治家尸佼在《尸子》中写道：“尧、舜之有天下也，四海之内皆治”，而四海之神正是这种愿望的体现。

四海祭祀的位置

隋代首次出现官方为东海和南海之神立祠祭祀的明确记载，并给出了具体的位置。《隋书 · 礼仪志》写道：“东海于会稽县界，南海于南海镇南，并近海立祠。”唐代，增加了西海和北海之神的祭祀地点，从而形成了四海祭祀的空间格局。《旧唐书 · 礼仪志》记载“东海，于莱州”“南海，于广州”“西海、西渎大河，于同州”“北海、北渎大济，于洛州”，说明唐代时将东海神庙移至莱州（今山东省境内），同时，唐代还在同州（大致在今陕西省渭南市大荔县）建立了西海神庙，在洛州（大致在今河南省洛阳市境内）建立了北海神庙，尽管南海之神祭祀地点的行政区域名称发生了变化，但是祭祀位置并没有改变。

《宋史 · 礼志》也记载了四海祭祀的地点，“东海于莱州”“南海于广州”“西海、河渎并于河中府，西海就河渎庙望祭”“北海、济渎并于孟州，北海就济渎庙望祭”。河中府即今山西省永济市蒲州镇一带，说明宋代西海和北海祭祀的位置比唐代略偏

主祭官陪祭官各禮服詣廟門外下輿馬步行由廟
左門入引贊生引各就拜位旁立唱就執事者各執其事司尊者就
尊所立助獻生分東西階上進殿左右門各就所派立唱主祭官就位俟立
定唱陪祭官就位俟各立定唱班齊唱上香引贊生前
引導贊詣盥洗所濯水進巾引主祭官進殿左門至香案前
上香三炷贊復位引主祭官自殿右門出唱迎神跪主祭官以下皆
跪贊兩跪六叩首贊興贊詣
海神神位前贊跪左右皆跪獻獻帛獻爵再獻爵
三獻爵贊叩首贊興贊詣讀祝位跪引主祭官詣祝案前

▲ **四海祭祀仪式** | 出自清代《南工庙祠祀典》，书中详细记载了海神庙祭祀的盛大仪式。

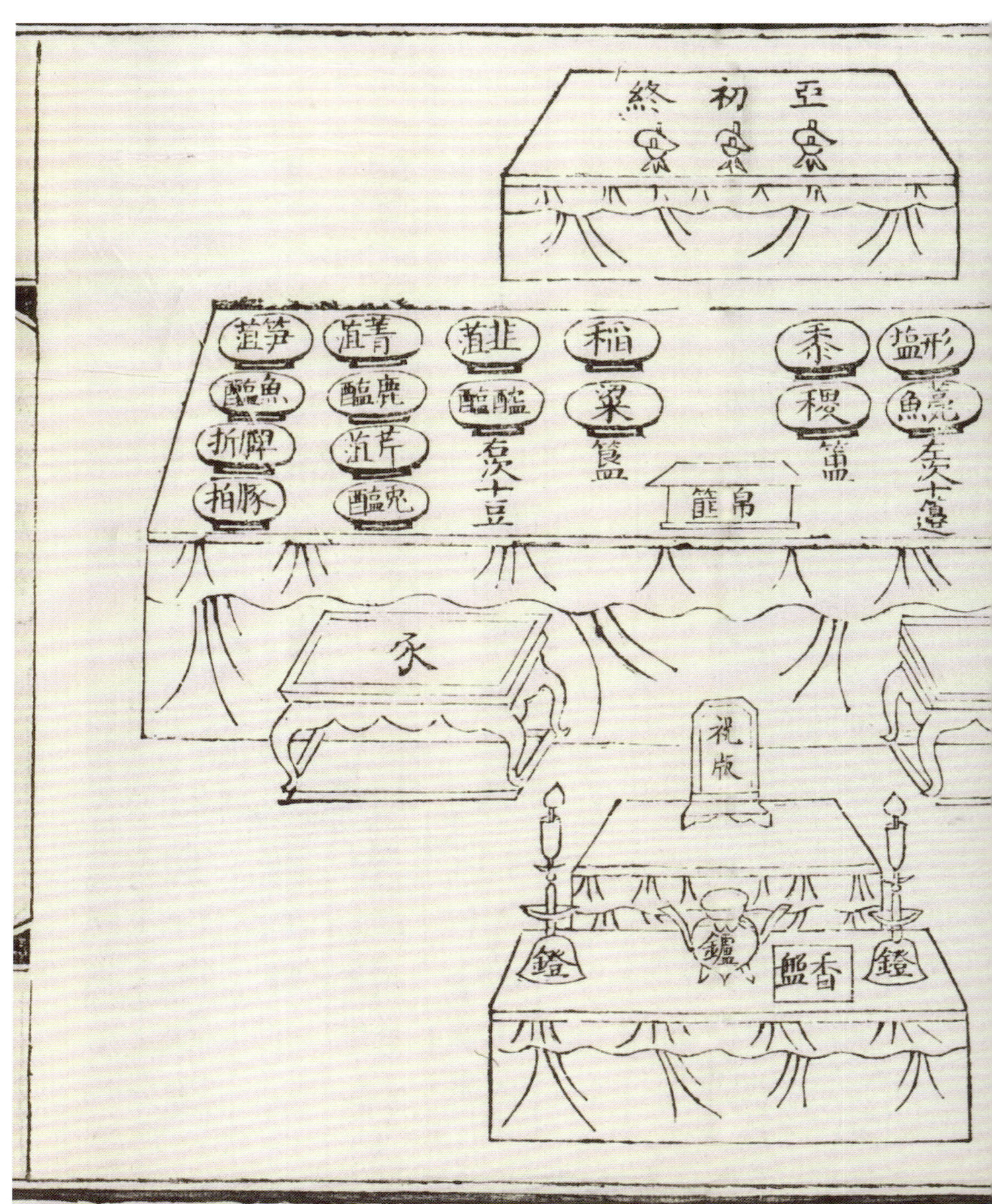

东北。同时因国家政治中心南迁，宋代非常注重对南海神的祭祀。明代，因国家版图的扩大，不少官员认为西海已扩展至云南省以外，因而西海神庙也应做出变化，但该提议并未被当朝者采纳，西海、北海的祭祀依旧依附于河渎祭祀。至清乾隆年间（1736—1796 年），为方便祭祀，才将北海神庙北移至今山海关附近。

宋・杨权《临终偈》：七十九年梦觉，五湖四海随缘。拨转云头归去，晓日东升赤然。

明・朱元璋《无题》：大明日出照天下，五湖四海春融融。

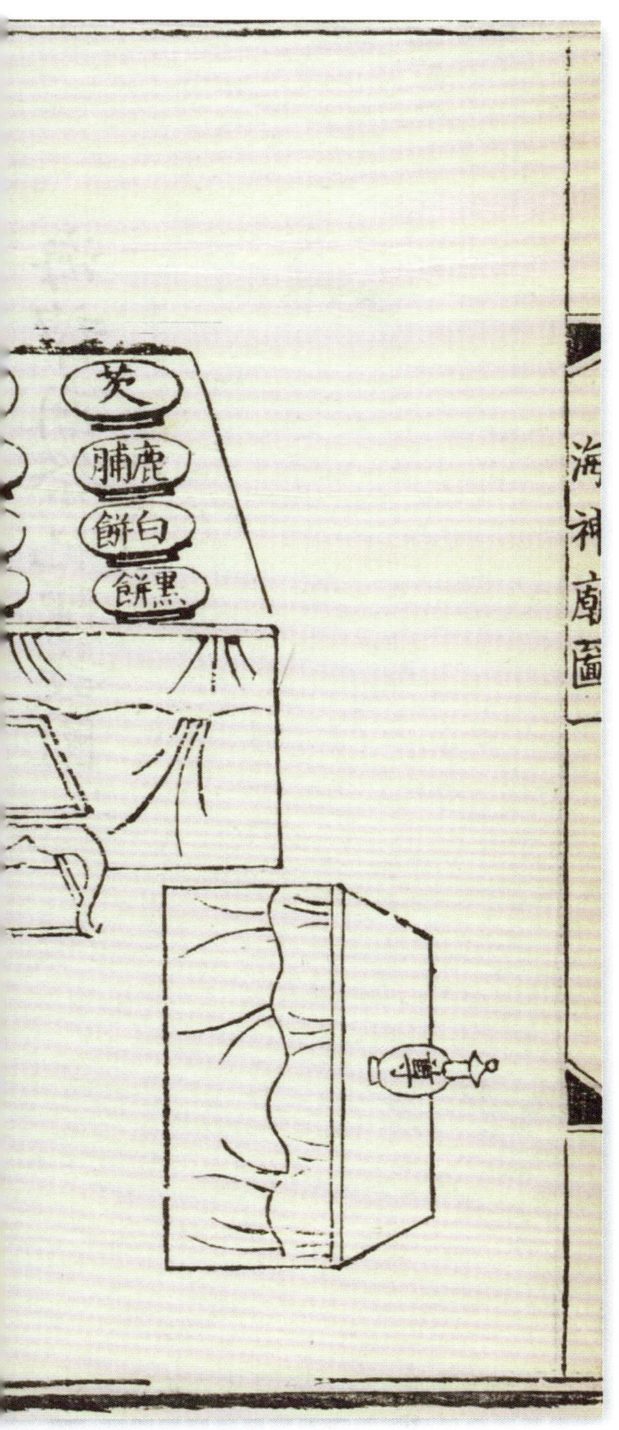

◀**海神庙祭祀陈设图** | 出自清代《南工庙祠祀典》，书中记载了儒家举行祭祀活动的场所和仪式。在四海祭祀时，陈设的物品有羊、帛、栗、黍等。

四海神庙

东海神庙和南海神庙是中国四大海神庙中独立祭祀的两座海神庙。

东海神庙作为中国古代四大海神庙之首，是历代皇帝祭海的地方。唐代将东海神庙移至莱州，“莱州祭海”“泰山祭山”“曲阜祭孔”曾并列为天下三大盛典。宋代曾在前代基础上大修东海神庙，后经历代维修和扩建，民国时期，莱州东海神庙已达东西两跨院、前后各三进院落的规模。如今，地上建筑已经在战争中被毁坏，仅留一遗址。尽管如此，当地人民每年依旧会举办庙会和祭告海神之礼，以祈求风调雨顺。

中国四大海神庙中唯一完整保存下来的是南海神庙，位于广州。南海神庙始建于隋代，自建立以来，历代皇帝都派官员到此地举行祭典，还留下了许多珍贵的碑刻，因此这里有“南方碑林”之称。南海神庙在对外交通贸易中也起着重要的作用，也是中国古代海上丝绸之路的发祥地之一。广州海上贸易发达，中外海船出入广州时，都会到南海神庙祭拜，祈求平安。因此，它也是规模最大、香火最旺的海神庙。

▲**广州南海神庙** | 南海神庙中轴线的头道门前是“海不扬波”牌坊，比喻太平无事，祈祷航海安全。

▼**四海神庙位置变化** | 四海神庙所在的位置不是一成不变的，会随各朝代疆域变化而有所变动，但在四个方位祭祀的格局却没有改变。

今日五湖

今日人们普遍认为的“五湖”是指鄱阳湖、洞庭湖、太湖、洪泽湖、巢湖五大传统淡水湖。它们分布在长江中下游平原，在中国的淡水湖泊中占据重要地位，且在农业灌溉、水产养殖、调节径流和保护区域生态环境等方面有巨大的经济效益和环境效益。

鄱阳湖

中国最大的淡水湖，位于江西省北部、长江南岸，古称彭蠡、彭泽、彭湖。鄱阳湖烟波瀚渺，水域辽阔，流域面积16.22万平方千米，约占江西省流域面积的97%，占长江流域面积的9%，是长江干流重要的调蓄性湖泊。这里资源丰富，素有“鱼米之乡”“富饶之州”“银鄱阳”的美誉。鄱阳湖也是世界上最大的候鸟栖息地之一。

洞庭湖

中国第二大淡水湖，位于长江中游荆江南岸，跨湖南、湖北两省，古称云梦、九江和重湖。洞庭湖湖滨平原地势平坦，土地肥美，气候温和，雨水充沛，盛产稻米、棉花，湖内水产丰富，是中国重要的商品粮基地和重要淡水鱼产区。

太湖

中国第三大淡水湖，位于江苏省南部、长江三角洲的南缘，古称震泽、具区、笠泽。太湖流域是中国著名发达地区，农业丰盛，素称“鱼米之乡”。湖中鱼类曾达百余种，水生作物产量也很丰富，莼菜为太湖特产。太湖的生态环境曾遭到破坏，20世纪50年代以来，人们对太湖流域进行了一系列综合治理，如污水处理、生态修复等，生态环境问题逐步改善。

洪泽湖

中国第四大淡水湖，位于江苏省西北部，古称富陵湖、破釜塘、洪泽浦。洪泽湖水生资源丰富，盛产芡实、菱角、莲藕、螃蟹等。此外，洪泽湖也具有通航、发电、灌溉、蓄洪的功效。中华人民共和国成立后，在洪泽湖兴建大堤、河闸等水

▲**鄱阳湖落星墩**｜落星墩位于江西省庐山市南鄱阳湖的二里湖中，是一座小石岛，总面积不过1800平方米。每年鄱阳湖进入枯水期时，它就会完整地呈现在世人眼中，成为一大奇观。

▲**洞庭湖岳阳楼**｜岳阳楼位于湖南省岳阳市，始建于东汉建安二十年（215年），现存建筑沿袭了清光绪六年（1880年）重建时的形制与格局。岳阳楼背靠岳阳城，俯瞰洞庭湖，登楼远眺，一碧无垠，自古有“洞庭天下水，岳阳天下楼”之美誉。

▲**太湖鼋头渚**｜鼋头渚位于江苏省无锡市太湖西北岸，是一个半岛，因巨石突入湖中形状酷似神龟

利设施，一改淮河下游长期遭受洪涝威胁的局面。洪泽湖还是南水北调东线工程的过水通道。

巢湖

中国第五大淡水湖，位于安徽省中部，古称南巢、居巢湖，俗称焦湖。巢湖因板块断陷、河流注入而成。巢湖的地理位置优越，南入长江，北通合肥，西与大别山形成掎角之势，是兵家必争之地，历史上发生过许多知名的战事。

唐·韦庄《泛鄱阳湖》：四顾无边鸟不飞，大波惊隔楚山微。纷纷雨外灵均过，瑟瑟云中帝子归。

唐·刘禹锡《望洞庭湖》：湖光秋月两相和，潭面无风镜未磨。遥望洞庭山水翠，白银盘里一青螺。

唐·王昌龄《太湖秋夕》：水宿烟雨寒，洞庭霜落微。月明移舟去，夜静魂梦归。暗觉海风度，萧萧闻雁飞。

昂首而得名。民国时期，此处建有许多私家园林和别墅。

▲洪泽湖帆船 | 洪泽湖自古就是航运枢纽。宋代已开始盛行帆船，大的有几十吨，小的只有 1 吨左右。风帆主要借风的力量，驱使船顺风向前行驶。故有成语“一帆风顺”，寓意办事顺当。

▲巢湖文峰塔 | 文峰塔位于安徽省巢湖湖滨姥山顶，又名望儿塔。始建于明崇祯四年（1631 年），续建完成于清光绪四年（1878 年）。塔高 51 米，共 7 层，塔体呈八角形，塔内有众多砖雕佛像和古代名人题刻。在塔顶凭窗远眺，巢湖风光尽收眼底。

今日四海

今日的“四海”位于中国的东部和南部，自北向南依次为渤海、黄海、东海、南海。四海的海域均是重要的水产区，分布有舟山渔场、南沙渔场等著名渔场。沿海一带还蕴藏着丰富的石油、天然气资源和潮汐能等。

渤海

中国最北端的海域，属于中国内海。它被山东半岛、辽东半岛和华北平原环绕，是一个半封闭的大陆架浅海。由于大陆河川大量的淡水注入，渤海海水的盐度较低。辽河、海河、黄河等河流从陆上带来大量有机物质，使这里成为盛产对虾、蟹和黄花鱼的天然渔场。渤海的地质和气候条件适宜发展盐业，中国最大的海盐场——长芦盐场就位于渤海湾的西岸。优质的渔业、港口、石油和海盐资源，为环渤海地区经济的发展提供了良好的条件。

黄海

位于中国大陆与朝鲜半岛之间。黄海的名字源于其海水的颜色，因古黄河曾于今江苏北部入海，河水中的泥沙使海水变为土黄色。黄海的西北部通过渤海海峡与渤海相连，东部由济州海峡与朝鲜海峡相通，南以长江口北岸启东嘴到韩国济州岛西南角连线与东海分界。

东海

位于黄海南面。北以长江口北岸启东嘴到韩国济州岛西南角连线与黄海相接。东北部经朝鲜海峡与日本海相通。东与日本九州岛、琉球群岛周围海域相连。南以福建、广东省海岸交界处至中国台湾岛的猫鼻头连线与南海为界。东海是中国海洋生产力最高的海域。受暖流影响，与渤海和黄海相比，东海水温和盐度较高，利于浮游生物的繁殖和生长，是各种鱼虾繁殖和栖息的良好场所，有“天然鱼仓”之称。东海的优良港湾很多。东海大陆架上蕴藏着极为丰富的石油、天然气资源。

▲ **山海关** | 位于河北省秦皇岛市东北部，是明长城唯一与大海交汇的地方。山海关北倚燕山，南连渤海，故而得名。山海关历为华北通往东北的咽喉要道，战略地位十分重要，素有“天下第一关”之称。

▲ **大丰麋鹿自然保护区** | 位于江苏省盐城市黄海之滨，属于黄海滩涂型湿地，拥有世界上最大的野生麋鹿种群，承担着保护麋鹿及其湿地生态系统、恢复野生麋鹿种群的重要使命。

南海

位于中国华南大陆南部，南界加里曼丹岛和苏门答腊岛，东邻菲律宾群岛，西面是中南半岛和马来半岛。南海是中国近海中面积最大、水最深的海区。南海是热带深海，海温高，适于珊瑚生长繁殖，多热带水产，又因入海河流含沙量少，海水碧蓝清澈。南海是太平洋和印度洋之间的航运要冲，且海洋油气矿产资源丰富，地缘意义重大。中国很早便对南海进行开发利用，秦朝就已设南海郡，南海是中国领土不可分割的一部分。

唐·自在《三个不归颂·其一》：割爱慈亲异俗迷，如云似鹤更高飞。五湖四海随缘去，到处为家一不归。

唐·吕岩《绝句·其四》：斗笠为帆扇作舟，五湖四海任遨游。大千沙界须臾至，石烂松枯经几秋。

宋·白玉蟾《曲肱诗·其一十九》：不把双眸看俗人，五湖四海一空身。洞天深处无人到，溪上桃花几度春。

▲**浙江舟山枸杞岛**｜浙江省嵊泗列岛东部的海岛之一，地处东海之上。枸杞岛遍生枸杞，因此得名。周围的海域素有“海上牧场”之称，是中国贻贝的主产地。

▲**南山海上观音**｜位于海南省三亚市南山寺前的南海之中，为正观音的一体化三尊造型，每尊观音圣像手势各异，手持物品各异（分别为莲花、经书和佛珠）。观音圣像高 108 米，是世界上最高的观音像。

五湖四海的文化传承

随着历史的发展，五湖四海的文化含义逐渐稳定，并不断扩展。由用来描述古代中国的边界地区，发展到泛指天下，并用于比喻广泛团结的区域。如汉代刘向《说苑 · 辨物》中有“八荒之内有四海，四海之内有九州”，八荒，就是八方荒芜极远的地方，四海被用来描述偏远的边界地区；唐代诗人杜牧在《阿房宫赋》中写道“六王毕，四海一”，四海指全国；清代《四海总图》的图名冠以“四海”，并非指四大洋，而是指中国及世界。到现代，随着中国与世界联系的加强，五湖四海有了新的衍生词，即“五洲四海”，指代天下。五湖四海的文化传承还体现在人才任用上，这套理念如今仍被管理者所使用。

从“五湖四海”到“五洲四海”

清代光绪皇帝有一位外语老师叫张德彝，他曾随中国代表团八次出国访问，还将出国的旅行见闻编辑为《航海述奇》《再述奇》《三述奇》《四述奇》直至《八述奇》。在《航海述奇》中，他提到“五洲四海”一词，“五洲”指亚洲、欧洲、非洲、美洲、大洋洲，“四海”指太平洋、印度洋、大西洋、北冰洋。“五洲四海”的提法相对于“五湖四海”，其海外地理区域更为清晰了，这一定程度上体现了中国人认识世界地理水平的进步。

随着中国国门的不断打开，以及地理知识的全球共享，“五洲四海”的表述体现了中华民族包容、开放、共享的品质，表达了中华民族坚持改革开放，坚持吸收世界优秀文明成果，以实现求同存异、共同发展的愿景。

五湖四海的政治观与用人观

五湖四海的地理观为儒家所用，提倡帝王和士大夫要有胸怀天下、四海为家的大气魄。中国战国思想家荀子的著作《荀子 · 王制》《荀子 · 议兵》《荀子 · 儒效》里均提到“四海之内若一家”，西汉史学家司马迁的著作《史记》中也记载了丞相萧何劝解汉高祖刘邦“天子以四海为家”。为了维持国家的长治久安，古今统治者都注重统治中心与边缘的发展，形成了“五湖四海”的政治观、用人观。

这种理念传承至今，许多企业提倡

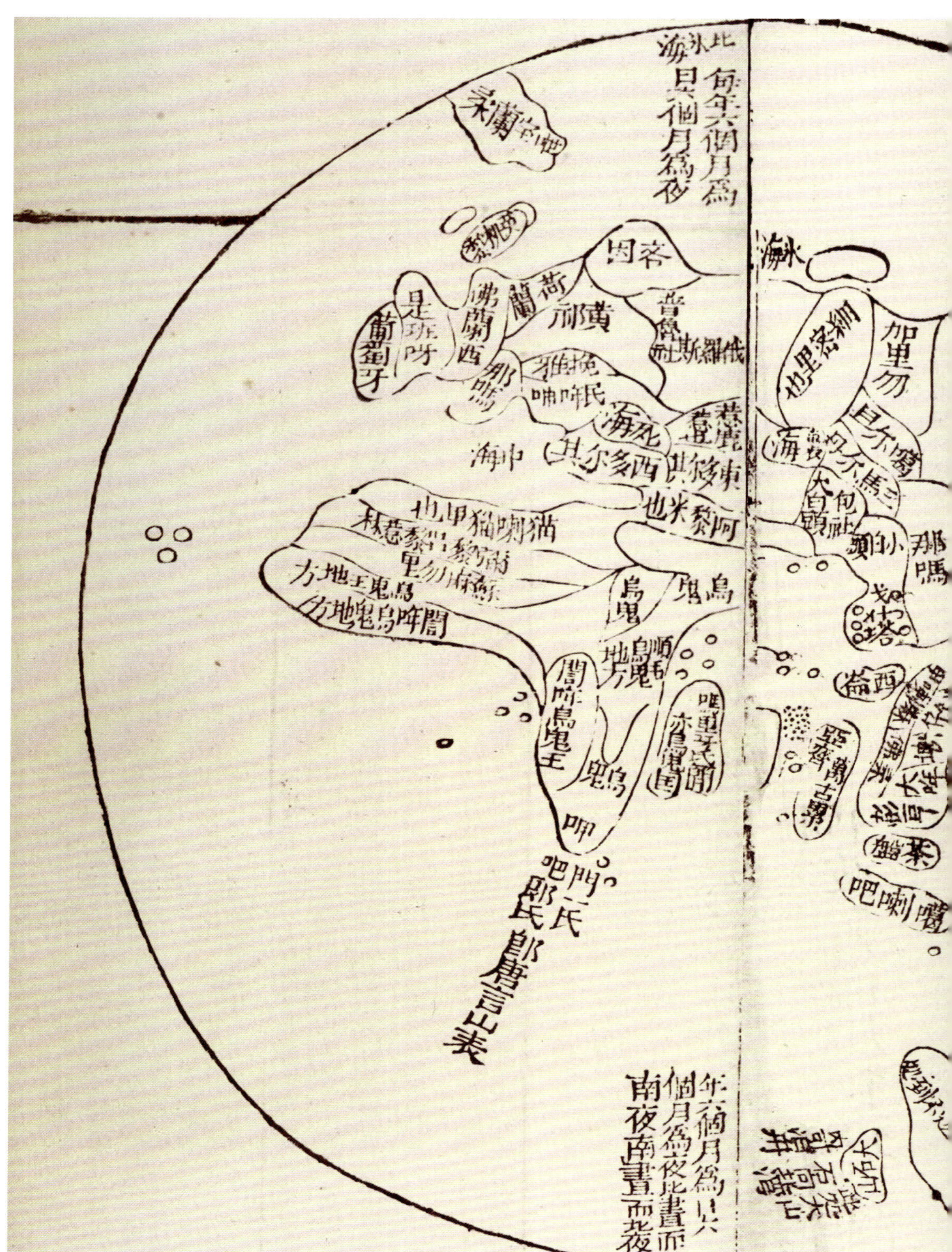

▶《四海总图》| 清雍正八年（1730 年），陈伦炯编撰了《海国闻见录》，书中有一幅《四海总图》。图中没有标注洲界、国界，但是可以看到亚欧大陆、非洲、大洋洲局部，以及四大洋。

没有偏见地任用来自全国各地乃至世界各地的人才，展现了广泛、包容、平等、团结的精神境界。如中国企业家、华为创始人任正非曾说“用人五湖四海”，展现了他博大的胸怀。

相关知识 | 四海之内皆兄弟

出自《论语·颜渊》：“君子敬而无失，与人恭而有礼，四海之内，皆兄弟也。”本义是全国的人民都像兄弟一样，亲如一家。古人认为中国疆土四面环海，称国境以内为“海内”，称国境以外为“海外”。四海环绕在中国的四境，指代天下。

《四海总图》局部

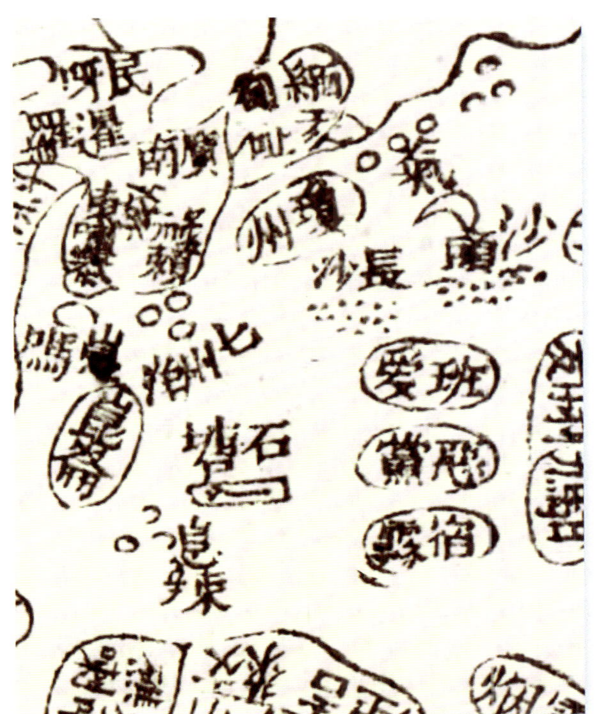

◀**南海海域**｜南海自古就是中国海域。在南海海域中，自东北而西南，分别绘有半月形的“气”，沙状的“沙头”“长沙”，以及矩形的“石塘”。其中“气”指东沙群岛，“沙头”指东沙群岛南端沙垠；“长沙”指西沙群岛和中沙群岛，“石塘”指南沙群岛。

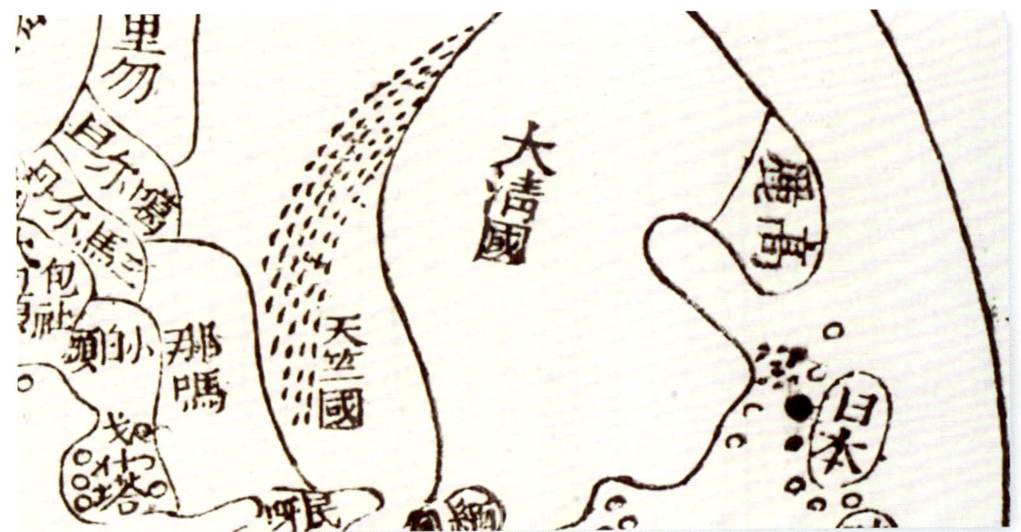

▲**中国**｜清代中国对世界上的国家和地球上的海陆分布有了较详细的了解。本图只是地球一个半球示意图。在此局部图中，大清国的疆域向东直抵大洋，与大清国陆上山水相连的有高丽（主要在今朝鲜半岛）、缅甸、天竺国（在今南亚）；隔海相望的有日本等。

高麗國
鳳凰城
高麗邊門
高麗溝子
鹿島
岫巖
紅旗溝
太子河
遼陽
海城
牛庄
蓋平
復州
寧海
金州
長興島
筆架山
菊花島
寧遠
釣魚臺
山海關
臨榆
昌黎
永平
灤州
豐潤
寶坻
寧河
天津
天津口
北通州
京都
靜海
鹽山
慶雲
陽信
利津
沾化
壽光
濰縣
昌邑
安邱
昌樂
青州
長山
鄒平
章邱
濟南
德州
東昌
濟寧
泰安
武定
莒州
沂州
兗州
諸城
高密
膠州
即墨
平度
萊州
招遠
黃縣
棲霞
萊陽
登州
福山
寧海
文登
榮成
海陽
黑水洋北界

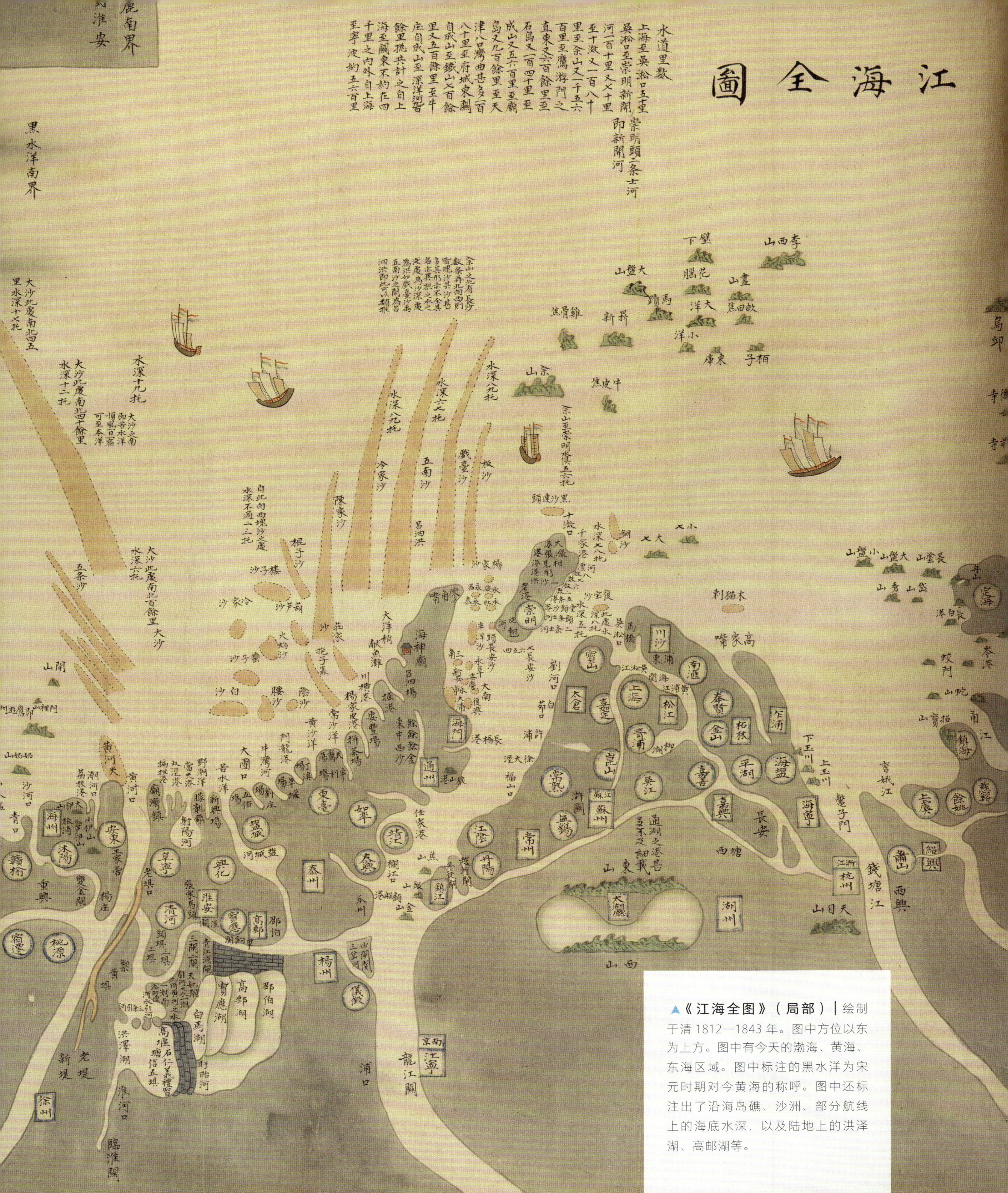

▲《江海全图》（局部）| 绘制于清 1812—1843 年。图中方位以东为上方。图中有今天的渤海、黄海、东海区域。图中标注的黑水洋为宋元时期对今黄海的称呼。图中还标注出了沿海岛礁、沙洲、部分航线上的海底水深，以及陆地上的洪泽湖、高邮湖等。

五岳

▼《历代华夷山水名图》（局部）| 出自宋代《历代地理指掌图》。图中五岳分布于中原地区的东、南、西、北、中。

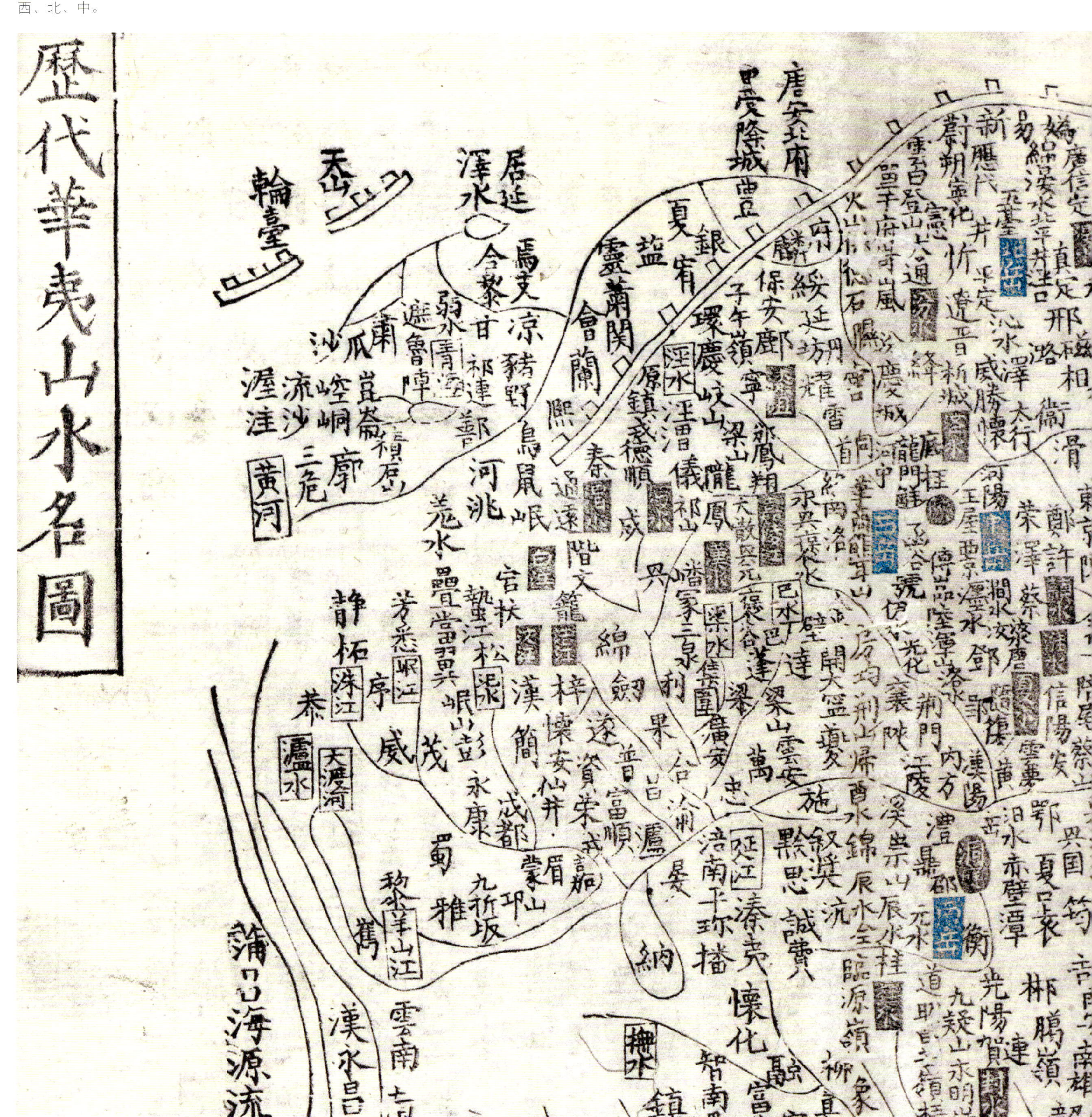

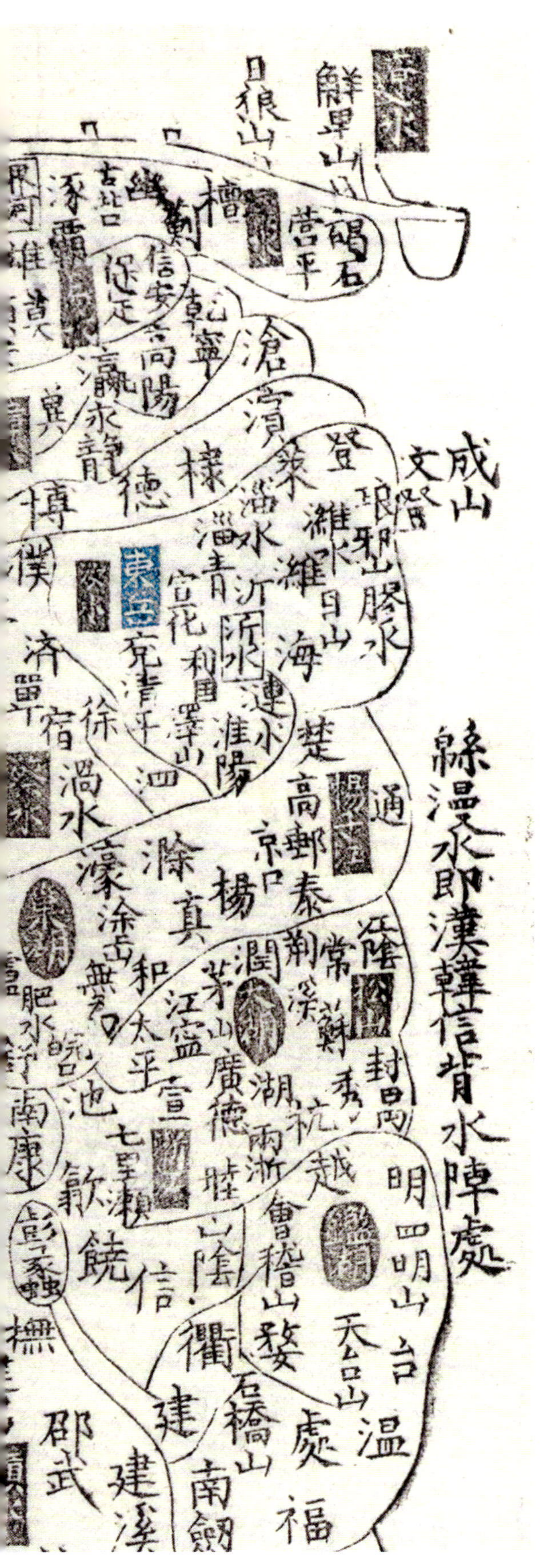

在中国各地的传统文化中，山神崇拜十分普遍。人们相信一个地方的山神会保佑当地平安。与世界上许多国家的山神崇拜相比，中国传统文化中山神崇拜有一个空间上的特点，即将多个神山组合，以护佑更广阔的地域，例如五岳。选择五岳，与春秋战国时期“五行”之说开始盛行有关。“五行”既代表组成世界的五种元素——金、木、水、火、土，也代表东、南、西、北、中五个方位。“五岳”就是位于五个方位上的神山。五岳也是历代帝王封禅的场所，以显示其权力是上天授予的。

五岳简介

中国的名山首推五岳，“岳”意为高峻的山。在中国古代，人们认为高山峻极于天。位于中原地区的东、南、西、北方和中央的五座高山被定为“五岳”。现在人们熟知的五岳分别是东岳泰山、南岳衡山、西岳华山、北岳恒山、中岳嵩山。五座山的海拔均在1000米以上，气冠群伦。但五岳一词并非五座山的简单加和，这个山岳组合与江山社稷相关联，是国家一统的象征。

▼五岳分布图

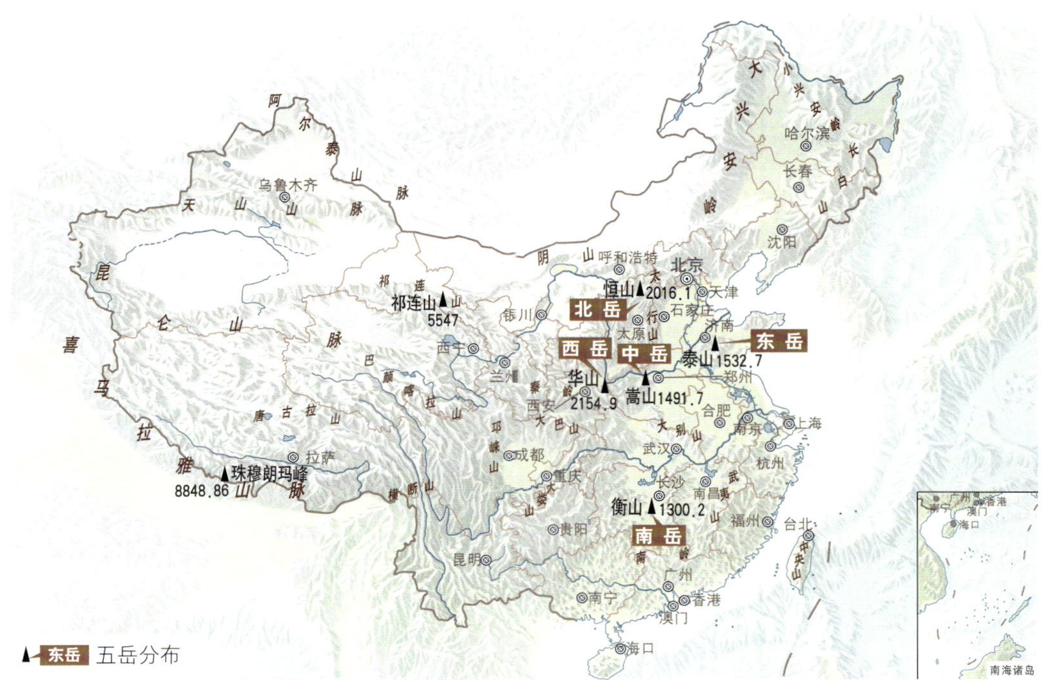

五岳的由来

五岳最早出现在《周礼》中。《周礼》是记载先秦时期社会政治、经济、文化、风俗、礼法诸制的书籍。在《周礼 · 春官宗伯》中记载有“以血祭祭社稷、五祀、五岳”，可见五岳与国家祭祀相关，它体现了儒家、道家、法家等思想的融合。哪些山峰被封为五岳，是由古代帝王确定的。五岳的前身是四岳，四岳分别位于国家的四方，后加上了中岳。五岳兼有标识华夏大地五方的作用。

四岳

“四岳”一词出现在《尚书》，是尧帝对四方诸侯长官的称呼。《尚书 · 舜典》中还记载有舜“岁二月，东巡守，至于岱宗，柴”“五月南巡守，至于南岳”“八月西巡守，至于西岳”“十有一月朔巡守，至于北岳”。“四岳”中并无中岳，且除了东岳指明是泰山外，其余三座山在原文中无具体的名称。虽然如此，但这些文字已证明当时的君王到过四方神山祭祀。

最早的五岳

屈原在《楚辞》中提到神仙居住的五岳，但是只说出中岳为昆仑。具体谈五岳是何山的古籍是秦人伏生所著的《尚书大传》，其中记载：“五岳谓：岱（泰）山、霍山、华山、恒山、嵩山也。”彼时的霍山是现在安徽省的天柱山。

北岳、南岳的变迁

五岳在历史上的位置并非一成不变，随着中国核心地区的不断扩大，北岳和南岳也分别向北和向南移动。

古代北岳虽也叫恒山，但并非在山西省，而是在今河北省保定市曲阳县西北，主峰是大茂山（位于今河北省保定市唐县）。北魏郦道元的《水经注》、北宋沈括的《梦溪笔谈》都有关于大茂山是古北岳的记述。位于曲阳县的北岳庙，是古代帝王遥祭古北岳的地方。明弘治年间（1488—1505 年），在今山西省浑源县恒山建北岳庙，清顺治年间（1644—1661 年），顺治帝将山西省浑源县的恒山确定为北岳，祭祀北岳的北岳庙也相应发生了变动。

▶《康熙南巡图》（局部）| 清代宫廷绘画作品。该图展现了康熙皇帝南巡至山东省，致礼东岳泰山的场景。画的顶部写有“泰山”二字。

隋代时，南岳由安徽省的霍山（也称天柱山）变为湖南省的衡山。一是由于当时安徽省发生了地震，造成“霍山崩”；二是因为随着江南地区的开发，位于江北的霍山失去了镇守南方的作用，因而隋文帝下诏以衡山作为南岳。

◀ **天柱山** | 古南岳位于安徽省潜山市西南部，以壮美的花岗岩地貌著称。主峰海拔1489.8米。天柱山与佛教、道教关系密切。

五岳与五行

五岳思想是糅合夏商以来的四方神和春秋战国时期的五行观念而形成的山岳崇拜。五行学说是中国古代关于世上物质构成的学说，它把宇宙万物划分为五种性质的事物：木、火、土、金、水，这五种物质又与方向、颜色、季节、神兽、五帝有着对应关系。战国末期五行观念盛行，推动了五岳的产生。战国时期是中国历史上的一个大分裂时期，中原大地战乱不断，急需建立一个和谐、有序的社会。五行学说阐述的是一个和谐有序的世界。因此，当中原大地趋于统一，为巩固中央权力，五岳的空间布局应运而生。在四岳的基础上，把中岳嵩山补充过来。五岳各据一方，保卫天下，建构了一种稳固的国家结构，五岳满足了统治者维护国家安定，以及凸显统治者至高无上地位的需要。

晋朝道士葛洪在《枕中书》中，融合了五行所代表的方位和颜色的说法：木代表东方，青色；火代表南方，赤色；金代表西方，白色；水代表北方，黑色；土代表中央，黄色。太昊为青帝，治东岳岱宗山（即泰山）；祝融为赤帝（即炎帝），治南岳衡霍山（即天柱山）；金天氏为白帝，治西岳华阴山（即华山）；颛顼为黑帝，治北岳太恒山（即恒山）；轩辕氏为黄帝，治中岳嵩高山（即嵩山）。

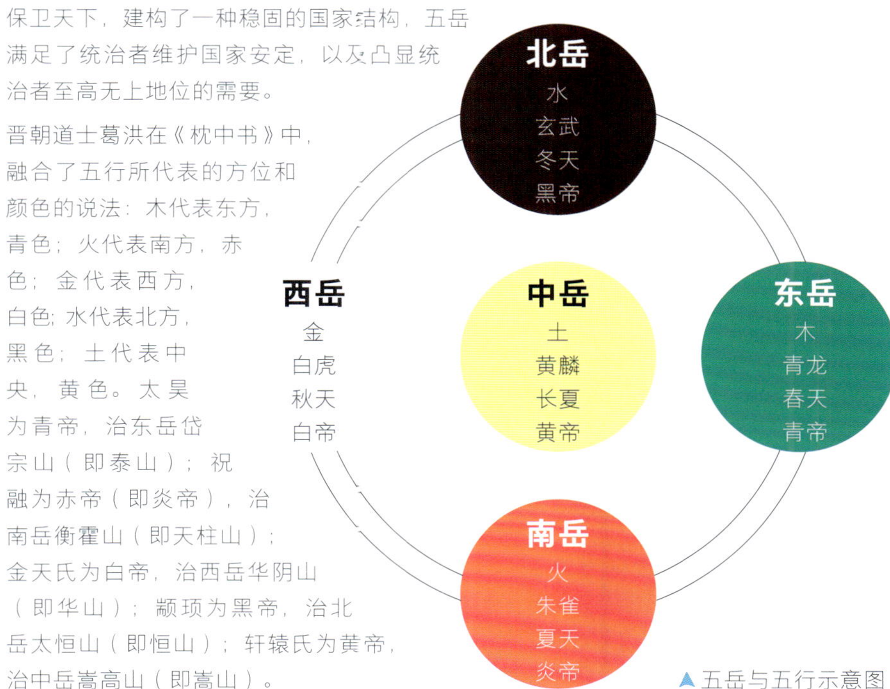

▲ 五岳与五行示意图

今日五岳

今日五岳自清代沿用至今，分别为东岳泰山、南岳衡山、西岳华山、北岳恒山、中岳嵩山，其组成虽与古籍中记载的五岳不太一致，但东、南、西、北、中的分布格局没有变化。

东岳泰山

古名岱山、岱宗，有“天下第一山”“五岳独尊”的美誉。它位于山东省泰安市，主峰玉皇顶是山东省境内最高的山峰，海拔 1532.7 米。中国传统文化认为，东方为万物交替、初春发生之地，故泰山被视为五岳之长、五岳之首。自秦始皇封禅泰山后，历朝历代帝王不断在泰山封禅、祭祀，并且在泰山上下建庙塑神，刻石题字。泰山因其独特的自然景观和丰富的文化遗存而被列为世界自然和文化双遗产。

南岳衡山

古称岣嵝山。位于湖南省衡阳市境内，主峰祝融峰，海拔 1300.2 米。祝融峰得名于民间崇拜的衡山山神祝融，传说他是火神，被黄帝委任镇守衡山，教民用火，化育万物。衡山对应中国古代二十八宿南方七宿中的轸宿。轸宿主管人间苍生寿命，故衡山又有“寿岳”之名。衡山峰峦叠嶂，终年草木繁茂，四季景色秀丽，常被云雾缭绕，以秀美著称。

西岳华山

又称太华山。位于陕西省华阴市境内，南接秦岭，北瞰黄河和渭河。主峰南峰被称为“华山元首”，海拔 2154.9 米。华山属于花岗岩断块山，东、西、南、北、中五峰兀立在百座群峰之上。有奇峰峻岭、幽谷险道。华山是中华文明的发祥地之一，也是道教圣地之一。

北岳恒山

古称元岳、紫岳等，又称太恒山。恒山山脉地跨山西省北部和河北省西北部。主峰天峰岭是明后期以来逐渐确定的，海拔 2016.1 米。这里有古代修建的建筑群遗

▲ **泰山十八盘** | 位于对松山北，双崖夹道，是泰山的主要标志之一。十八盘为清乾隆末年改建盘道时所辟，是泰山登山盘路中最险要的一段，共有石阶 1600 余级，远远望去，恰似天门云梯。

▲ **祝圣寺** | 位于衡山脚下，是南岳最大的一座佛教丛林。寺内秀木奇花似锦，殿堂金碧辉煌，随山势错落有致。祝圣寺始建于唐代，初名弥陀台，后历经多次维修，清雍正年间（1723—1735 年）始定此名。

▲ **华山西峰** | 西峰是华山最秀丽险峻的山峰，其西北面直立如刀削，空绝

存，最有名的是建在翠屏峰峭壁之上的悬空寺。

中岳嵩山

古称太室山、嵩高山等。位于河南省西部，登封市西北面。嵩山形成时间较早，距今有36亿年的历史，被认为是“万山之祖”。主峰峻极峰，海拔1491.7米。嵩山由太室山和少室山两大山体组成。太室山逶迤于少林河东，如醉卧的苍龙，因而有“嵩山如卧”的说法；少室山位于少林河西，山体陡峭，山峰相互叠压，形如莲花，有“九朵莲花山”的美称。中国佛教的禅宗祖庭及中国功夫的发源地之一少林寺就坐落于嵩山。

南北朝·谢灵运《泰山吟》：岱宗秀维岳，崔崒刺云天。

唐·白居易《旅次华州，赠袁右丞》：渭水绿溶溶，华山青崇崇。山水一何丽，君子在其中。

唐·王维《归嵩山作》：荒城临古渡，落日满秋山。迢递嵩高下，归来且闭关。

万丈，人称舍身崖。峰顶翠云宫前有块巨石状如莲花，故又名莲花峰。

▲**悬空寺**｜位于恒山金龙峡西侧翠屏峰峭壁间，于北魏太和十五年（491年）建成，呈“一院两楼”般布局。悬空寺总长约32米，它巧借岩壁，仅以木柱便支撑起40多间殿阁，增添了恒山之奇。

▲**嵩岳寺塔**｜位于嵩山南麓嵩岳寺内，建于北魏时期，是中国现存最早的密檐砖塔。嵩岳寺塔造型与装饰风格受古印度犍陀罗艺术的影响，反映了中外建筑文化的交流和联系，对后世砖塔建筑有着巨大的影响。

封禅与五岳祭祀

封禅是中国古代帝王祭天地的礼仪活动。它是从天子巡狩制度演化而来的。天子巡狩是召见诸侯、接受朝觐、炫耀威武、维护一统的统治手段。巡狩制度从周成王时确定下来。《尚书 · 周官》记载："王乃时巡，考制度于四岳。"历史文献中记载最早的封禅是秦始皇在东岳泰山举行的封禅。

封禅

封禅是历史上帝王神权的象征。封为祭天，禅为祭地，后来二者合一，指帝王祭祀天地的仪式。封禅通常是在太平盛世、改朝换代、天降祥瑞之时才举行，帝王以此证明自己以德配天，君权神授，增加其统治的权威性。历史上，封禅仪式主要在东岳泰山举行，因此泰山地位名列五岳之首。例如，公元前 110 年，汉武帝先到梁父山行禅礼祭地，然后到泰山下东方设坛，举行一次封礼祭天。历史上在泰山封禅的皇帝不多。自商朝以来在泰山举行过封禅大典的皇帝有秦始皇嬴政、汉武帝刘彻、汉光武帝刘秀、唐高宗李治、唐玄宗李隆基和宋真宗赵恒等。从明朝开始，朱元璋取消了泰山的封号。此后，明清两朝将原来的封禅改为了祭祀。北京的天坛和地坛成为皇帝祭祀天地的场所。

五岳祭祀

广义的祭地包含祭土地、祭山川。祭五岳是祭山的最高典礼。五岳祭祀兴起于秦统一六国，盛行于西汉，最终由汉宣帝完善而成。五岳祭祀主要有两种方式：一是派遣官员到五岳庙中致祭，二是在都城城郊设立祭坛遥祭山岳。汉宣帝时期（公元前 73—前 49 年），将每年祭拜五岳的时间与地点规定下来，形成制度性祭祀。皇帝祭拜各神山的时间与五行观念有关，东方代表春天，南方代表夏天，西方代表秋天，北方代表冬天。因此，皇帝通常在农历二月前往东岳泰山祭拜；在农历五月，前往南岳衡山祭拜；在农历八月和农历十一月，分别到西岳华山和北岳恒山祭拜。

[泰山]唐·杜甫《望岳》：岱宗夫如何？齐鲁青未了。造化钟神秀，阴阳割昏晓。荡胸生曾云，决眦入归鸟。会当凌绝顶，一览众山小。

◀《唐玄宗封禅图》壁画（局部）|《唐玄宗封禅图》壁画，位于山西省晋城市高平市寺庄镇伯方古村仙翁庙。壁画绘于唐宋，展示了唐玄宗李隆基泰山封禅的场面。画面以唐玄宗为中心，簇拥在其身旁的是侍女和文武官员，整个画面大气磅礴，彰显了盛唐风韵。

相关知识 | 天外村天地广场

天外村天地广场，又名天圆地方广场，位于山东省泰安市。其设计思想来自古代帝王封禅大典，即在泰山极顶设圆坛以告天，然后在山下设方坛以祭地，以示“天圆地方”。

该广场于2000年建成，占地总面积3.5万平方米，主要包括方形广场和圆形广场，全部用泰山石材铺装。在两广场连接通道两侧，有12根高7.2米、直径0.9米的龙柱，表示曾有12位帝王到泰山封禅祭祀。

▲天外村天地广场

五岳文化与扩散

五岳是中国古代最重要的山岳神祇系统，体现了中国古人的国土空间观。五岳既护佑着东西南北中的五方领土，也与中国五行宇宙观相呼应。五岳文化影响了其他地方。历史上，中原王朝周边的诸多小政权，如云贵高原的南诏政权和朝鲜半岛的新罗政权，也接受了五岳的地名文化，在自己的领域内命名五岳。由此可以看出，这些政权认同了五岳和五行的思想。

五岳文化符号

文化符号由能指和所指组成。例如汉字是文化符号，人们看到汉字“山”（能指），就马上知道它指的是自然界高出地表的一种地形（所指）。同理，看到“五岳”（能指）两字，马上也会联想到它指的是东西南北中的五座神山（所指）。五岳文化是一个文化符号链。第一，五座山峰——被人们命为各自的山名，这些山名体现了中国地名命名的文化；第二，五个山名——被附加上东岳、西岳、南岳、北岳、中岳的地名，从而构成“五岳”；第三，“五岳”——代表着五个方位组合的整体；第四，五个方位组合的整体——代表中国古代“五行”宇宙观。

南诏五岳

中国历史上，有边疆民族政权在自己的疆域内选择五座高山，将之命名为五岳的例子。如南诏（649—902 年），它是唐代崛起于云贵高原上的地方政权，全盛时期辖区范围包括今中国云南省全境，以及今贵州省、四川省、西藏自治区的部分地区，还包括今越南、老挝和缅甸的部分地区。南诏国建立后，为祈求国祚永固，也仿效中原王朝，设立“五岳四渎”。据考证其“五岳”为：中岳点苍山，西岳高黎贡山，南岳蒙乐山（今无量山），东岳乌蒙山，北岳神外龙雪山（今玉龙雪山）。

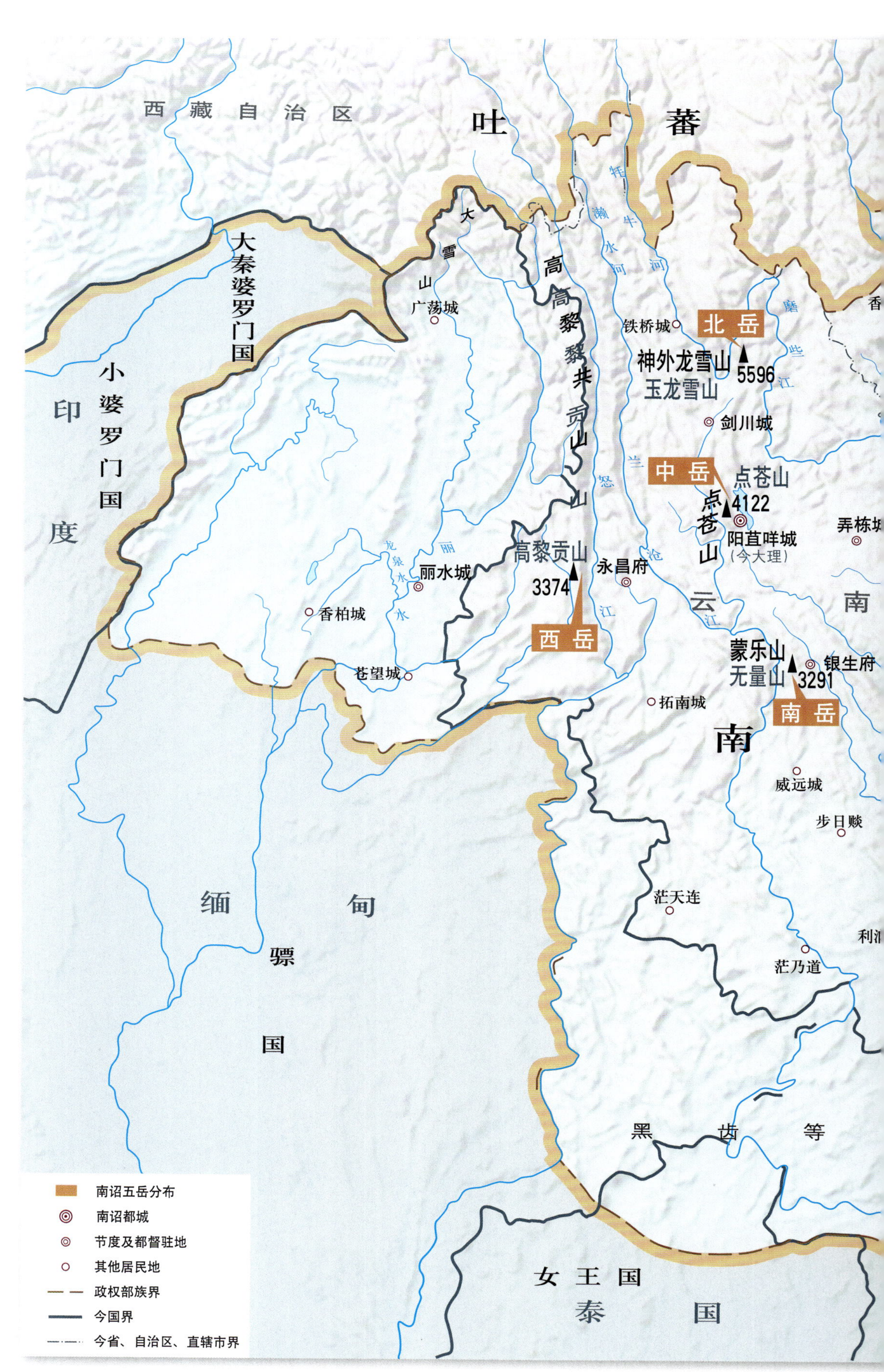

▼唐代南诏五岳分布图

苍山洱海｜点苍山也叫苍山，位于云南省大理白族自治州中部，冰川地貌发育。洱海位于苍山东侧，因形如人耳，风浪大如海而得名。在苍山可俯瞰洱海。

高黎贡山｜位于云南省怒江傈僳族自治州全境和保山市西部。因怒江切割较深，山势陡峻险要。又因地处西南季风的迎风坡，降水多，植被茂密高大。

彝族跳菜｜流传于云南省景东彝族自治县无量山区的传统舞蹈。彝族民间宴请宾客上菜时，为敬重宾客、增加喜庆氛围，抬菜人与引菜人合着唢呐吹奏的上菜调，跳着舞步将菜送至餐桌。

乌蒙山｜乌蒙是唐代乌蛮部落的统称，宋代部落首领称乌蛮王，乌蒙山因此而得名。位于中国西南部云贵高原上的乌蒙山群山起伏，峡谷深陷，逶迤连绵，气势磅礴。

玉龙雪山｜云南省玉龙县境内的雪山群宛若一条“巨龙”腾越飞舞，故而得名。玉龙雪山是北半球纬度最低的现代冰川分布地，有冰川博物馆之称。这里还以高山草甸、原始森林垂直带谱、生物多样性景观和纳西族文化著称于世。

朝鲜半岛的五岳

朝鲜半岛的五岳文化受到中国五岳文化的影响。早在新罗统一之前那里就已设置了五岳，用于组织国家的领土空间：北岳金刚山，西岳仙桃山，南岳咸月山，东岳吐含山，中岳单石山。到了大韩帝国时期，五岳变更为：北岳白头山、西岳妙香山、东岳金刚山、南岳智异山、中岳北韩山。此外，17 世纪朝鲜王朝绘制的《四海总图》也反映出他们接受了中国五岳的天下观。

相关知识 | 天地之中

《周礼 · 地官司徒》记载，西周时周文王的第四个儿子周公姬旦在营建东都洛阳时，垒土圭，立木表，以求地中的位置。当时测得的“地中”位于今河南省登封市阳城。因此，历史上有“阳城天地中”之说。周公之所以这么在意“地中”，其道理是占据了地中的位置，就意味着王权统治天下具有正统性。而阳城旁边的嵩山虽然不高，但是因为其地中位置，就被确定为中岳。

现在在河南省登封市告成镇有一处历史古迹——周公测景台。周公测景台俗称“无影台”，又名“八尺表”，是中国古代立八尺圭测量日影、验证时令、计年的仪器。唐开元十一年（723 年），当时著名的天文学家一行进行天文观测，将仿周公的土圭木表换成了石圭石表，距今已有 1200 多年的历史。周公测景台通高 3.91 米，由石圭和石表两部分组成。石柱为表，台座为圭。表的顶端为屋宇式盖顶，南刻“周公测景台”字。

◀周公测景台

►**《四海总图》与五岳** | 朝鲜王朝绘制的《四海总图》，展现的是他们认同的天下的结构。地图中包括六个圈层：最中心的位置即为“中原”，中原的核心就为中岳；在其东西南北，图中依次标出了泰山、衡山、华山和恒山，它们构成了该图的第二圈；第三圈是欧亚大陆，其中有真腊国（大致在今柬埔寨）、天竺国（在今南亚）等，但是欧洲部分不详；第四圈是环欧亚大陆的海洋和海上诸多岛国，其中标有日本国、朝鲜国等，更重要的是这一圈还有东西南北四岳；第五圈是其他大陆；第六圈是海洋，也有四座海上神山镇守四方。

《四海总图》局部

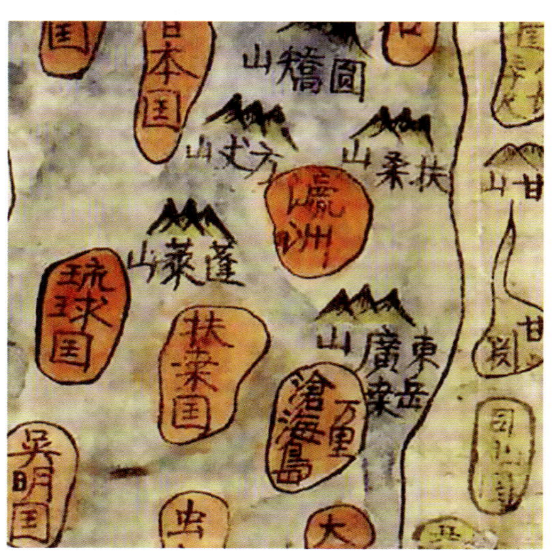

◀**海上仙山** | 从图中标注的方丈山、蓬莱山、瀛洲等，我们可以知道这些都是古代中国神山的名字。由此推断，此局部图中画为黑色山峰的就是制图人内心定义的神山，如图中的扶桑山、圆矫山、广桑山。《梁书 · 诸夷传 · 扶桑国》中记载：“扶桑在大汉国东二万余里，地在中国之东，其土多扶桑木，故以为名。”在中国古代，传说扶桑是日出的地方。有时人们还用扶桑指代太阳。

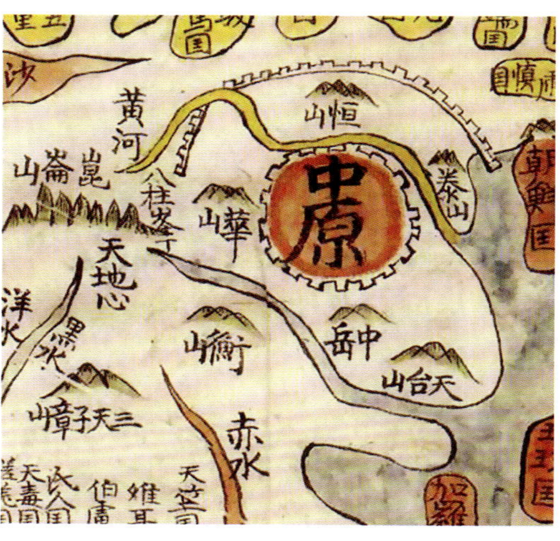

◀**中原** | 图中既有泰山、衡山、华山、恒山和中岳，还有两条重要的河流。中原北侧是黄河，河水为黄色，河流走向有一个黄河典型的“几”字形弯曲。中原南侧是长江，长江源自昆仑山之南，颜色为淡蓝。

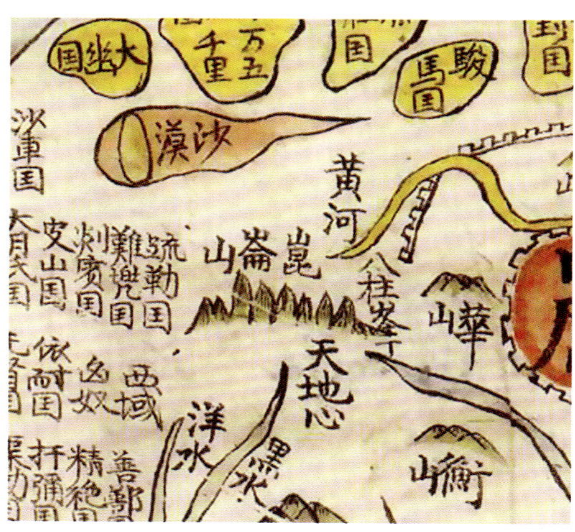

◀**昆仑山** | 在中国古代，昆仑山被视为万山之祖。《山海经》记载：“西海之南，流沙之滨，赤水之后，黑水之前，有大山，名曰昆仑之丘。”“其光熊熊，其气魂魂。”昆仑还出现在《庄子》《楚辞》《史记》等历史文献中。它作为西方神山的地位不断得到巩固。《史记 · 大宛列传》记载：“昆仑其高二千五百余里，日月所相避隐为光明也，其上有醴泉、瑶池。”在中国道教中，瑶池属于西王母。西王母是最高女神，掌握着长生不老的秘密。

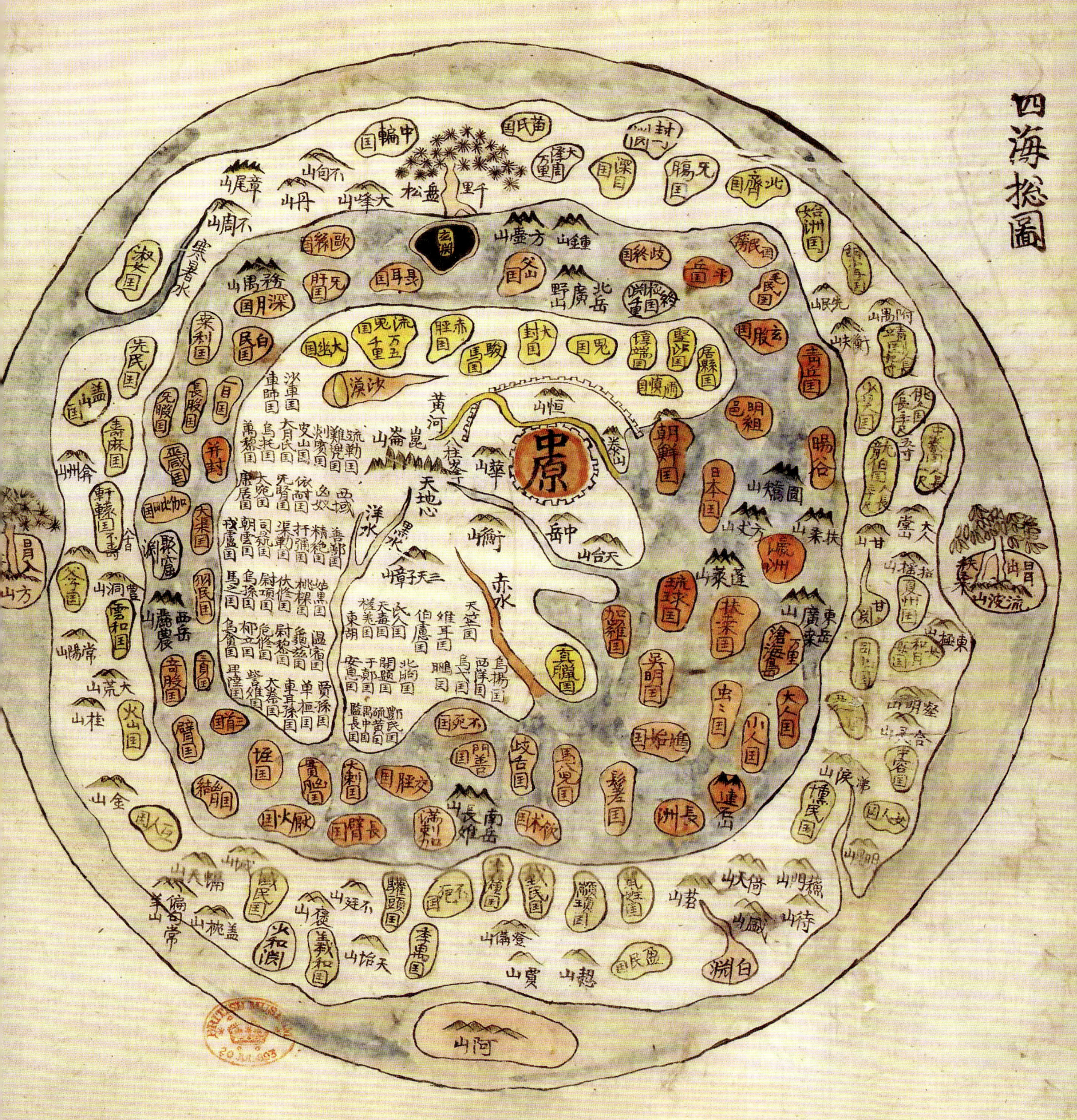

四海捴圖
中原
朝鮮国
日本国
天地心
黄河
赤水

五镇

▼《大清五岳五镇图》（局部）| 出自清代张崇德撰修的《恒岳志》（中国国家图书馆藏品），从图中可以看到清代的五岳与五镇。但是，当时的人将中镇的位置标错了。

中国古代礼制文化空间营造手法之一是在空间不同位置设立镇物。《广雅》是中国较早的一部百科词典，成书于三国时期，其中对“镇”的解释是“挤压”，引申的意思为“安定”。在多种布局镇物的方法中，典型的做法是将区域内的大山命名为镇山。镇山空间格局最早见于《周礼》，其中提到“九州镇山”以及“五岳四镇”。《尚书》还有十二镇山的说法。直到《隋书·礼仪志》，才明确了天下有“四大镇山”，它们分别是东镇沂山（山东省）、南镇会稽山（浙江省）、西镇吴山（陕西省）、北镇医巫闾山（辽宁省）。在宋代典章制度书籍《文献通考》中，第一次出现“五镇”，在原来四镇之上，增加了中镇霍山（山西省）。

五镇简介

镇山就是保护一方安宁的神山，是一个区域的主山。东汉大儒郑玄对镇山的注释是“山之高大者”。唐代学者贾公彦说得更形象，“一州之内，其山川泽薮至多，选取最大者而言”。他这里说的“州”，实际上代指一方土地。中国古人将水环绕的陆地称为州（与洲字通）。在中国古人的宇宙或世界中，天下被划为九州或十二州，河流是它们彼此的界线。而每个州都要用区域范围内的一座大山镇住。有镇山统摄，则能获得一方安定。

五镇最初只有四镇，表示安定四方。到了宋代，才正式有了五镇的说法。中国的五镇也是按照五个方位来选择的。历史上，五镇对应的山有变化。在今天所说的五镇之中，西镇吴山、东镇沂山与今天的西岳、东岳位置相差不太远，都在今天一个省的地域范围内。但是中镇和南北两镇的位置与中岳、南岳、北岳的位置还是差得较远，相较于五岳的分布重心，五镇的分布重心偏北。清代统治者更偏爱重心偏北的五镇分布格局，因为北镇位于京师之北，可以保佑北方的安宁。

五镇今貌

尽管随着封建王朝的消失，五镇逐渐淡出人们的视野，但是民间仍流传有许多关于五镇的自然景观与人文景观交融的传说。

东镇沂山

位于山东省潍坊市。在古代也被称为海岱、海岳，是汶河、弥河、沭河、沂水的发源地。玉皇顶为沂山最高峰，海拔1032米。沂山有“鲁中仙山”“人世蓬莱”的美誉。历代大家名士仰慕沂山，至此登临览胜，留有大量的诗章名句、碑碣铭文。

南镇会稽山

原名茅山、苗山，又称涂山。位于浙江省绍兴市北部平原南部。东白山为会稽山主峰，海拔1194米。会稽山文化积淀深厚。传说治水英雄大禹曾在此封禅、娶亲、计功、归葬，在会稽山麓留下了世代祭禹之地——大禹陵。会稽山不仅是中国历代帝王加封祭祀的著名镇山之一，也是中国山水诗的重要发源地之一。自六朝至唐代，不少文人墨客在此留下山水诗篇。明代王阳明曾在此研习心学，开创“阳明学派”。

西镇吴山

曾有岳山、千山、吴岳之称。位于陕西省宝鸡市陈仓区，属于陇山支脉。它是古代九州之一雍州的第一名山，与华山并称“二华”。吴山有峻峰17座，其中镇西峰、望辇峰、大贤峰、会仙峰、灵应峰五峰并峙，如出水的五朵芙蓉，有“五峰挺秀”之誉。吴山地貌奇特，山势挺拔，峰峦连绵，古木参天。

北镇医巫闾山

简称闾山，古称无虑山、扶犁山等。位于辽宁省锦州市北镇市西北部。望海峰为医巫闾山主峰，海拔866米。据《周礼 · 职方》记载，“东北曰幽州，其山镇曰医无闾”。史志上历代帝王登临医巫闾山竟达数十次之多。辽金元明清均在此大量营建道教建筑和佛教建筑。辽代的皇家陵寝也坐落于此山中。医巫闾山山峦起伏，

▲**沂山歪头崮** | 四周陡峭顶部较平的山叫桌形山，当地人称为崮。歪头崮东侧绝壁下部收缩，上部外探，宛如人首歪头，因此得名。其上分布许多摩崖石刻，大多为神情丰富、栩栩如生的佛教神像，镌刻年代为北魏和唐宋时期。

▲**香炉峰** | 会稽山诸峰之一。海拔354米，因峰顶岩石状如香炉而得名。每逢云雨天气，山顶雨雾迷蒙，烟霭缭绕，如香炉的青烟。香炉峰是佛教圣地，峰顶的炉峰禅寺在南朝宋时期（420—479年）就已有香火。

▲**吴山** | 兼有泰山之雄、华山之险。吴山林海莽莽，森林覆盖率达95.7%。山上有历

岩洞泉壑、奇松怪石众多，还有大量碑碣、摩崖题刻散布于苍松翠柏间，引人入胜。

中镇霍山

又称霍太山、太岳山。山脉呈南北走向展布在山西省中南部。这座拔地而起的大山曾被人们认为是华夏第一高峰，因而冠以“太岳山”。五龙壑为霍山最高峰，海拔 2346 米。霍山是古代祭祀活动最为集中的地方。古人祭祀山川之神常有在山前埋玉的习俗，平遥、介休与霍州靠近该山的一些村落，用“璧”命名的非常多见，如平遥的赵璧、曹璧等。后来，霍山逐渐由祭祀之山演变为一座风景名胜之山，自然景观和人文景观荟萃。

东晋·王羲之《兰亭集序》：永和九年，岁在癸丑，暮春之初，会于会稽山阴之兰亭，修禊事也。群贤毕至，少长咸集。

元·耶律楚材《和冲霄韵五首·其四》：无恙闾峰三百寺，遨游吟啸老余生。

代游人摩崖题刻多处。

▲**白云关烽火台**｜建于辽代，是辽兵的哨所。明长城在此设一座关隘，名“白云关”。白云关烽火台依山垒石，建于医巫闾山悬崖峭壁之上，地势险要。

▲**广胜寺飞虹塔**｜位于山西省洪洞县霍山南麓。明正德十年至嘉靖六年（1515—1527 年）建。塔为楼阁式砖塔，呈八角形，通高 47.31 米，共 13 层。后来塔身加装琉璃，是中国琉璃塔的代表作之一。

镇山信仰

镇山源自人们对山岳的崇拜。古今中外皆有山岳崇拜，这是自然崇拜的一种。在山川湖海等自然要素中，中国古人最看重山岳。在中国许多地方，甚至是小村落，至今依然有自己的神山，有些是一村有一座神山，有些是一村有一对神山。

五镇之庙

五镇各山均有庙宇供奉山神之位。据历史文献记载，从隋代开始，各镇山“就山立祠”，建庙设主，春秋祭祀。目前，仅有北镇庙保存较为完整的历史形态，南镇庙、中镇庙仅留遗址，而东镇庙、西镇庙是在近现代重修的。

北镇庙始建于隋开皇十四年（594年），初称“医巫闾山神祠”。现存北镇庙是在明永乐十九年（1421年）和弘治八年（1495年）重修扩建的。北镇庙位于辽宁省锦州市北镇市，坐北朝南，依山而建。庙内保存有元、明、清三代碑刻56通，包括祭山、封山、修庙、游山等内容的碑文。庙东部有清乾隆年间（1736—1796年）所建的“广宁行宫”遗址，乾隆皇帝曾至北镇四次，其中有两次住在北镇庙行宫，这里是全国唯一将帝王行宫建在庙里的地方。

镇山祭祀

镇山祭祀是古代国家山川祭祀体系的重要组成部分。据《旧唐书·礼仪志》记载：“夏至，祭皇地祇于方丘，亦以景帝配。其坛在宫城之北十四里。坛制再成，下成方十丈，上成五丈。每祀则地祇及配帝设位于坛上，神州及五岳、四镇、四渎、四海、五方、山林、川泽、丘陵、坟衍、

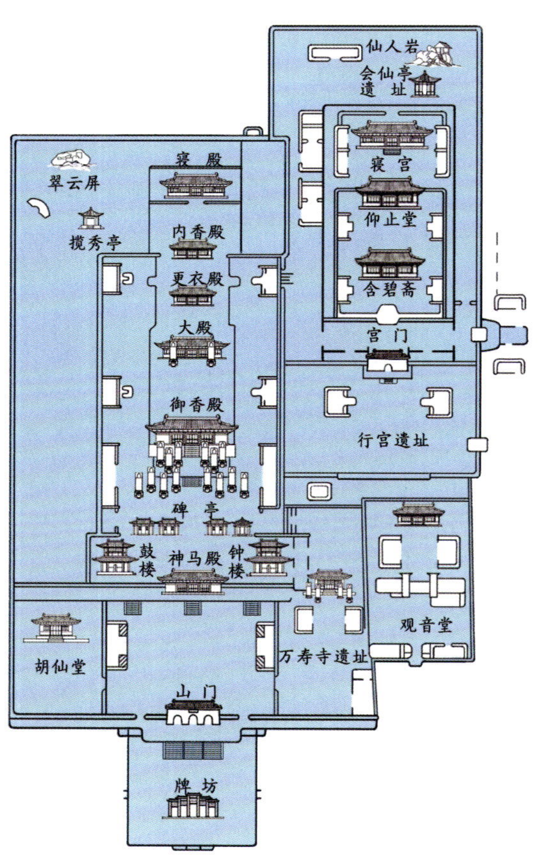

▲**北镇庙平面示意图** | 北镇庙坐北朝南，在其中轴线上，由南至北依次为牌坊、山门、神马殿、钟鼓楼、御香殿、大殿、更衣殿、内香殿、寝殿等。

原隰，并皆从祀。”由此可以看出，镇山的地位列在五岳之后。除了皇帝举行镇山祭祀外，每年皇帝还派官员到各大镇山修建的供奉神祇的庙宇举行祭祀活动。《宋史·礼志》记载，立春日祀“东镇沂山于沂州”，立夏日祀“南镇会稽山于越州”，立秋日祀“西镇吴山于陇州”，“立冬祀北岳恒山、北镇医巫闾山并于定州，北镇就北岳庙望祭”，土王日祀“中镇霍山于晋州”。

北镇庙仿乾隆皇帝祭山大典表演｜再现了乾隆皇帝祭拜医巫闾山山神时的盛大场景。

北镇庙全景

五镇体现的疆土观念

让每一片疆土都有镇山守卫是中央政权的文化空间理念。朝廷所封的镇山是从地方神山中选出来的，由皇帝祭祀的镇山就成为最高等级的镇山。五镇之下不同层级的镇山都由上一级镇山“管辖”。这种分级是古代中央政权统治疆域的层级管理需要。

古代中央政权以五镇作为统治者统御地方的重要空间。五镇的政治职能为古代统治者所重视，除了每年的常规祭祀之外，当国家有大事发生时，皇帝还要祭祀含五镇在内的地祇。

受中原文化影响，少数民族政权的统治者也希望将自己统治地区的镇山纳入镇山体系中，以此证明政权的合法性，这客观上促进了华夏疆域的统一。当辽占据北镇之地后，北宋政权为了强调大宋对整个疆土统治的合法性，更加强调五镇的政治意义，并普遍晋升镇山的封号，从“公”升为“王”。在海外封镇山，也是一种宣示中国对域外政治影响力的方式。

五镇之首的变化

五镇之首在不同历史时期也有变化。宋代之前，国家政治中心在关中地区，因而西镇吴山更受统治者关注。而宋代以后，国家政治中心东迁北移，这时北镇医巫闾山的地位得到提高，在明清时期北镇的地位达到极致，有“北镇礼秩，居他镇之首”的说法。

明代海外镇山

明代伊始，朝廷要求向中国称臣的周边国家提供他们国家的山川地图，并为他们选定封祀的镇山。《明史》上记载日本、浡泥（位于今加里曼丹岛北部）、柯枝（位于今印度西南部科钦一带）、满剌加（王城位于今马来西亚马六甲州）等都封有镇山。海外藩国获封镇山，意味着得到中国的保护和支持，不易受到其他小国的欺扰。对中国而言，此举有利于加强与其他国家之间的经济和文化交流。

▼《会稽山图》（局部）| 明代画作，但作者不详。南镇会稽山山峦起伏，景色优美。

相关知识 | 镇山的特点

岳山和镇山的共同特点是山大，都是国家礼制的最高名山。五岳强调国之名山，五镇强调一方主山。

与一般的神山、圣山相比，五镇不仅具有宗教功能，还具有镇守疆土的政治功能。

与风水中的主山相比，主山通常坐北朝南，居于地域正中，而镇山较不强调空间方位。

明·朱棣《满剌加西山镇国山诗》：……天书贞石表尔忠，尔国西山永镇封。山君海伯翕扈从，皇考陟降在彼穹。后天监视久益隆，尔众子孙万福崇。

注：永乐三年(1405年)，满剌加国王遣使入京，求册封镇山。朱棣遂封该国西山为“镇国山”。山上立御制碑，上刻御赐诗文《满剌加西山镇国山诗》。

▲日本富士山 | 永乐四年（1406年），明成祖朱棣封日本富士山为明帝国的“寿安镇国山”，并撰写碑文。此图出自日本浮世绘画家葛饰北斋的作品《富岳三十六景》，画面远景即为富士山。

黄森屏传奇

黄森屏（1339—1408年），初名元寿，字昌年，号熙春。中国福建泉州人。明洪武八年（1375年）初任鹤庆守备。因英勇善战，屡建奇功，后升为云南腾冲总兵。

据史书记载，浡泥国在宋代就与中国有密切的往来，明代更频繁。明太祖朱元璋曾派多位官员出使浡泥国，黄森屏便是其中之一。历经艰辛的航海南渡，黄森屏带领仅存不多的船员定居那里，并帮助浡泥国摆脱了外部侵略，被封为浡泥国麻那惹加那国王。永乐六年（1408年），他亲率150多名亲戚和部下回到中国朝见明成祖朱棣。此时黄森屏年事已高，一路舟车劳顿，10月抵达南京，12月便因劳累过度猝然而逝。他在离世前，请求明成祖朱棣加封浡泥国最高的山为镇山。随即明成祖将基纳巴卢山封为“长宁镇国山”，象征该山永镇南洋大地。

五镇文化

五镇的出现是古代中国人对大千世界认识的体现。山岳是天地元气凝聚的产物，因而与五行相关，五镇各守一方，天下安宁。古人以超人的、神的行为来解释自然界的变化。人们尊崇岳镇，祈求其孕育万物、造福民生、维护天下长治久安。

北京五镇

除了镇山之外，一个区域和一个空间还可以用其他物件作为镇物。明清之际，北京城在东、南、西、北、中五个方位设置了五个镇物，用来护佑京城安宁。这五大镇物分别是：东方之镇——原皇木厂内的神木；南方之镇——永定门外的燕墩；西方之镇——觉生寺（今大钟寺）的永乐大钟；北方之镇——颐和园昆明湖畔的铜牛；中央之镇——紫禁城北的景山。

▼永乐大钟丨西属“金”，西方之镇为永乐大钟。它是中国现存最大的青铜钟。它在北京德胜门内的铸钟厂铸造完成后，放在汉经厂。由于汉经厂离皇宫太近，钟声影响皇宫安宁，于是在明万历年间（1573—1620年）被移置西郊万寿寺。后来有人提出白虎方位不宜有金声，于是大钟废弃。清雍正年间（1723—1735年），又有人提出将大钟移至北京城西北，金生水，更利于朝廷兴盛，于是大钟被移入觉生寺，该寺因而俗称大钟寺。

五镇真形图

真形图，顾名思义为五座镇山的真实形状图。历史上流传下来的五镇真形图多位于供奉镇山神位的神祠中。五镇的真形有两类：一是用图形表达五镇所处的地理方位关系，它们是按照东、南、西、北、中的顺序排列的；二是用文字表达五座大山各自代表的颜色和山体走势的形象。

北平市區域圖

昆明湖铜牛（水）

圖例：橋梁 河水 山脈 土圍 土堆 鐵道 小道 大道 村道 房屋

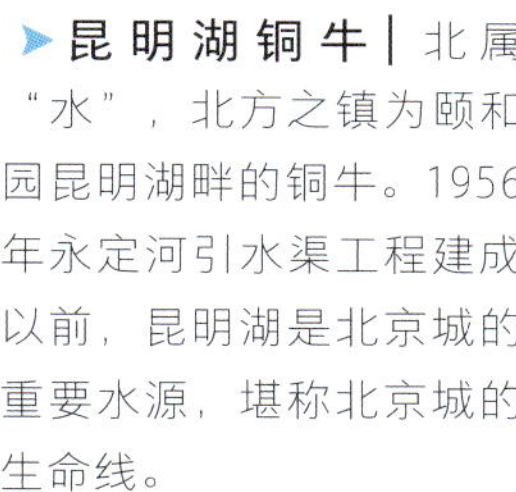

▶**昆明湖铜牛**丨北属“水”，北方之镇为颐和园昆明湖畔的铜牛。1956年永定河引水渠工程建成以前，昆明湖是北京城的重要水源，堪称北京城的生命线。

▲**景山**丨中属“土”，中央之镇为景山。它曾是北京城中心的最高点，是用修建紫禁城护城河时挖出的泥土堆积而成的，在明代它被称为“万岁山”。

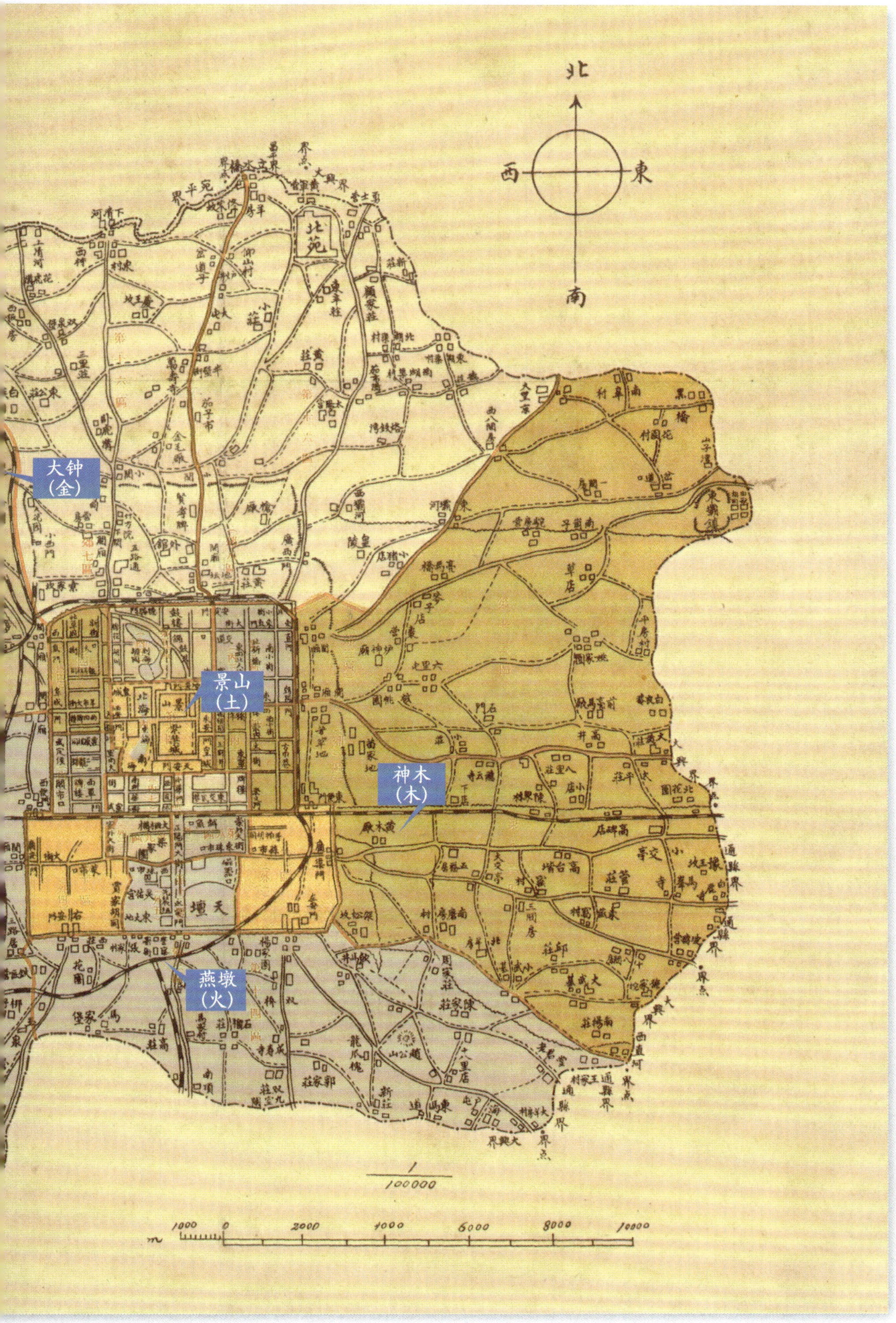

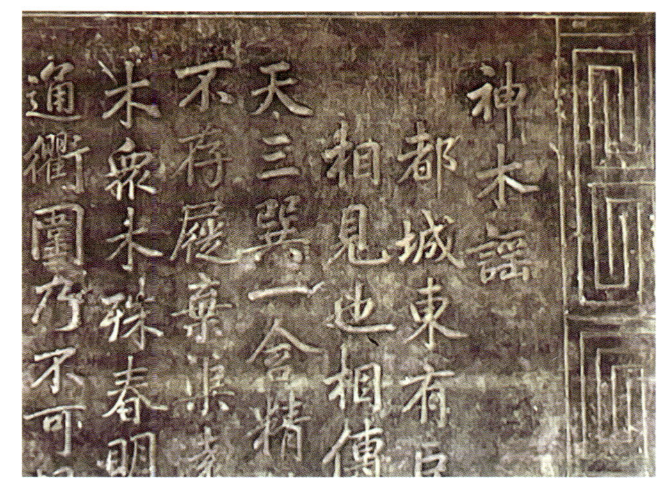

▲**神木**丨东属“木”，东方之镇为原皇木厂的特大金丝楠木，明成祖朱棣封其为“神木”。明代为了营建北京皇宫，在京东城外通惠河两岸设有多个皇木厂。皇宫修建完毕，特地留下一根巨大的金丝楠木作为镇城之宝。清乾隆皇帝曾去视察，撰写《神木谣》，并立碑刻字，修建碑亭。

◀**燕墩**丨南属“火”，南方之镇为永定门外的燕墩。燕墩俗称“烟墩”，是一座下广上狭、平面呈正方形的墩台，建筑造型类似长城上的烽火台。上面竖有清乾隆皇帝御碑。

◀**北平市区域图**丨北京在1928—1949年间称北平。此图呈现了民国时期北京市区和郊区的格局分布。

四渎

▼《禹贡所载随山浚川之图》（局部）| 原图于南宋嘉定二年（1209 年）制作。本图出自明代《书传大全》，上面清晰地标注了江、河、淮、济四条大河。

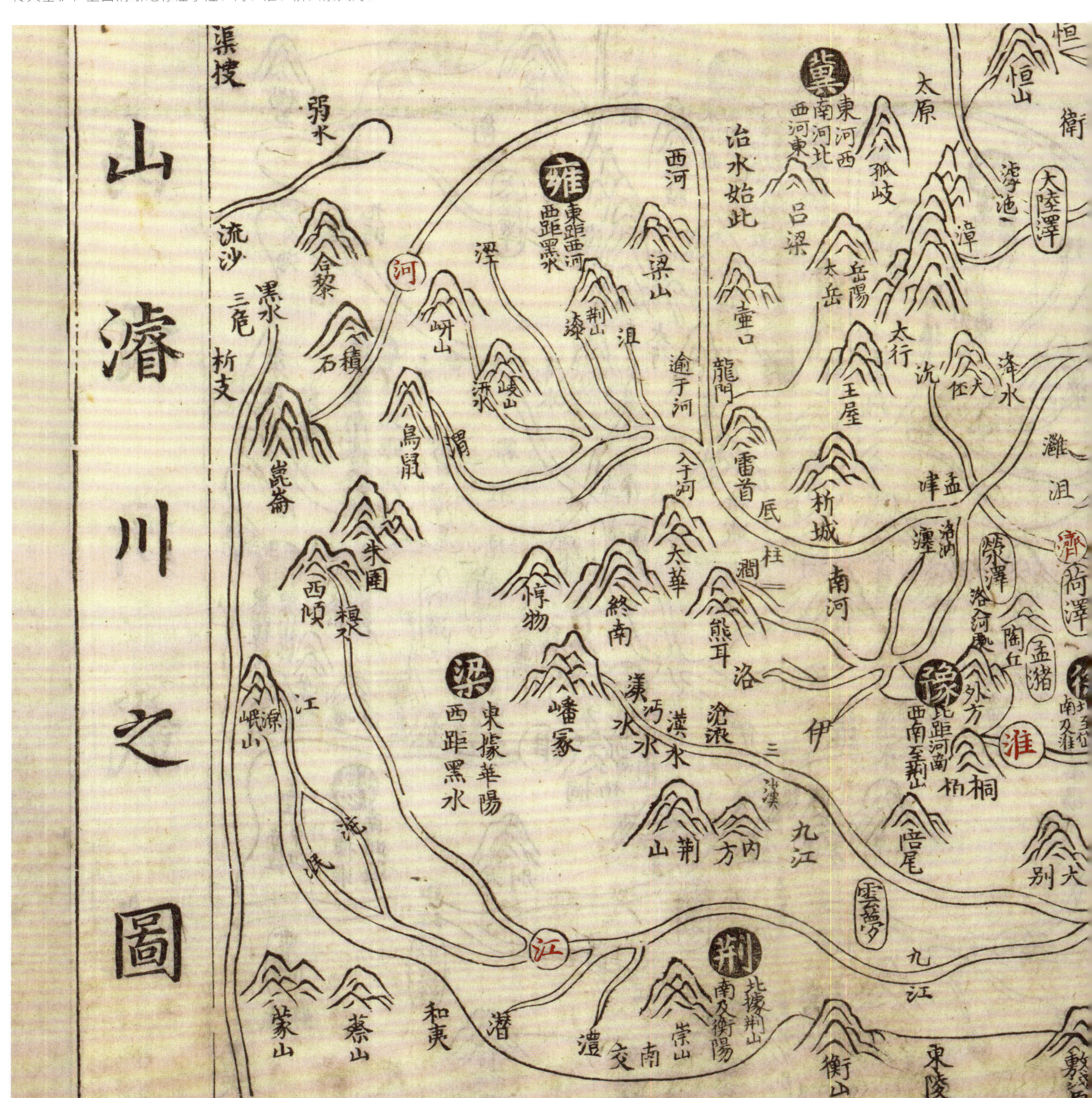

四渎是指中国古代核心地区四条独立入海的大川与其主要支流。中国古代帝王有祭祀四渎之礼。四渎由河（黄河）、江（长江）、淮（淮水）、济（济水）组成。四渎都源出名山，西晋张华编撰的《博物志》称“四渎河出昆仑墟，江出岷山，济出王屋，淮出桐柏”，且流经的区域都在中原文明区。

四渎的含义

古人认为天地本一体，天上有名为“四渎”的四颗星星，地上也应有“四渎”。《晋书·天文志》上记载：“东井南垣之东四星曰四渎，江、河、淮、济之精也。”这里四渎是星官名，属井宿。波澜壮阔的大海在古人心中是神秘的存在，让人崇敬和向往。而江、河、淮、济在古时均是向东独自流入大海的大河，四条大河对古人的生产生活影响极大，古人认为它们蕴藏了神秘的自然力量，因此将其奉为河神的代表，加以祭拜、祈祷，由此便诞生了地上四渎。

▼四渎分布图｜图中黄河、长江、淮河为今河流走向，济水今已消失。

四渎概况

春秋战国以来，人们就对四条流入大海的河流有了初步的认识。虽然河流流向的总体趋势是自西向东汇入大海，但是人们根据四条大河流域中人类活动活跃的地点分布，将四渎做了四方安置。自秦汉时期，古籍对四渎的记述开始丰富，其中就包括它们的相对位置。晋代《水经注》里写明四渎中的东、南、西、北渎分别是淮、江、河、济。后代就延续了这种说法。

长江

世界第三大河，中国第一大河。长江发源于青藏高原唐古拉山脉主峰各拉丹冬雪山西南，流经青海、西藏、四川、云南、重庆、湖北、湖南、江西、安徽、江苏、上海 11 个省级行政区，于崇明岛以东注入东海，全长 6300 多千米。长江分为三段：源头至湖北省宜昌市为上游，该段滩多流急，水能资源丰富；宜昌市至江西省湖口县为中游，该段河道蜿蜒曲折，荆江河段尤为突出，素有“九曲回肠”之称；湖口县以下为下游，下游江阔水深，水流平缓，航运便利，有“黄金水道”之称。

▼**沱沱河** | 长江的正源，位于青海省西南部。两岸地势平坦，河道弯曲，水流缓慢。

黄河

世界第五大河，中国第二大河，因河水黄浊而得名。黄河发源于青海省巴颜喀拉山，先后流经青海、四川、甘肃、宁夏、内蒙古、陕西、山西、河南、山东 9 个省级行政区，最后注入渤海，全长 5464 千米。黄河被视为中华民族的母亲河，王朝在黄河流域建都的时间延绵 3000 多年。《汉书 · 沟洫志》把黄河尊为百川之首。历史上黄河下游河道曾多次发生变迁，其入海口北可至海河流域，南达江淮地区。

淮河

淮河，古称淮水。淮河流域介于长江和黄河两个流域之间。淮河和秦岭组成中国重要的南北方分界线。该界线南北，自然条件、农业生产、人民生活均有明显的差异。淮河发源于河南省南阳市桐柏县桐柏山北麓，干流流经河南、安徽两省，至江苏省扬州市江都区三江

营注入长江。淮河流域是中国历史上水系变迁最为复杂的地区，淮河原是独流入海的河流，但自宋代开始，因黄河改道，袭夺淮河的入海通道，致使淮河下游改道汇入长江。

济水

济水，又名沇水，曾是黄河下游的一条重要支流。济水河道在不同时期有所变化。汉代《尚书正义》中记载："济水出河东垣县王屋山，东南至河内武德县入河。"王屋山位于今河南省济源市、山西省阳城县、山西省垣曲县等市县间。汉代垣县大致是今山西省垣曲县。河内指今河南省沁阳市一带。济水在东汉王莽时出现旱塞，唐高宗时先通后枯，清代时济水还发挥着灌溉作用。有说今黄河下游大清河、小清河即为济水古河道。

◀ **壶口瀑布** | 壶口瀑布是黄河最大的瀑布，也是中国第二大瀑布。该瀑布的落差在枯水期为 15~20 米，夏秋之际约 45 米。在中国众多的瀑布中，虽然它的落差不算很大，但它的水量是最大的。滚滚黄河水跌入只有 30~50 米宽的石槽形河道里，水花飞溅、声震如雷。远看壶口瀑布，形如一把特大的茶壶向外倒水。壶口之名由此而来。

▲ **淮河变迁** | 12 世纪前，淮河独流入海。1128 年，黄河在河南省李固渡（今滑县西南沙店南）决口，夺淮入海。1851 年，淮河被迫从洪泽湖东南角冲决三河改道入长江。1855 年，黄河在河南省铜瓦厢（今封丘县李庄镇）决口，改走现道。1938 年，国民党政府在河南省郑州市附近的花园口炸开黄河南堤，造成黄河又一次严重侵淮，到 1947 年才堵复。

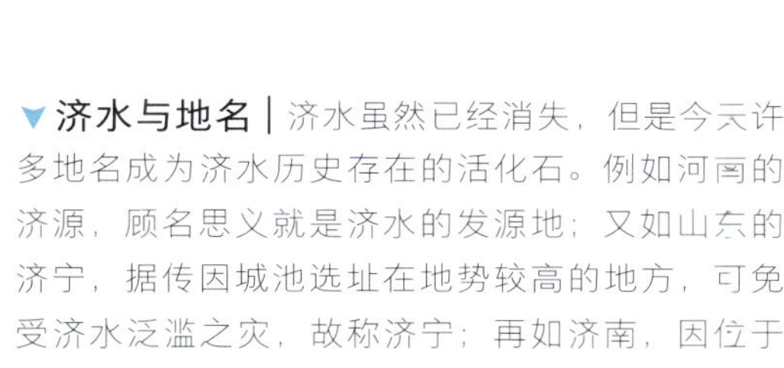

▼ **济水与地名** | 济水虽然已经消失，但是今天许多地名成为济水历史存在的活化石。例如河南的济源，顾名思义就是济水的发源地；又如山东的济宁，据传因城池选址在地势较高的地方，可免受济水泛滥之灾，故称济宁；再如济南，因位于济水南岸而得名；济阳因位于济水的北岸而得名（中国古代将河川的北岸地带称为"阳"）。

因畏而敬的河流之神

历史上中国境内被冠以“渎”的河流有很多，例如岷江被称为岷渎。有学者分析，“渎”谐音为“毒”，加上三点水的部首，即指带来水患之河。古人认为祭祀这样的河流之神，可以减少水患之灾。

唐·李白《将进酒》：君不见，黄河之水天上来，奔流到海不复回。

唐·李白《黄鹤楼送孟浩然之广陵》：孤帆远影碧空尽，唯见长江天际流。

四渎的由来

四渎一词由来已久，官方记载最早见于《尔雅 · 释水》：“江、河、淮、济为四渎。四渎者，发源注海者也。”四渎对所经流域人们的生产生活影响深远。人们在河边定居，以水灌溉作物，接受河中物产的馈赠，又以水道与外界沟通。但这些大河也带来水患。因而，古人对这些大河充满崇敬。

四渎之神的名号

黄河、长江、淮水、济水流域面积广阔，其干流和支流对当地人们的生产和生活有巨大的影响，因此这四条河流之神，就成为国家祭祀中的重要对象。祭祀四渎之神的神牌上有不同的名号，它们源自不同的朝代。《旧唐书 · 礼仪志》记载：“河渎封灵源公，济渎封清源公，江渎封广源公，淮渎封长源公。”《宋史 · 礼志》记载：“诏封江渎为广源王，河渎为显圣灵源王，淮渎为长源王，济渎为清源王……”《元史 · 祭祀志》记载：“加封江渎为广源顺济王，河渎灵源弘济王，淮渎长源溥济王，济渎清源善济王……”明代放弃了前代所有皇帝封的名号，《皇明诏制》记载：“四渎称：东渎大淮之神，南渎大江之神，西渎大河之神，北渎大济之神。”

▲四渎之神龛位｜位于北京先农坛，坐南朝北，曾供明清皇帝祭祀四渎之神。

四渎之神的画像

在祭祀四渎之神的地方，有些是供奉四渎之神的神牌，如北京先农坛的四渎神牌；有些是供奉四渎之神的画像。先秦时期在祭祀四渎之神时，祭拜的是四渎之神的牌位，后来逐渐出现祭祀时祭拜四渎之神的画像。人们以神话人物、英雄人物或与这四条河流有关联的功臣名士演绎出来四渎之神的人物形象。

人们熟知的河神

不同地区尊奉的河神称谓不同。河伯是人们熟知的河神之一，名叫冯夷、冰夷或无夷。传说大禹治水时，河伯和洛水的水神出力相助，河伯提供河图，洛神提供洛书，“河出图，洛出书”便由此而来。但河伯也有很多缺点，喜怒无常、骄奢淫逸、飞扬跋扈，古人对他又敬又恨。

有说湘君是湘水之神。传说她是禹的女儿，舜的妻子。舜晚年南巡到湖南，葬身于此，她听闻噩耗后难掩悲伤，投湘江而亡。后来楚地居民就将她称为湘君、湘夫人，奉为湘水之神或江神。唐代司马贞在《史记索隐》中引用《江记》：“帝女也，卒为江神。”

➤**黄河治理**｜黄河流域兴水利除水害的历史悠久。自南宋初年黄河改道夺淮入海之后，河水泛滥、泥沙堆积问题一直困扰着历代朝廷，历代朝廷都非常重视黄河的治理工作。明代水利学家潘季驯发明的“束水冲沙法”对后世产生了极大的影响。图为《康熙南巡图》中所绘清康熙帝南巡途中视察治河工地时的场景。敬畏自然与应对自然是传统文化中并行的脉络。

▲《湘君湘夫人图》（局部）｜明代画家文徵明的画作，根据屈原《楚辞 · 九歌》中《湘君》《湘夫人》中的人物所绘。

四渎祭祀

河流对古代农业社会的发展至关重要，它既提供了宝贵的水资源，也会带来洪泛灾害。因此，除了以技术手段发展灌溉系统、修建河堤外，古代王朝政权也希望通过祭祀河神，得到平安。

四渎祭祀的位置

对四渎的奉祀源于中国古代先民对河流的崇敬，后来逐渐被中央政权纳入国家祭祀制度之中。自周代起，国家礼仪制度就将四渎作为天子祭祀的地祇之一。秦并天下后，在崤山以东设立了祭祀济水、淮水的祠庙，在华山以西设立了祭祀黄河、长江的祠庙，并开展祭祀活动。汉宣帝时期（公元前 73—前 49 年），正式确定了“五岳四渎”的祭祀制度。

不同朝代祭祀四渎的地点在不同文献中有明确的记载。《汉书 · 郊祀志》记载：“河于临晋，江于江都，淮于平氏，济于临邑界中。”东汉后天下大乱，四渎祭祀以“望祭”的方式进行。隋代统一天下后又重新立庙祭祀。《旧唐书 · 礼仪志》记载了唐代四渎祭祀的地点，“东渎大淮，于唐州”“南渎大江，于益州”“西渎大河，于同州”“北渎大济，于洛州”。《宋史 · 礼志》也记载了四渎祭祀的地点，“淮渎于唐州”“江渎于成都府”“西海、河渎并于河中府”“北海、济渎并于孟州”。元代《雪楼集》记载的四渎祭祀地点为：江于成都府，河于河中府，淮于唐州，济于怀孟路。清代《禹贡锥指》记载：“河于临晋，江于江都，淮于平氏，济于临邑界中。”虽然地名变更，但它们的地点大致相同，例如这些文献中提及的江渎的祭祀地益州、江都、成都均在今四川省成都市。

四渎之庙

江、河、淮、济四渎在古代皆尊为神，并建有庙。长江的水神庙是江渎庙，在湖

▲ **济渎北海庙** | 济渎北海庙在四海、四渎祭祀中具有特殊地位，是天下第一水神庙。庙院南北长 510 米，大门和二门之间是一条狭长的甬道，主院落东西宽 215 米，占地面积 8.6 万平方米。庙中除宋、元、明、清历代古建筑外，还有唐至清碑碣石刻 40 余通，为河南省现存规模最大的古建筑群之一，被誉为中原古代建筑的“博物馆”。

▶ **济渎北海庙龙池与北海池** | 庙内的龙池和北海池也叫东西二池，分别用来祭祀济渎神和北海神。济渎庙“身兼二职”是因为四渎均有庙宇，四海却是按方位加封的，当时为四海神建的庙宇只有东海庙和南海庙，分别在山东莱州和广州南海，而西海和北海没有具体地点，于是人们把祭祀北海神和西海神的地点分别定在济渎庙和河渎庙。

北省秭归县。因长江三峡工程的修建，江渎庙、屈原祠等古建文物被就近搬迁到秭归县城凤凰山。黄河的水神庙是河渎庙，由于河道频繁改道，河渎庙也历经多次迁移。最终由于黄河泛滥，河渎庙均被冲毁。淮河的水神庙是淮渎庙，在河南省桐柏县，庙宇建筑已毁，仅存遗址和古碑。济水的水神庙是济渎北海庙，在河南省济源市，是中国现存四渎水神庙中建筑规模最大、保存最为完整的庙宇。创建于隋开皇二年（582 年），经唐、宋、元、明各朝代的扩建，明代时建筑已多达 400 余间，后在战争中被焚毁。1949 年以后经多次维修和复修，现存古建筑 36 座 180 余间。

济渎北海庙寝宫 | 建于北宋开宝六年（973 年），是河南省现存最古老、形制最大的单体木结构建筑。寝宫前的台基原为“渊德殿”遗址，曾是济渎庙的主殿，是济渎神“朝政”的殿堂。

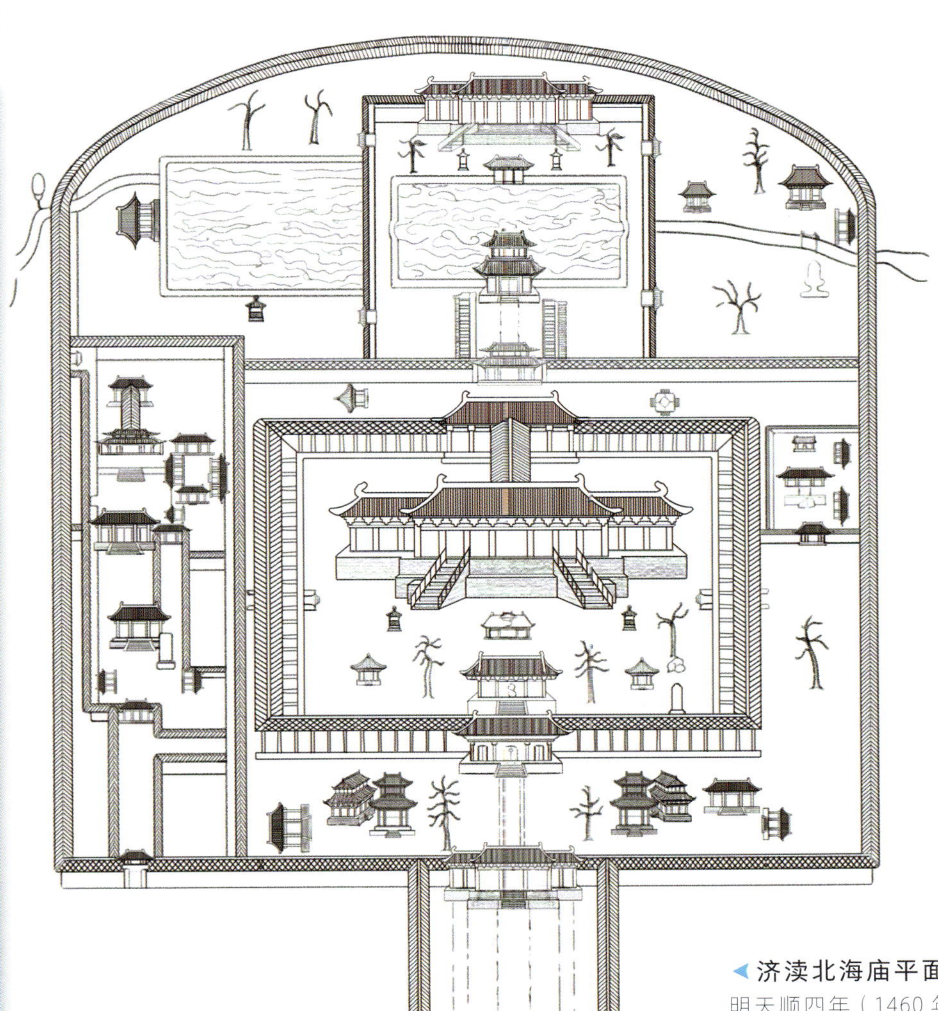

济渎北海庙平面示意图 | 根据明天顺四年（1460 年）《济渎北海庙图志碑》拓片绘制。庙总体平面布局呈“甲”字形，意为“甲天下”；也有人认为是“龟”字形，意为金龟探海。庙周围墙前方后圆，寓意"天圆地方"，主体建筑排列在三条纵轴线上，前为济渎庙，祭祀济水神；后为北海祠，祭祀北海神；东有御香院，为祭祀钦差临时休息的地方；西有天庆宫，祭祀玉皇大帝和三清，兼奉其他三渎之神。

四渎文化的扩散

四渎是政权统治依靠的神圣空间文化，它发源于中原地区，而后扩散到周边。南诏是唐朝西南边境的一个强大地方政权，四渎文化就扩散到了那里。南诏是在唐朝的扶植下发展起来的，在近300年的南诏历史中，13个王中有10个王被唐朝加封，友好关系成为主流。13代南诏王积极接纳中原文化，包括五岳四渎的神圣空间文化。

南诏四渎

南诏国所封的四渎为：黑惠江、澜沧江、金沙江、怒江。虽然唐代《蛮书》就已经提到了南诏第六代王请“三官、五岳、四渎”之神见证南诏附汉之事，但是没有提到四渎的名字。目前看到的最早正式提到四渎名字的文献是明代罗曰褧所撰的《咸宾录 · 南夷志》，其中记载：“以黑惠江、澜沧江、潞江、丽江为四渎。”清代鄂尔泰修、靖道谟纂的《云南通志》记载：“黑惠江、澜沧江、金沙江、潞江为四渎。”上面提到的丽江即为金沙江（支流），潞江即为今怒江。

▲澜沧江 | 亚洲流经国家最多的河流。素有“东方多瑙河”之称。它发源于青藏高原，流经西藏自治区、云南省后出境，境外称湄公河，在越南胡志明市以南入海。澜沧江流域是中国民族类别最多的地区之一，有汉、傣、彝、白、纳西、回、藏等20多个民族。

该区域的地貌单元涉及青藏高原、云贵高原和横断山脉，地势西北高，东南低，该区域的河流流向大致是从西北流向东南。因此从南诏四渎的相对位置来看，很难分出东、南、西、北四渎。

▼唐代南诏四渎分布图

南诏四渎分布
南诏都城
节度及都督驻地
其他居民地
政权部族界
今国界
今省、自治区、直辖市界

唐·白居易《题济水》：自今称一字，高洁与谁求。惟独是清济，万古同悠悠。

宋·杨万里《初入淮河四绝句》：船离洪泽岸头沙，人到淮河意不佳。

金沙江｜长江的上游河段，属于典型的峡谷河流。古称绳水、淹水、泸水。因产砂金矿而得名。长江源水系汇成通天河后，于青海省玉树市进入横断山区，始称金沙江，穿行于四川省、西藏自治区、云南省之间。金沙江干流长 2308 千米，金沙江区段流域面积 34.2 万平方千米。

黑惠江｜也叫漾濞江。澜沧江第二大支流，也是澜沧江在云南省最大的支流。黑惠江与金沙江、澜沧江、怒江，并称中国滇西高原的四姐妹江。

怒江｜由中国流入缅甸后称萨尔温江。因江水呈深黑色，《禹贡》中将其称为黑水河。怒江发源于青藏高原中部的唐古拉山脉，上游藏语名为那曲河，下游中部的一段是缅甸和泰国的界河。

江河淮今日作用

四渎是中华文化源远流长的见证者。除现已并为黄河下游的济水，其他三条大江大河仍在今日中国的发展中发挥着重要作用。

黄河

黄河孕育了中华文化。距今 7000 ~ 8000 年或更早一些时候，黄河流域就进入以农耕为主的新石器时代。4000 多年前，流域内已有氏族部落生活和居住，其中炎帝、黄帝两大部落最强大。多部落融合形成了“华夏民族”前身，因此中国人将黄河称为“母亲河”，尊为“四渎之宗”。

历史上黄河水患严重，1938 年 6 月，河南省黄河花园口决堤后，形成大面积黄泛区，导致大量人口因饥荒而流离失所甚至死亡。中华人民共和国成立后，经过几十年治理，黄河水患基本根治，并充分发掘出其水力、灌溉的功能，造福于民。

现今黄河干流已建成龙羊峡、青铜峡、三门峡、小浪底等大型水利水电工程。小浪底水利枢纽对遏止下游河道淤积有重要作用。在沿河主要工业城市和农业区，已建成 50 多处大型城市引水和 20 多处大中型灌区工程，不仅保证了黄河沿岸大批工矿企业的生产用水、上亿人口的生活用水，还提供了丰富的耕地灌溉用水，黄河水源是中国西北、华北地区重要的供水水源。

长江

今天的长江流域是中国重要的经济带，沿线集聚了很多有实力的经济强市，

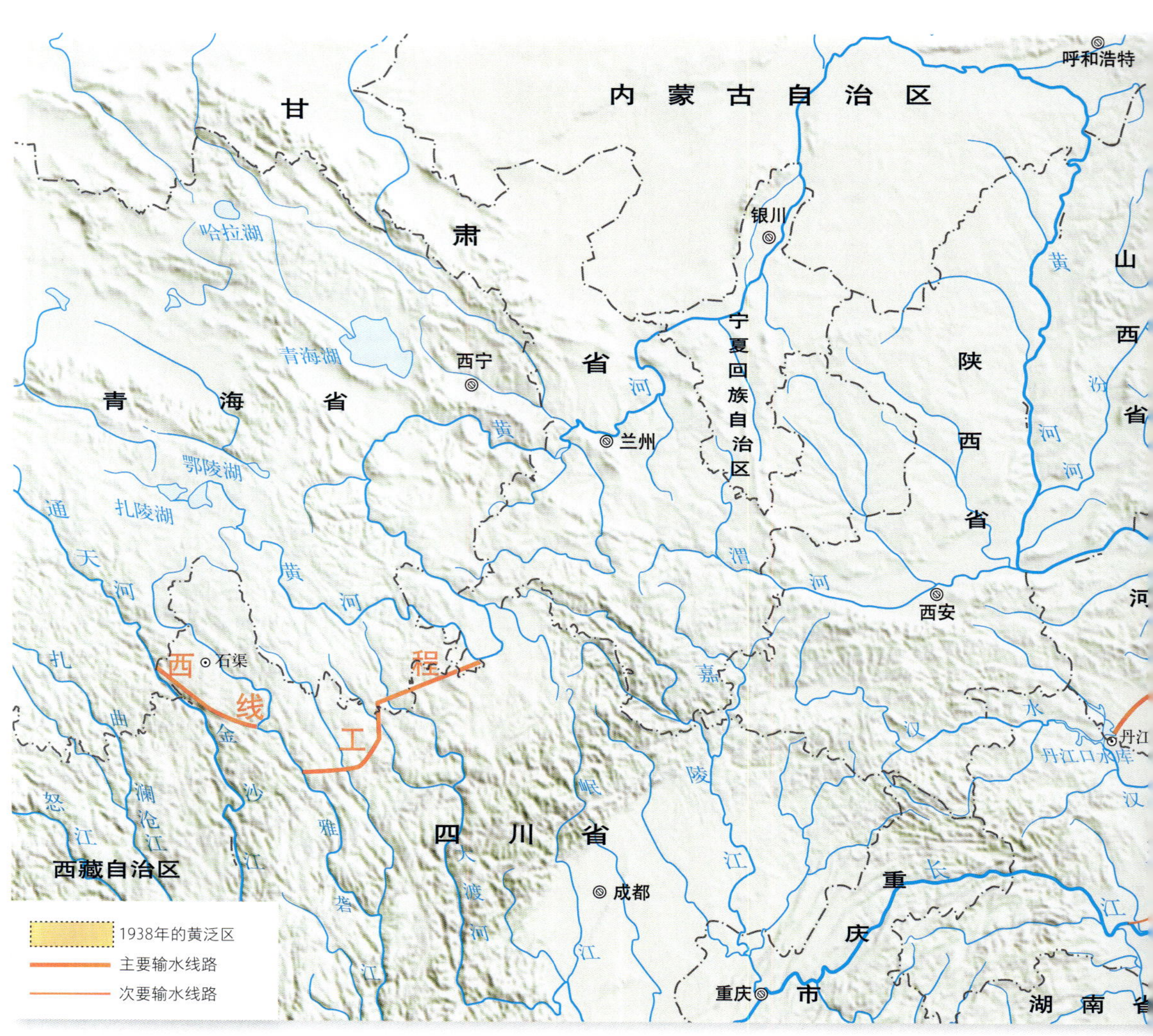

▲九曲黄河第一湾 | 位于四川省阿坝藏族羌族自治州，此处是四川、青海、甘肃三省交界处。

▲小浪底水利枢纽 | 位于河南省洛阳市。以防洪、防凌、减淤为主要功能，兼顾供水、灌溉和发电。

▲武汉市 | 湖北省行政中心，长江经济带核心城市，长江及其最大支流汉江在城中交汇。

▼**南水北调**丨世界规模最大、距离最长的调水工程。它将中国长江流域丰盈的水资源抽调一部分送到华北和西北地区，既缓解了中国北方地区水资源严重短缺的局面，也减少了南方地区的水患。

武汉长江大桥是万里长江第一桥。地标性建筑黄鹤楼享有“天下江山第一楼”的美称。

如上海、武汉、重庆等。长江中下游地区是人口和产业的密集区，长江三角洲更是中国综合实力最强的经济中心。长江是中国最重要的内河航运大动脉，被誉为‘黄金水道”。长江流域山河壮丽，文化古迹众多，旅游资源丰富。长江流域还兴建了一大批具有防洪、灌溉、发电和航运等综合效益的水利工程。葛洲坝是长江干流兴建的第一座大型水利枢纽，三峡工程是世界上规模最大的水电站。

长江还是南水北调工程的水源，对北方经济的发展、生态环境的稳定具有不可忽视的贡献。南水北调工程分为东、中、西三条线路。东线工程从江苏省扬州市江都水利枢纽提水，向华北地区输送生产生活用水。东线供水区耕地质量好，人口和城市集中，经济增长潜力巨大，但水资源供给紧张，南水北调大大缓解了该地区的缺水压力，同时保护了生态环境。中线工程从丹江口水库调水，一路北上，最终至北京市颐和园团城湖。中线水源主要来自长江的最大支流汉江，为沿线十几座大中城市供水，同时还缓解了供水地区水生态环境的压力。西线工程从四川省长江上游支流雅砻江和大渡河等长江水系调水，至黄河上游青、甘、宁、内蒙古、陕、晋等地。西线工程目前还在规划论证阶段。该工程的目标是补充黄河上游水资源供给，解决中国西北干旱缺水的问题，促进黄河治理开发。

淮河

今天的淮河靠人工运河泄流入海。经过长时间流域治理，目前淮河水患基本得到控制。淮河流域是中国传统的农业生产基地，耕地面积约1473万公顷。淮河既是中国南北方的分界线，也是小麦、水稻种植区的分界线。淮河流域生态环境脆弱，因此这里的发展有双向目标：生态环境保护和经济发展。

▲**水田与旱地**丨秦岭—淮河以南，粮食作物以水稻为主；以北，粮食作物以小麦、玉米为主。

相关知识 丨 秦岭—淮河

秦岭—淮河天然形成了中国非常重要的地理分界线。此线南北，自然条件、地理风貌、农业生产及人民生活习俗，均有明显的差异。1月0℃等温线大致经过此线：秦岭—淮河以南，1月平均气温在0℃以上；以北，1月平均气温在0℃以下。800毫米年等降水量线大致经过此线：秦岭—淮河以南，年降水量大于800毫米；以北，年降水量小于800毫米。此线还是湿润区和半湿润区的分界线，是亚热带和暖温带的分界线，是亚热带常绿阔叶林和温带落叶阔叶林的分界线。

山川形便与犬牙交错

▼**中国行政区边界的界山与界河**｜图中标注了在“山川形便”原则下划分省级行政区边界依据的主要山脉和河流。

国界
省、自治区、直辖市界
特别行政区界
以山脉为划分依据的边界段
以河流为划分依据的边界段

划分行政区是国家行政管理的基本手段。“山川形便”和“犬牙交错”是中国古代两个比较突出的行政边界划分原则。所谓“山川形便”是在确定行政区边界时，以山脉和河流等自然地理实体的走向确定分界线。所谓“犬牙交错”就是专门打破以自然边界为基础的自然地理单元边界，使相邻的行政区拥有不同的自然地理区域。中国古代中央政府以此做法确定行政区边界，防止地方政权以自然地理单元实施割据。

山川对古人生活方式的影响

在交通工具和道路建设不发达的古代，高山大河成为人们交往的自然屏障。两侧地域的人们在生产生活习惯、语言风俗上都有很大的差异。古人早已注意到这些现象，《礼记·王制》中说道：“广谷大川异制，民生其间者异俗……”因此，自然地理区域单元往往也是人文地理单元。

▼**古蜀道**|古代由长安（今陕西西安）通往蜀地的道路。蜀道穿越秦岭和大巴山，山高谷深，道路崎岖，难以通行。唐代诗人李白在《蜀道难》一诗中感叹道：“蜀道之难，难于上青天……不与秦塞通人烟。”

依山川，划地域

“山川形便”最早出自《新唐书 · 地理志》。据书中记载，“太宗元年，始命并省，又因山川形便，分天下为十道”，即：唐太宗贞观元年（627 年），太宗下令合并诸省进行行政区划调整，为了方便，按照“山川形便”的原则，将全国分为十道，即分为 10 个一级行政区。后来《资治通鉴》《通志》《舆地广记》《禹贡锥指》《五礼通考》等书都传抄了这段记录，“山川形便”因此成为后世传承的中国行政区划分原则之一。

山川形便与分区而治

春秋战国时期，列国之间不断攻城略地，国家边界概念逐渐形成，郡与郡、县与县之间的边界也相应产生并逐渐明确。但各国都缺乏科学的划界原则，便简单地以大山河流为界。《史记 · 晋世家》记载晋献公时的晋国在强盛时期的领域是“西有河西，与秦接境，北边翟，东至河内”。河内指黄河中游以北的地区，当时晋国东西边界以河流为界。

秦始皇一统六国之后，在全国实施郡县制，将国家划分为三十六郡，山川形便是较为常用的划界原则。至唐代初年，山川形便作为正式的划界原则被确定下来。

唐太宗贞观年间（627—649 年），朝廷将全国分为关内、河南、河东、河北、山南、陇右、淮南、江南、剑南和岭南十道。这些道之间主要以山川河流为界，这时的“道”是中央临时派遣大员巡查地方的一种地理区划。安史之乱后，地方割据兴起，“道”逐渐演变为地方一级行政区划。

元代实行行省制，在中央设中书省，总理全国政务，枢密院掌管军事，御史台负责监察。元朝在全国共设 10 个行省。行省制的确立，从政治上巩固了国家统一，

相关知识 | 诸葛亮的妙计

据《隆中对》记载，诸葛亮劝刘备夺取益州，因为益州地势险要，有山作为天险，进可攻退可守，沃野千里，即便无法形成三国鼎立之势，也可偏安一隅。后刘备占领此地并建立蜀汉政权。益州范围最大时曾包括今天的中国四川、重庆、云南、贵州和汉中大部，以及缅甸北部地区。

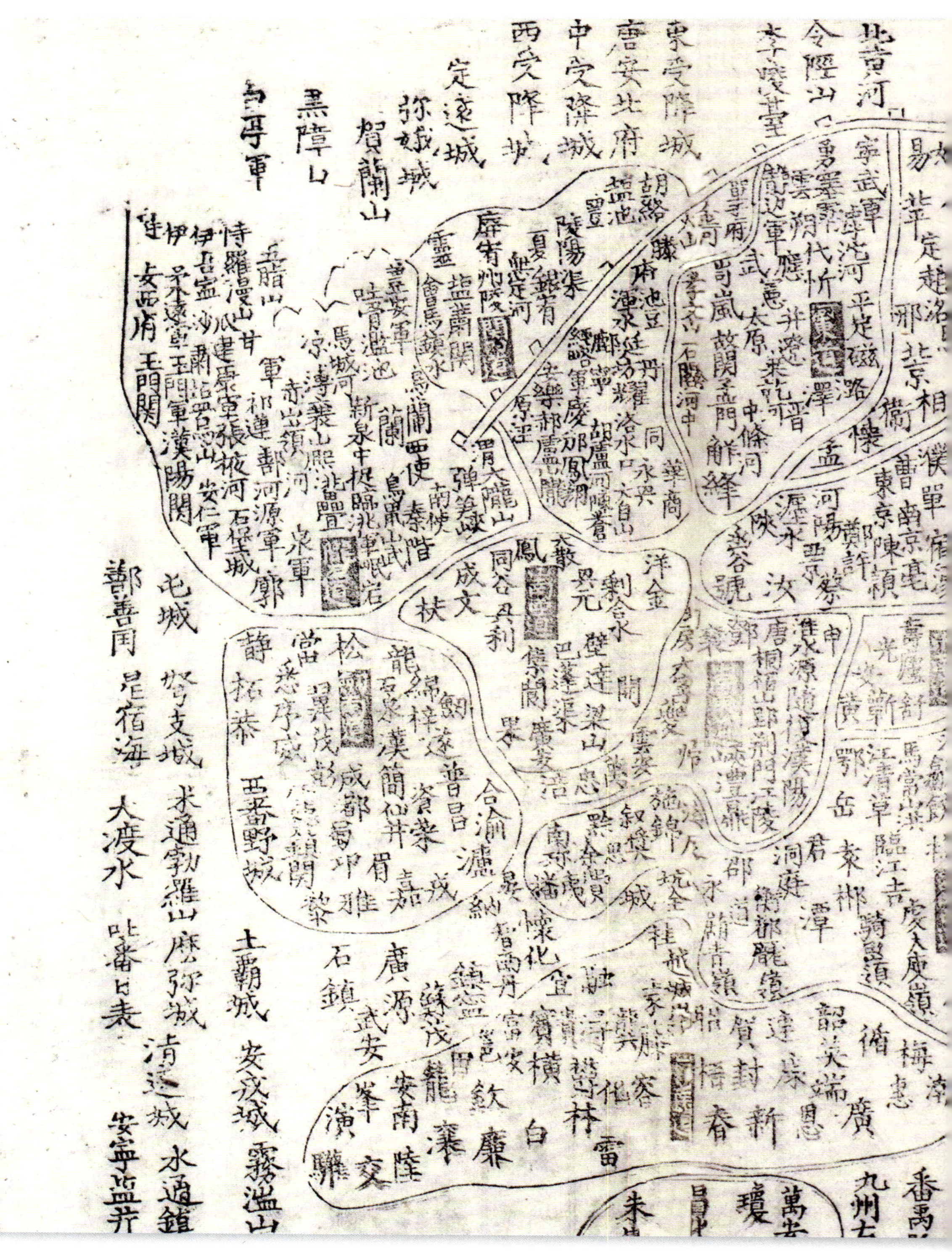

使中央集权在行政体制方面得到保证。这是中国行政制度的一大变革，对后世影响巨大。省作为地方一级行政区的名称，一直沿用至今。元代行省界线中最为突出且符合山川形便原则的是陕西行省与中书省之间的以黄河为界。

界山与界河

山川形便作为行政区的划分原则后，不少河流、山川便成为行政区的划分边界，例如秦岭、南岭、太行山、大别山、淮河、黄河、长江等。

▶ **山西省**｜山西省四周山环水绕，与邻省的自然边界分明，其省界也参考自然边界划分。东以太行山与河北省分隔；西、南以黄河与陕西省、河南省分界；北则以古长城与内蒙古自治区为界。

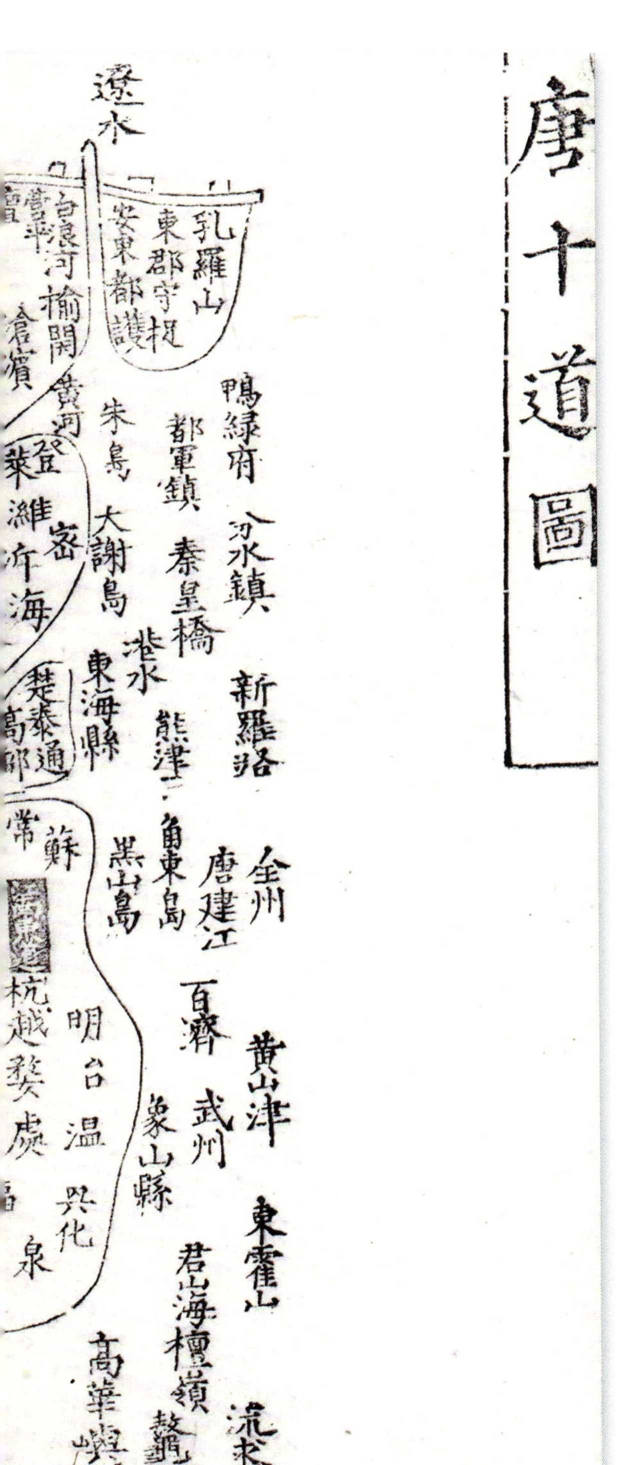

◀ **唐十道图（局部）**｜出自宋代《历代地理指掌图》。图中各道边界清晰可见。

▼ **元代中书省**｜西界和南界为黄河，东界为海岸，北界为沙地，自然界线十分清晰。

如犬牙，以相制

“犬牙交错”也常被说为“犬牙相入”。它作为划分行政区的理念最早见于《史记》。汉高帝在分封各王的领地时，让各领地边界走向“如犬牙，以相制”，并认为这是使大汉疆土像磐石一般坚固完整的基本原则。

汉代岭南诸郡行政边界

岭南大致指五岭（越城岭、都庞岭、萌渚岭、骑田岭、大庾岭）之南的地区。狭义的地域范围相当于今广东、广西及海南，以及湖南及江西等省的部分地区；广义的地域范围到今越南红河流域。岭南古为百越族居住的地方。秦汉之际，这里建有南越政权，以五岭为界形成地方割据。汉初，南越王请求汉文帝将“犬牙相入”的边界重新划得平整一些，但并未得到汉文帝的同意。南越国灭亡后，其北边的长沙郡地域分为长沙郡、桂阳郡和零陵郡，后两郡的南界已越过五岭中的越城岭、骑田岭、大庾岭，更远地伸入岭南地区，使朝廷对岭南地区的控制得到加强。

元代陕西行省的南界

元英宗至治年间（1321—1323年），全国划分为13个一级行政区，陕西行省便是其一，且符合犬牙交错的原则。其南界在秦岭这条自然地理界线以南，这样陕西行省不仅包括秦岭以北的地域，还包括秦岭以南的汉中地区。

▼ 秦时期和东汉时期五岭与政区边界位置关系图 | 左图秦时期以“山川形便”的原则划分南越国；右图东汉时期“犬牙相入”的格局更加明显。

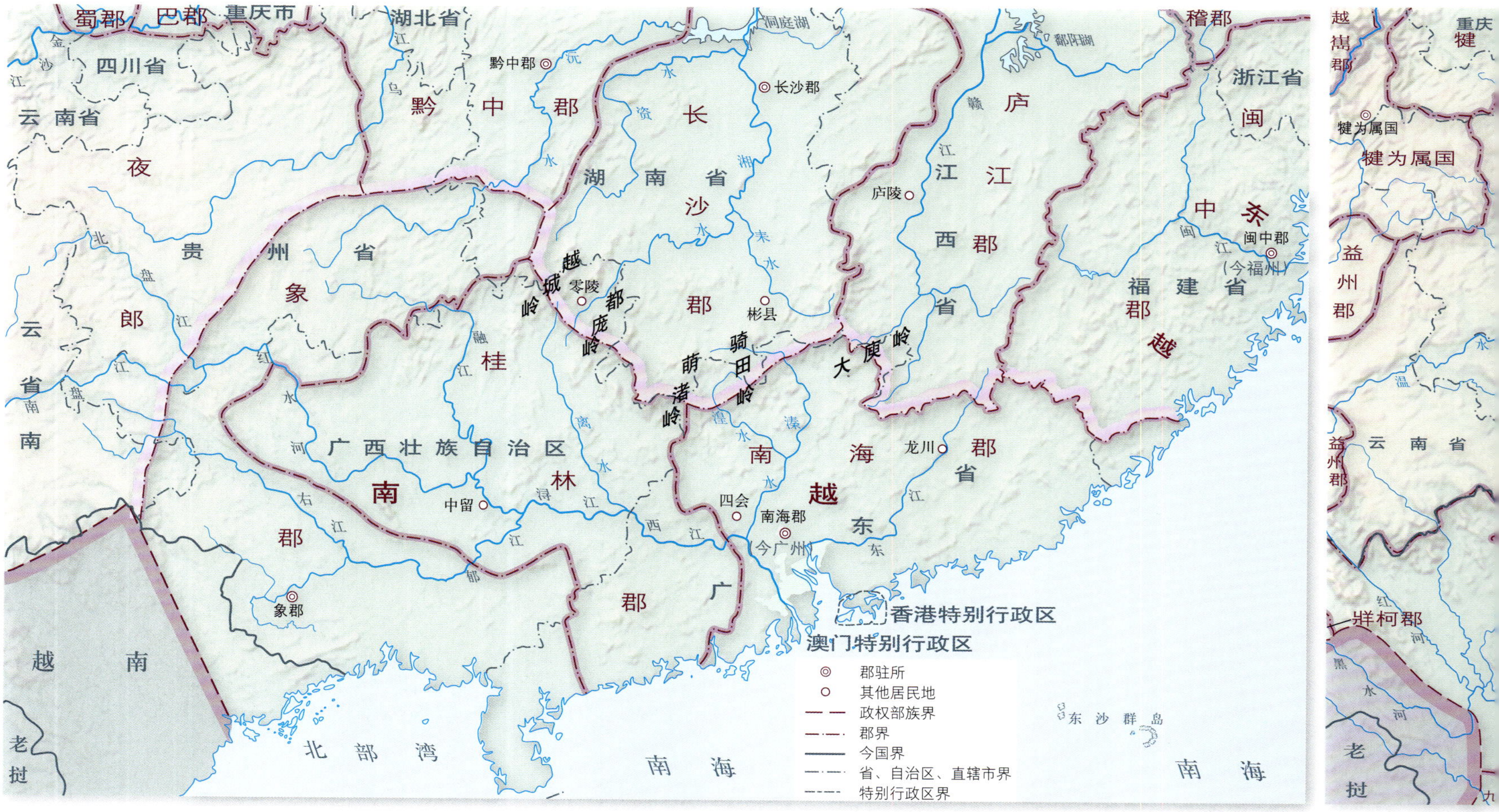

▶ 汉中 | 在元代，陕西行省包括原属于巴蜀地区的汉中，这样四川行省的北大门就无险可恃了。

犬牙交错的特殊类型“插花地”

“插花地”是指甲行政区内含有乙行政区管辖的土地，对于乙而言，此地称为“飞地”。广义的“插花地”还包括一个行政区土地深入另一个行政区的狭长地带。历史上形成“插花地”的原因有多种，例如移民从甲地迁到乙地，但是他们的税还要交到原来的甲地；再如位于某个行政区内的中央驻军所属地区，例如明代的卫所军屯。

当代中国依然还有许多“插花地”。例如位于陕西省咸阳市的西安国际机场由西安市管辖，是一块“插花地”；北京市的首都国际机场、新疆维吾尔自治区克拉玛依市的独山子区也是“插花地”。

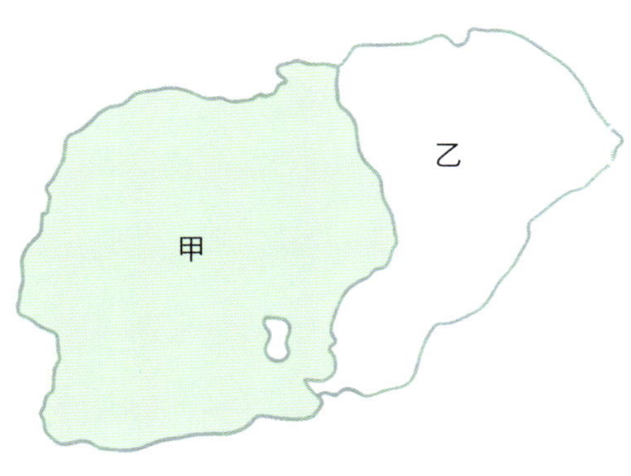

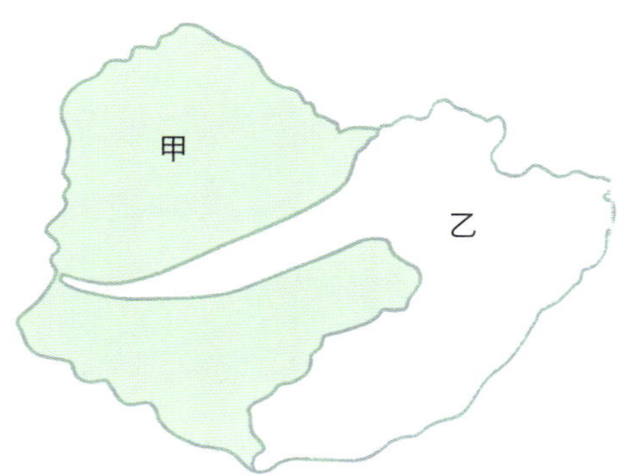

▶插花地的两种形态 | 上图为常见的“插花地”形态，下图为广义的“插花地”形态。

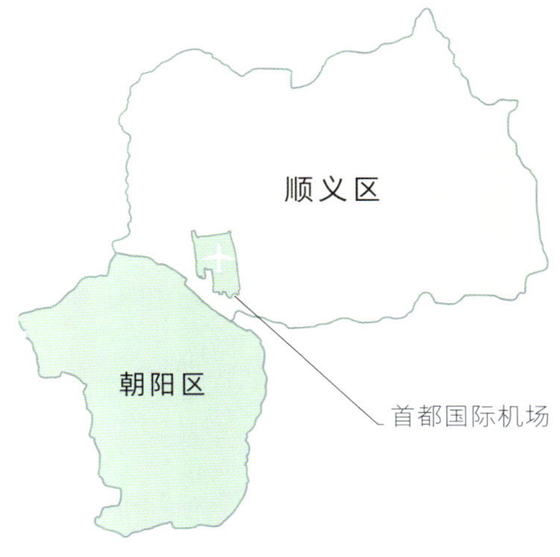

▲首都国际机场位置示意图 | 在北京市顺义区内的首都国际机场，由朝阳区管辖，属于一块“插花地”。

▼独山子区 | 新疆维吾尔自治区克拉玛依市独山子区是石油化工基地，它远离克拉玛依市中心，周围被乌苏市、奎屯市和沙湾市包围，属于一块克拉玛依市的“插花地”。

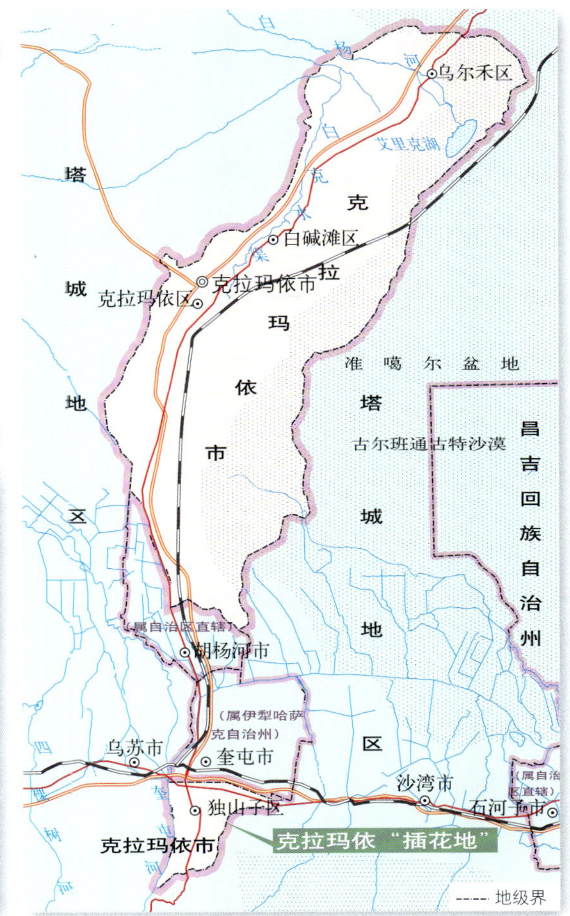

城市

城市的出现是人类文明进步的标志之一，城市是地球上人类多种活动最为集中的地区。中国古代关于城市的空间布局有三个层次：第一是神圣空间的布局，表现为坛庙的分布；第二是城市功能区的空间布局，如行政区、居住区、商业区的布局；第三是主要景观的空间分布。中国古代各个城市的空间布局虽然受到山川大势的影响，但也保留着一些共同的模式，以及在共同模式下的地方创新。这体现了中华城市空间文化的高度认同和文化活力。

营国之制

▼**明北京城地图** | 出自《京师五城坊巷胡同集》（中国国家图书馆藏品），制于明嘉靖四十一年（1562年），体现了营国之制的思想。

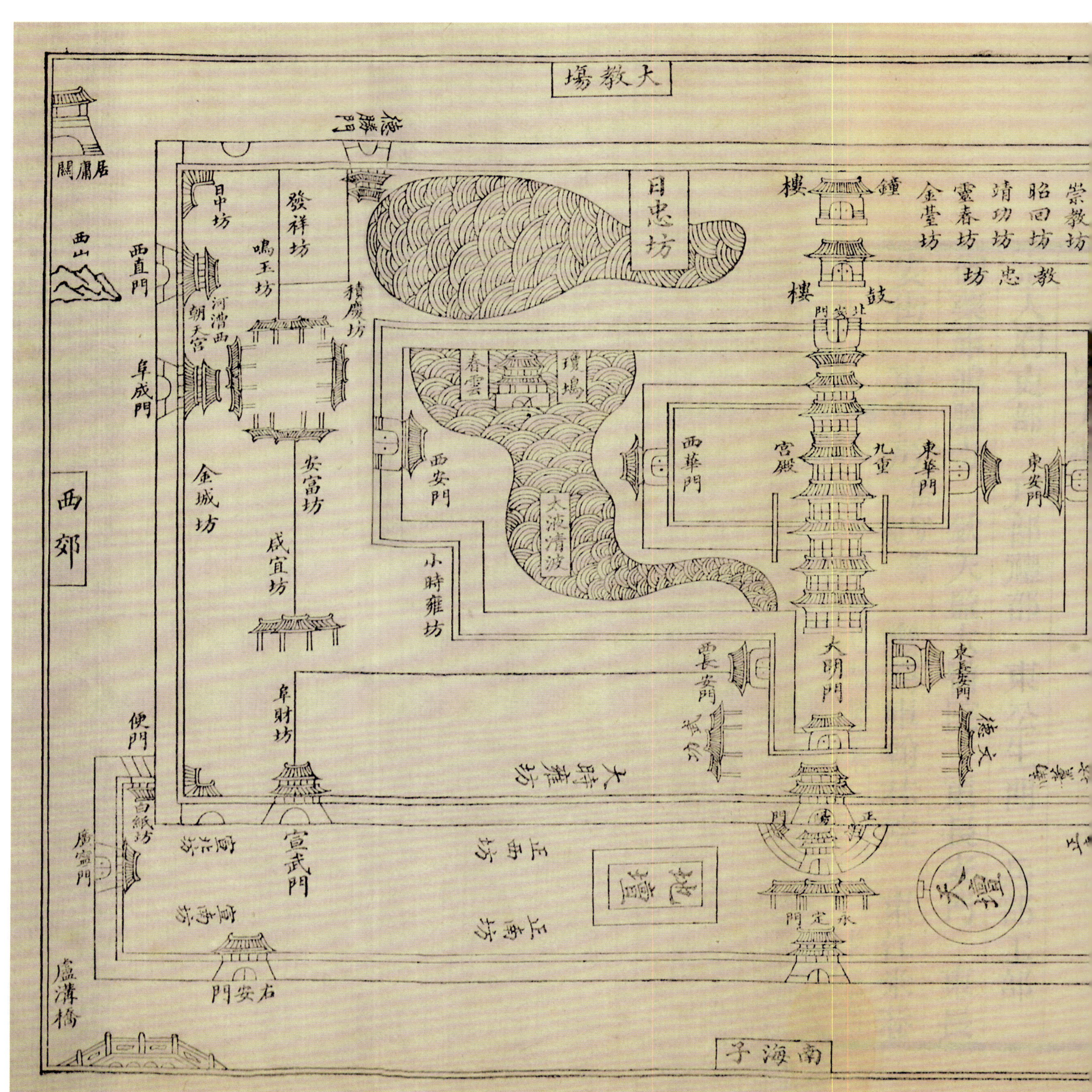

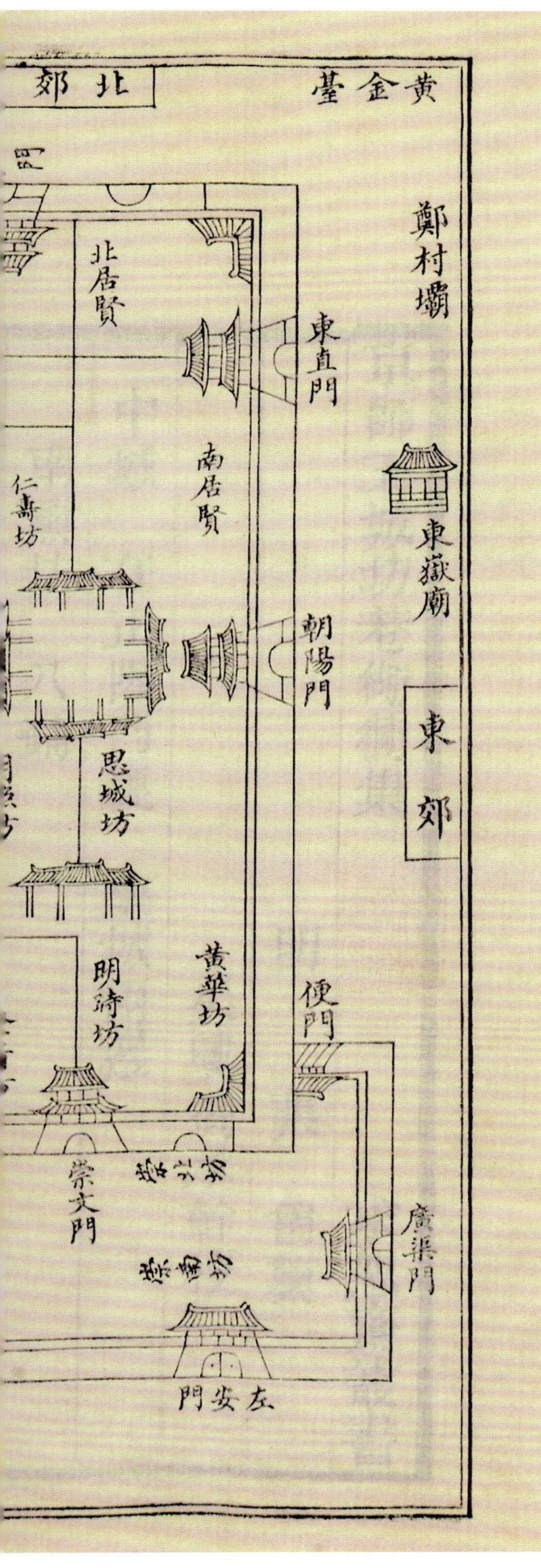

城市规划是近代西方城市研究的一个重要概念，它是用法律的方式引导、约束城市建设的途径。尽管中国古代没有这个词汇，但是中国古人在长期实践中就已积累、总结了大量经验，并成为制度。“营国之制”便是古代城市规划的重要制度。《周礼·考工记》中记载：“匠人营国，方九里，旁三门。国中九经九纬，经涂九轨，左祖右社，面朝后市……”这些规制对中国古代都城建设，乃至其他城市的建设都有深远影响。元大都设计方案中许多地方采纳了这个制度规定。

营国之制简介

古文中的“营国”是指营造都城，“营国之制”就是指营建都城的制度。最早记录营建都城制度的书是《周礼·考工记》，这是一部通过官制来表达治国方案的书。关于该书的成书时间一直存有争议，有西周说、春秋说、战国说、秦汉之际说、汉初说。即便是以汉初成书而论，它距今也已经有 2000 多年的历史了。

按照《周礼·考工记》的记载，匠人建造都城，要遵循如下规则：城池为方形，城池的大小依等级依次而定；王城为九里之城，且城的四边各有三座城门，共有城门十二座；都城的道路南北、东西走向各九条；王宫位于中心，王宫前面为外朝，王宫后面为集市，宗庙和社稷对称分布在王宫的左右两侧。“营国之制” 是古代统治者描绘的都城的理想蓝图，蕴含了君权至上的思想。

都城的外形

考古专家发现，自夏商王朝至汉代，多数的都城规划追求因地制宜，形态不求方正。而《周礼 · 考工记》中提出的都城为方形，这既是礼制的象征，更是王权的象征。

城的朝向

《周礼 · 冢宰》中记载："惟王建宫以捂方正位"（也有版本作"惟王建国，辨方正位"）。这句话的意思是：王在建立国都时，要确定城的坐落方向。该书还告诉工匠测量方向的具体方法："匠人建国，水地以县，置槷以县，视以景，为规，识日出之景与日入之景，昼参诸日中之景，夜考之极星，以正朝夕。"这句话的大致意思是：工匠在建造都城时，要用水面与大地的夹角来找到一个水平的地面（夹角为零则为水平），然后用悬绳的方法让一个木柱垂直放置于水平地面的上方，而后观察木柱的太阳影子。以木柱下端指在地面上的点为圆心，画一个圆。再记下日出和日落时木柱的日影与圆的交点，由此确定东西的方向。白天可以参考正午时的日影，夜里可以参考北极星的位置，由此确定南北的方向。这样就可以确定正东西和正南北的方向了。

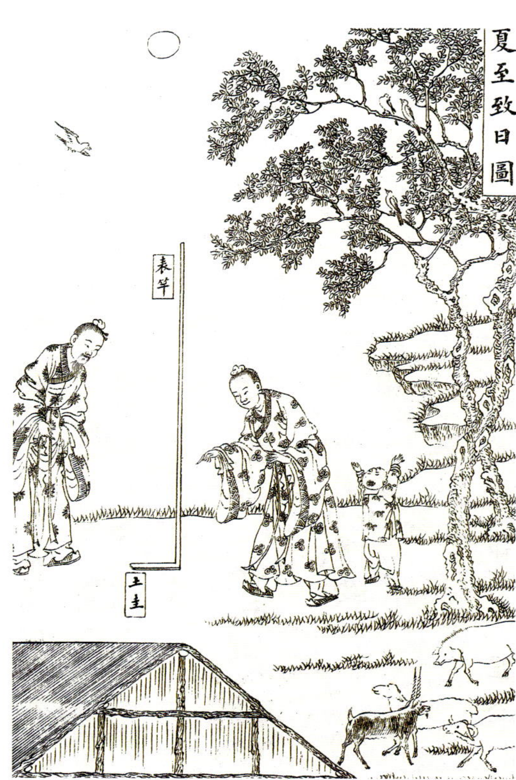

▲《夏至致日图》| 出自清代《钦定书经图说》，古人通过立竿测日，确定南北方向。

城的大小和形状

《周礼 · 考工记》中称"匠人营国，方九里"。由于没有都城考古论据，所以有学者推断其大致意思是：工匠们修建的都城为边长九里的方形城池。只有天子方可建造这一规制的城池，诸侯的城池规制

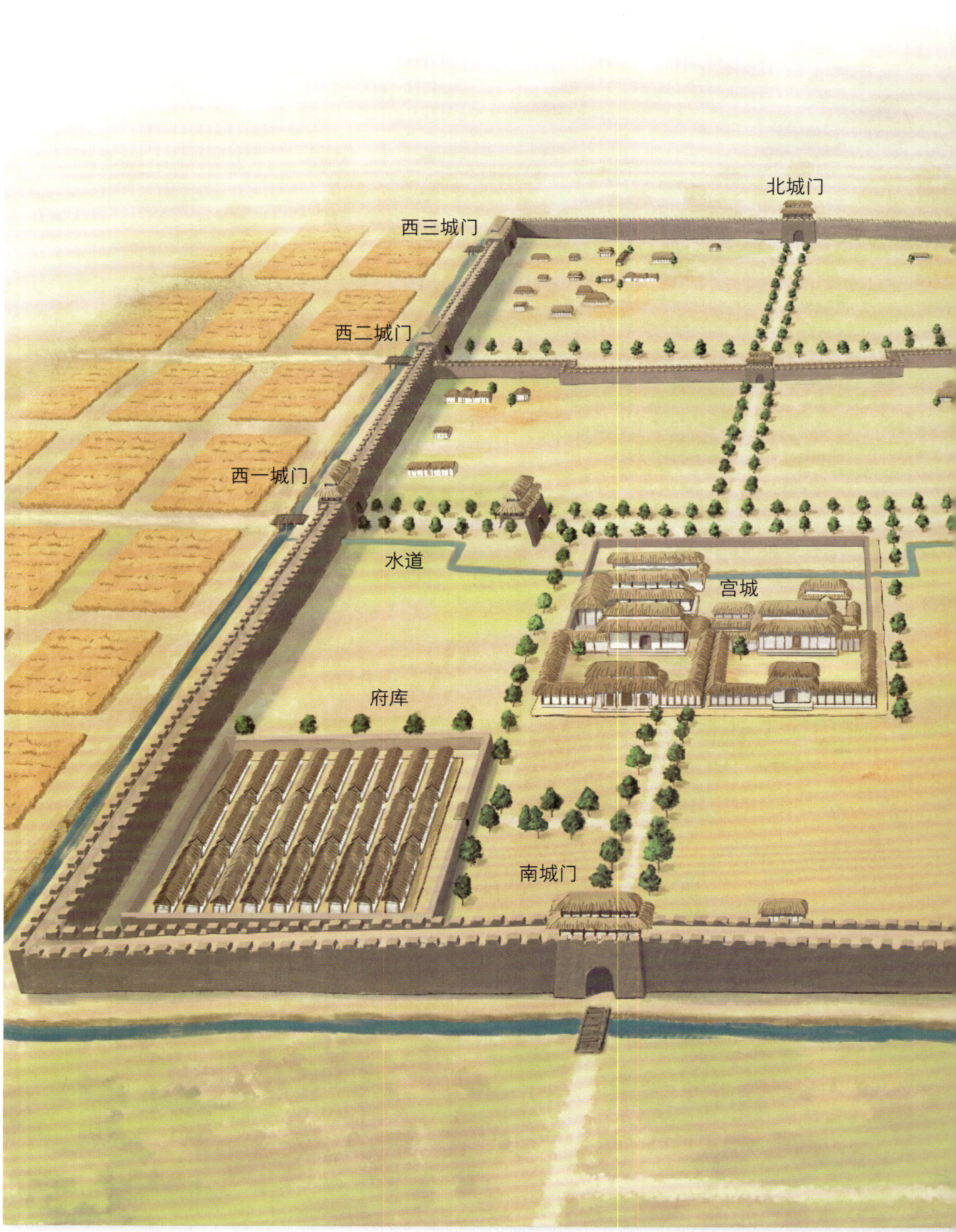

要小于此。

其实，早在《周礼 · 考工记》成书之前，中国人的祖先就已经将城池建为方形或长方形了。例如 1983 年在河南省洛阳市偃师县（今偃师区）发现了一座掩埋于地下的古城。经学者考证这是商代早期的都城遗址，还有许多学者认为它是商汤灭夏后所建的商代最早的都城，因此可作为夏、商王朝更替时期的标志性遗址。偃师商城还是目前夏商时期布局结构最清楚的都城遗址。

▼**偃师商城复原图** | 城址北依邙山、南临洛河，平面近似长方形。城墙东、西、北发现了 7 座城门，均与城内道路相通，城址中南部呈方形的应为宫城，长宽各约 200 米。城址北部发掘有制陶作坊遗址和房址，应为石器加工作坊区和居住区，东北部则有铸铜作坊遗址。

城墙与城门

《周礼 · 考工记》规定都城应“旁三门”，即都城四边的城墙每边要开三座城门，共有十二座城门。“旁三门”暗含与天时协调的含义。中国古人将一天分为十二个时辰，十二座城门有与时辰对应的含义。唐代学者贾公彦精通三礼（《周礼》《仪礼》《礼记》），撰有《周礼注疏》。他在该书中解释了“旁三门”的道理：“子丑寅卯等十二辰为子，故王城面各三门，以通十二子也。”

十二时辰对照表

子时	丑时	寅时
23: 00—01: 00	01: 00—03: 00	03: 00—05: 00
卯时	**辰时**	**巳时**
05: 00—07: 00	07: 00—09: 00	09: 00—11: 00
午时	**未时**	**申时**
11: 00—13: 00	13: 00—15: 00	15: 00—17: 00
酉时	**戌时**	**亥时**
17: 00—19: 00	19: 00—21: 00	21: 00—23: 00

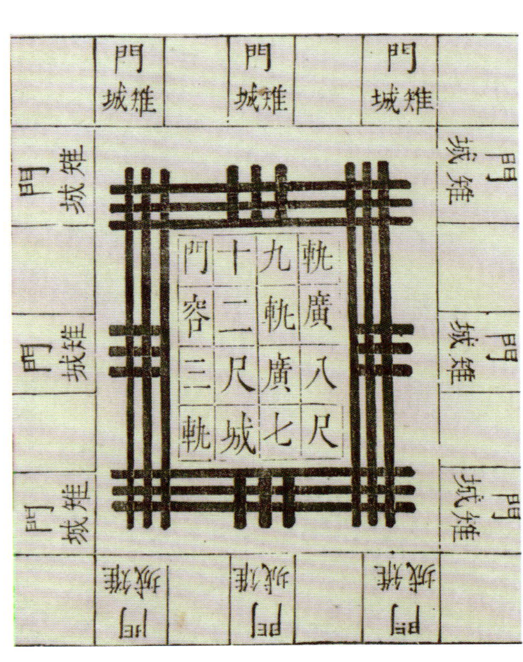

▶**经涂九轨图** | 出自宋代杨甲撰、清代礼耕堂重订的《六经图考》，图中展示了都城城门与城内主要道路的关系。

西安古城墙

西安现存古城墙修于明代，是中国现存历史最悠久、规模最大、保存最完整的古代城垣建筑。

城墙的厚度大于高度，稳固如山，墙顶可行车和操练。墙高 12 米，顶宽 12~14 米，底宽 15~18 米。城墙周长 13.74 千米，南北墙长于东西墙，呈横长方形。现有城门 18 座，其中东长乐门、西安定门、南永宁门、北安远门均有三重（闸楼、箭楼、正楼）。

城墙围绕“防御”战略体系而建，包括护城河、吊桥、闸楼、箭楼、正楼、角楼、敌楼、女儿墙、垛口等一系列军事设施。城外的护城河为第一道防线。河上设有吊桥，吊桥白天降下，连接护城河两岸，供人出入；晚上提起，就断绝了进城的道路。城门外有闸楼，为第二道防线，用以打更和报警。闸楼后是箭楼，箭孔密布，便于瞭望和射击，为第三道防线。箭楼和正楼之间是瓮城，以便“瓮中捉鳖”，为第四道防线。正城门为第五道防线。

都城的内部结构

《周礼 · 考工记》在陈述都城的外形后，又对都城的内部结构做出要求，这与都城具有政治中心、经济中心、文化中心等职能相关。王宫的位置决定了都城的内部结构，都城的道路布局、核心区的布局都体现了王宫的重要地位。

都城的道路

《周礼 · 考工记》规定了城内道路的数量、走向和宽度：“国中九经九纬”“经涂九轨，环涂七轨，野涂五轨”。这两句话的大致意思是：都城中要建九条南北向的大道、九条东西向的大道，都城中南北向大道的宽度应该是九个标准车宽，环城大道宽七轨，野外大道宽五轨。“轨”是当时道路宽度的度量单位，这个度量单位是用当时标准车辆两个平行车轮之间的距离来确定的。《周礼 · 考工记》还规定了“车人为车……彻广六尺”，意思是造车的工匠在制造货车时，其两轮之间的宽度应为六尺。

都城核心区布局

据《周礼 · 考工记》，营建都城时，要在王宫的左边（即东侧）建祭祀祖先的宗庙，右边（即西侧）建祭祀土神和谷神的社稷坛；王宫居住区的前面（即南侧），应为朝政的场所，北宫的后面（即北侧）是建设市场的地方。

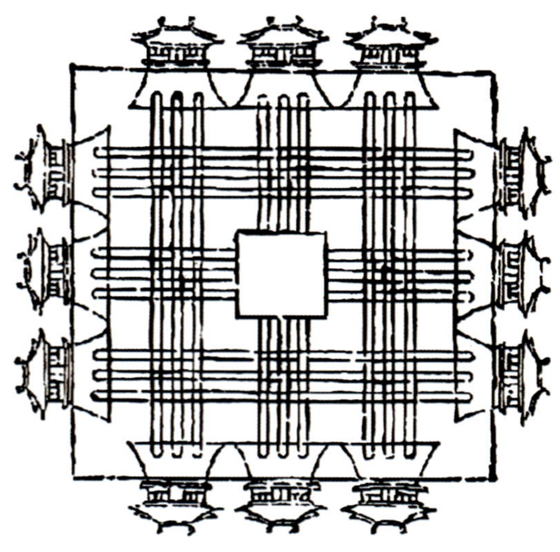

▲王城图 | 宋代聂崇义所绘，他认为城中有纵、横各三组主干道，每组主干道又各有三条道路，共同构成九经九纬的格局。

都城中的市

市是指都城中经商的地方。古代都城对市的管理较为严格。《周礼 · 考工记》中描述“前朝后市”（也有版本写为“面朝后市”），规定市场设置在王宫后面。

不过，中国历代都城的商业区分布并没有完全按照《周礼 · 考工记》的规定。一是因为随着都城面积的扩大，单一的商业中心不能满足都城商业的需要；二是因为在都城水运和陆路交通的某些地点，适于从城外运进来的商品货物卸载、仓储和出售。因此在历代古都城中，可以看到主要商业区分布在不同的位置。

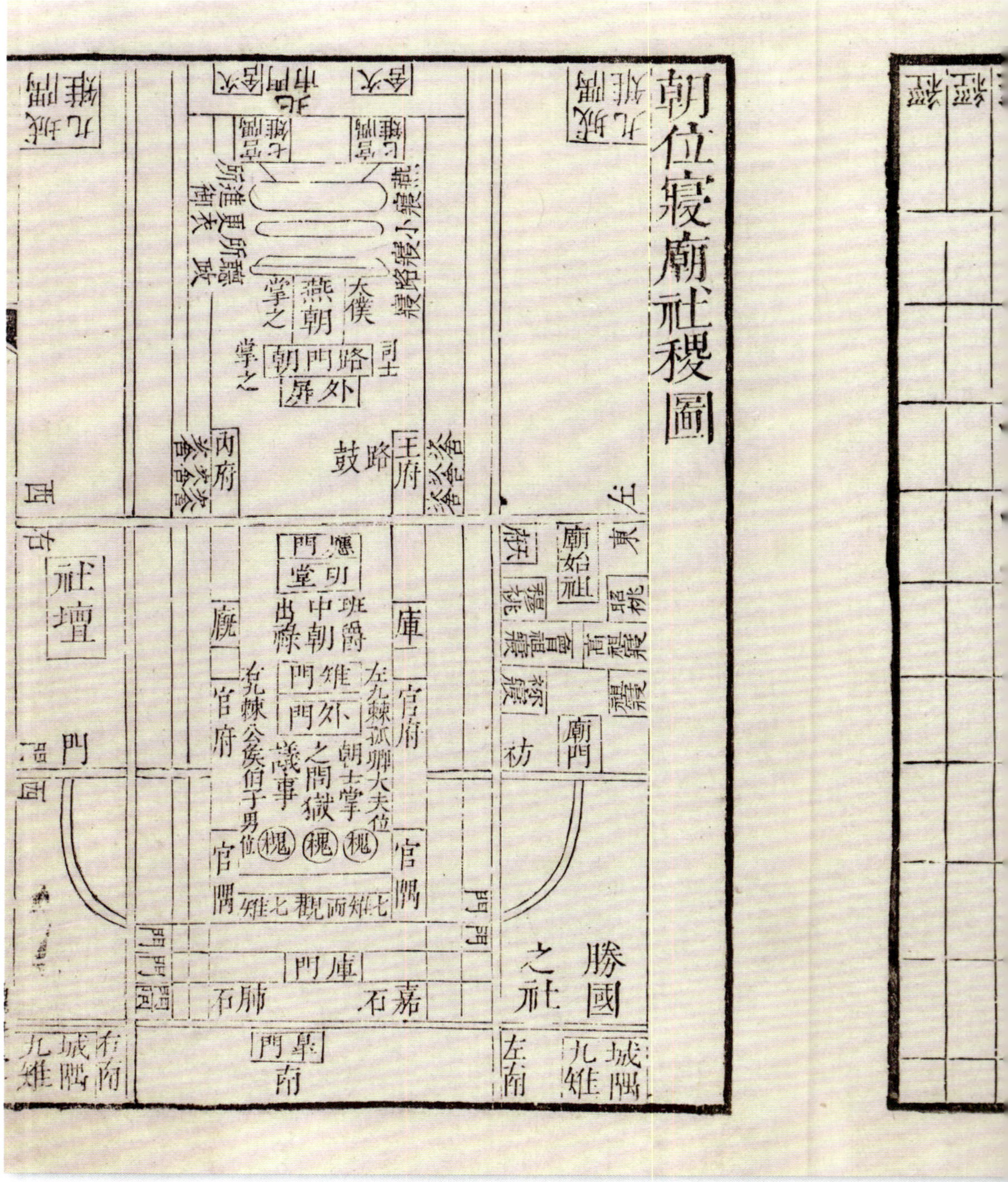

［长安城］唐·卢照邻《长安古意》：长安大道连狭斜，青牛白马七香车。

［洛阳城］佚名《青青陵上柏》：两宫遥相望，双阙百余尺。

▼**朝位寝庙社稷图与营国制图**｜出自宋代杨甲撰、清代礼耕堂重订的《六经图考》，图中展示了营国之制的理念。

营国之制理念图局部

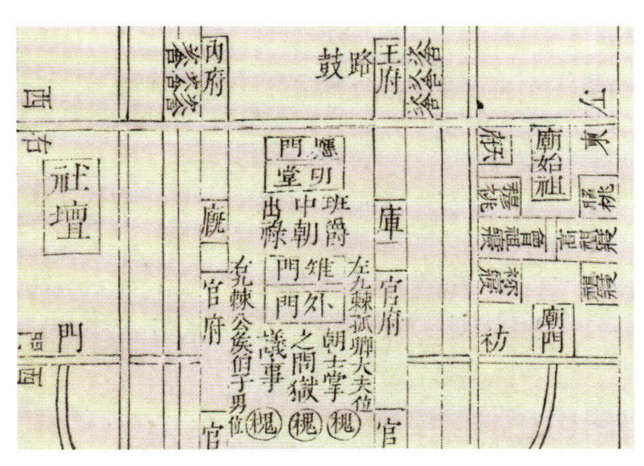

◀**左祖右社**｜左祖右社的说法已流传数千年。中国传统文化中有敬祖先、倡孝道、祭祀土神和谷神的传统。所谓“左祖”，是在宫城东侧设祖庙，又称宗庙，因为宗庙的正殿称庙，后殿称寝，所以合称寝庙。祖庙是帝王祭祀祖先的地方，因为是天子的祖庙，故称太庙。所谓“右社”，是指祭祀社稷神的祭坛，位于宫城的西侧。

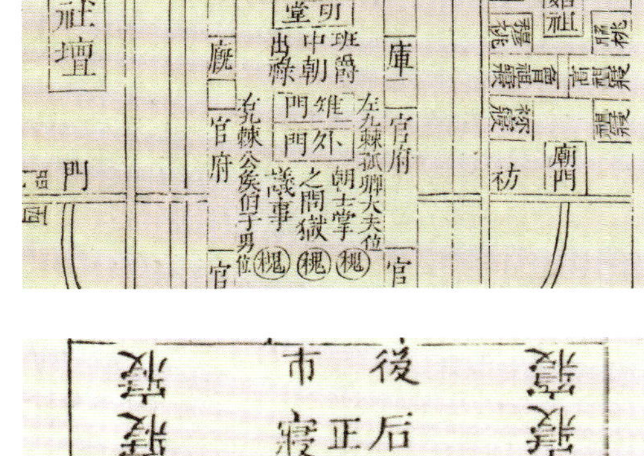

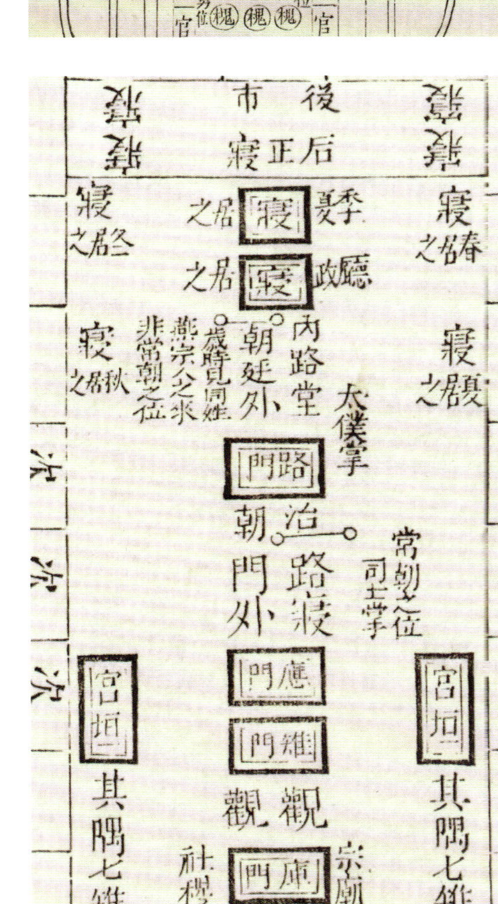

◀**面朝后市**｜唐代《周礼注疏》（卷七）解释：“建国者必面朝后市，王立朝而后立市，阴阳相承之义。”

相关知识 ｜ 宋神宗解“面朝后市”

传说，有一天宋神宗在崇政殿上问大臣们“面朝后市”是什么意思，有一位大臣名叫黄履，任崇政殿说书兼知谏院。他解释道：朝，就是阳事，所以在前；市，就是阴事，所以在后。前后分别指阳和阴。其实前后阴阳之说在唐代的《周礼注疏》中已经讲到了。宋神宗接话：也不只这层意思吧？朝，是君子集聚的地方；市，是小人聚散的地方。“面朝后市”恐怕是向君子背小人的意思吧！群臣听了无不悚然而惧。

层层拱卫的都城格局

中国古代都城是城中有城，宫城或皇城位于都城的核心。都城形成由外向内层层拱卫的格局。层层拱卫的主要目的是军事防御。

北宋都城的三层城墙

公元前 364—公元 1233 年，开封先后是 7 个封建王朝的都城。960 年北宋王朝建都开封，当时称为东京开封府或汴京。经过多年精心营建，开封成为北宋时期政治、经济和文化中心。北宋时期营建的汴京城分为三重，外城、里城和宫城。外城也叫郭城、新城或罗城。里城也叫阙城。宫城也叫大内或皇城。这种营建与布局也体现了中国古代都城的空间模式。

据考古发现，在今开封城的地下 3~12 米处，上下摞着 6 座城池遗址，其中 3 座国都、2 座省城、1 座中原重镇。自下而上，它们依次是魏大梁城、唐汴州城、北宋东京城、金汴京城、明开封城和清开封城。除大梁城位于今开封城略偏西北外，其余几座城池，其城墙、中轴线几乎都没有变化。

▶ 北宋汴京城示意图

汴京的商业

北宋时期，汴京商业空前繁盛。许多历史作品中都有所体现。

《东京梦华录》是一部追述北宋都城东京开封府城市风貌的著作，南宋孟元老著。作者在该书中追述了开封府城市的风俗人情、都市生活，其中有许多笔墨描写了汴京繁华的商业。

《清明上河图》也描绘了北宋汴京城中的市井繁华景象。图中有茶坊、酒肆、脚店、肉铺、庙宇、公廨等。商店中专门经营绫罗绸缎、珠宝香料、香火纸马等，此外还有医药门诊、大车修理、看相算命、修面整容，各行各业，应有尽有。

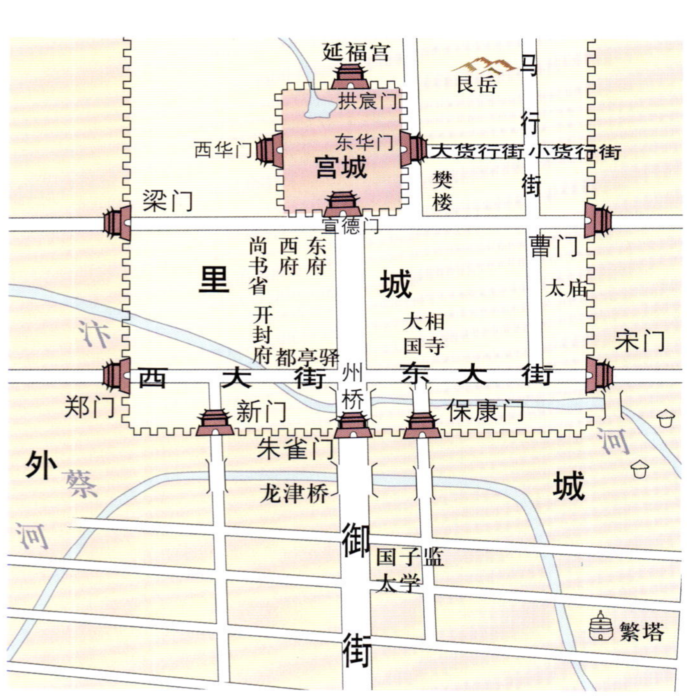

◀ **汴京中心的商业** | 北宋的汴京已经不实行住人的坊和经商的市严格分离的制度，因此商店遍布全城的大街小巷。从皇城正南门向南有一条宽阔笔直的大道，被称为御街，也称天街。街的两边有御廊，商人在这里摆货经商。御街南北跨越汴河的大桥叫作州桥，州桥以南，道路两侧有酒肆、饭庄、香药铺、茶馆等店铺。以州桥为中点，东西两侧的东大街和西大街也是汴京城重要的商业街，例如东大街上有鱼市、肉市、金银铺、漆器店等。

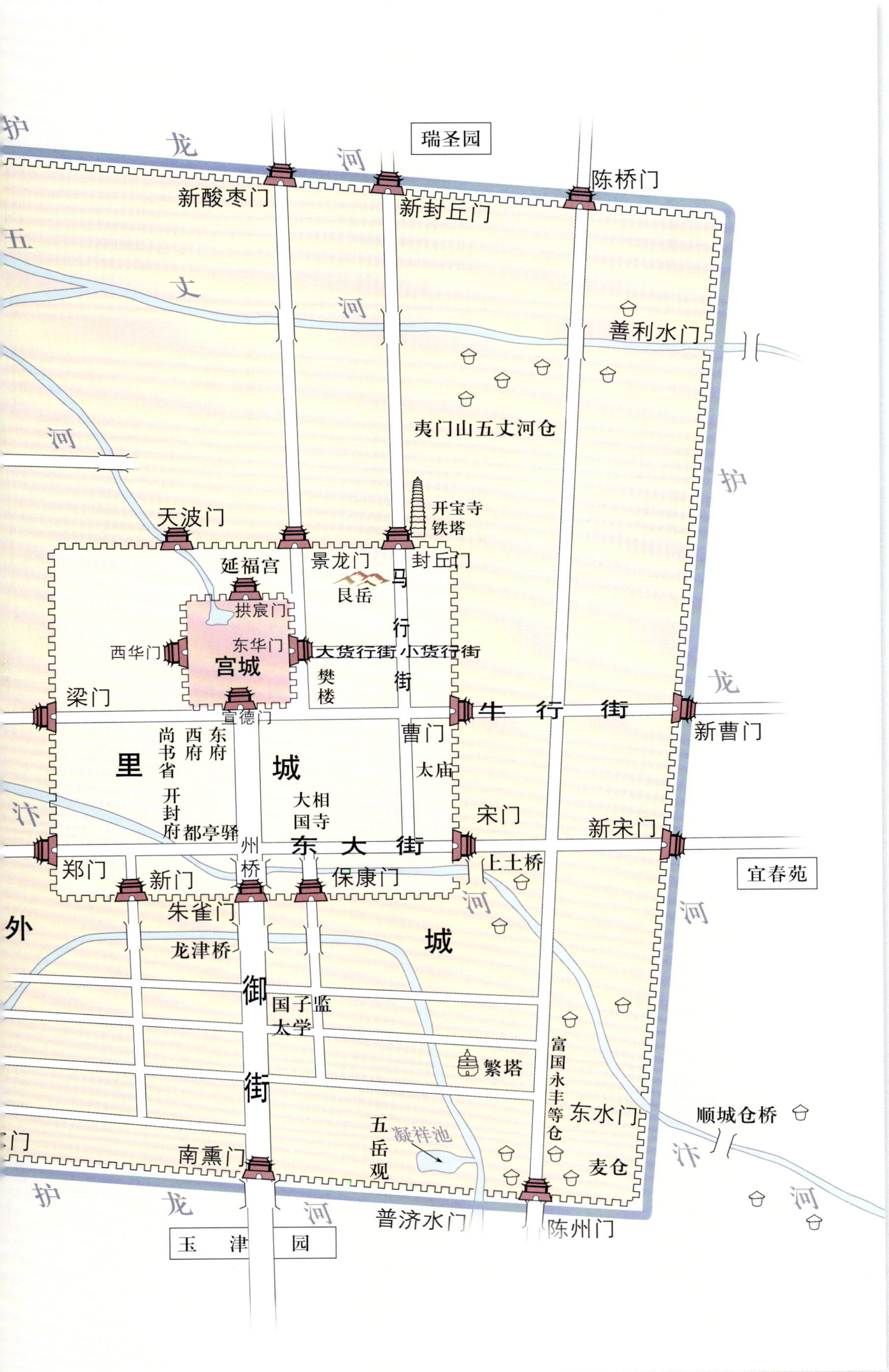

明清都城的四层城墙

明清两代都城非常典型地体现出层层拱卫的都城空间格局。由内向外依次是紫禁城（宫城）、皇城、内城、外城。明嘉靖二十一年（1542 年），都御史毛伯温建议：“古者有城必有郭，城以卫民，郭以卫城，常也。若城外居民尚多则有重城，凡重地皆然，京师尤重……今城外之民殆倍城中，臣等以为宜筑外城。”《明世宗实录》记载，嘉靖三十二年（1553 年），京师外城动工。四月，嘉靖皇帝考虑外城建设工程浩大，一时无法完工，便询问大臣的意见，严嵩提出了一个折中之法——“先筑南面，俟财力裕时，再因地计度，以成四面之制”。因此我们现在看到的北京旧城的外城只是包围了内城的南部。

▼明清都城格局示意图

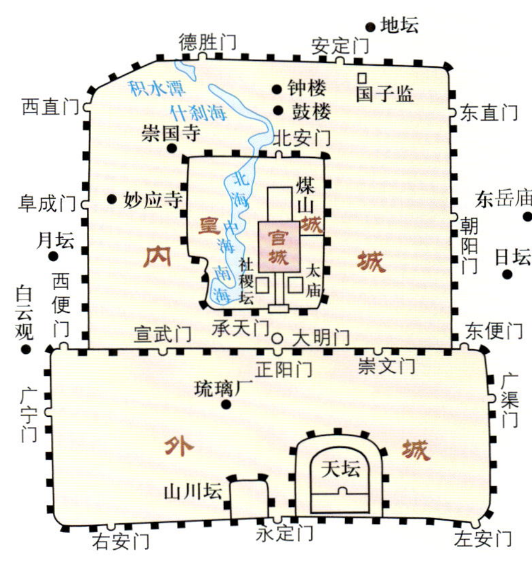

营国之制文化的传承和创新

都城是王朝或政权的统治中心，也是经济、文化、交通中心。中国历朝历代统治者都非常重视都城的选址，因为都城的选址不仅关乎城市本身的发展，也关乎国家的安定太平。

营国之制在中国城市规划史上占有重要地位。营国之制设想的“理想王城”方正规矩、对称均衡，蕴含了君权至上的礼制思想，反映了西周时期对社会秩序井然有序、礼乐和谐的追求，其根本是统治者为打造“礼制空间”而提供的城市空间范式。“营国之制”也是对社会等级制度的体现和巩固，被后代封建统治者和儒家所推崇。春秋时期部分侯国的都城就已体现了“营国之制”的理念，至元明清三朝，等级秩序更受重视。其中，元大都的营建兼纳了《周礼 · 考工记》对都城的规定。

相关知识 | 北京城地名与治国理念

北京城历史地名体现了明清中央政权的治国理念，在空间上呈现清晰的秩序感。崇文门和宣武门分列内城南城墙的东西两侧，与正阳门合成前三门。崇文门与宣武门的命名遵循了中国古代“左文右武”的礼制，两门一文一武对应，取“文治武安，江山永固”之意。

在大明门东西两侧，有两个气派的牌坊，是明成祖朱棣营建北京宫殿时建造的，名为“文德”和“武功”。到清代后期，慈禧将之改为“敷文”和“振武”。牌匾的文字在两个时期虽有变化，但是都蕴含着相同的意思，即施行政教要有功德，保卫国家要有征战的功劳。

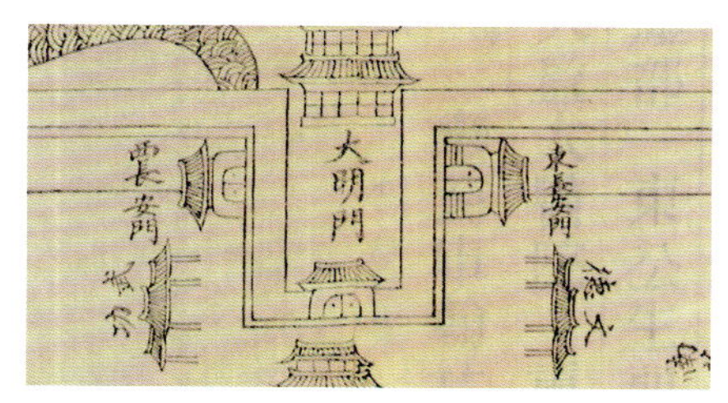

▲明北京城地图（局部）

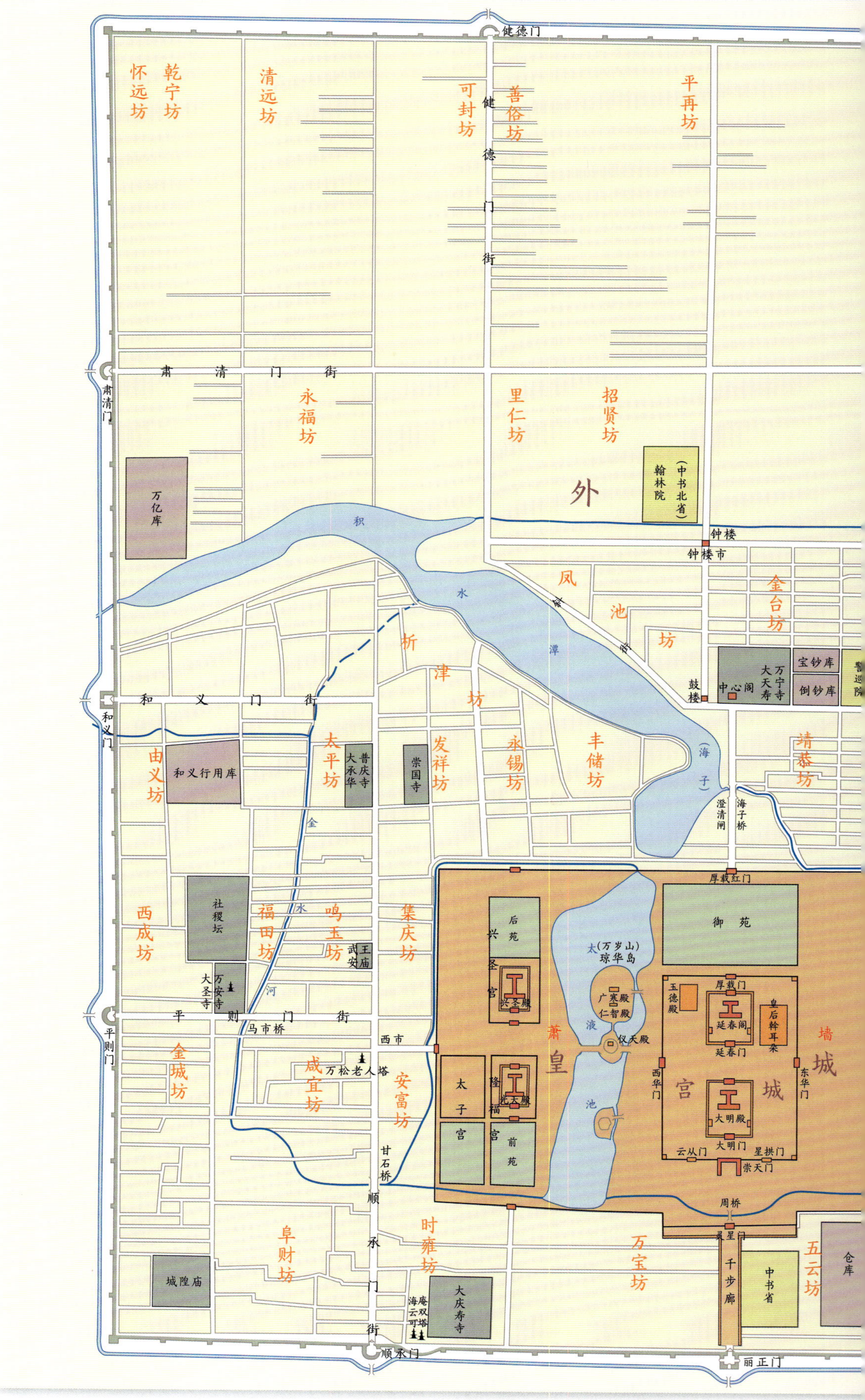

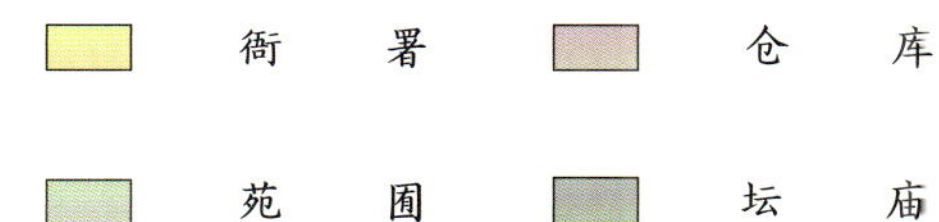

◀**元大都的布局** | 元大都由宫城、皇城、外城三重城套合组成，宫城西侧为太液池，太液池西岸南为隆福宫，北为兴圣宫。宫城、隆福宫、兴圣宫和太液池组成的宫苑区为皇城，其外为外城。皇城内建有萧墙，可以遮挡外人的视线，防止外人向大门内窥视。太庙位于宫城东侧，社稷坛位于宫城西侧，符合《周礼 · 考工记》中规定的“左祖右社”布局。皇城北面中心阁及其附近地区为全城重要的市场，也符合“前朝后市”的规定。

元大都的设计

中国晚清经学大师孙诒让曾说过，《周礼 · 考工记》规定的具体制度在后来历代的具体实践中都比较失败，但是该书提倡的礼制理念被后人传下来了。在中国现存的所有都城中，元大都是唯一一应大致按照《周礼 · 考工记》的“营国之制”而建的都城。明清两代继承了大都的核心部分。

元大都的建造与《周礼 · 考工记》并不严格一致。例如元大都呈矩形而非正方形，且宫城并没有设计在都城的正中央，而是位于中心偏南的位置。又如，元大都只设十一门，北面仅有二门，即在中轴线上没有正北门，北面的两门与南面的门也不在南北的连线上。虽然史书上没有记载为何这样布局，但是按照风水的理论推断，可能是为了防止正南方向来的“阳气”从正北方向直接泄露。

由于历史原因，元大都如今只剩下西土城北段遗址、北土城遗址和护城河，现被建成元大都城垣遗址公园，是北京市城区内最大的带状公园。

▼**元大都建筑遗址分布位置** | 西土城北段遗址，只遗留下肃清门瓮城及其以北的土城遗址，长约 2000 米。北土城遗址东起太阳宫西的东北角楼基址西侧，西到学院路的西北角楼墩台，全长约 6740 米。

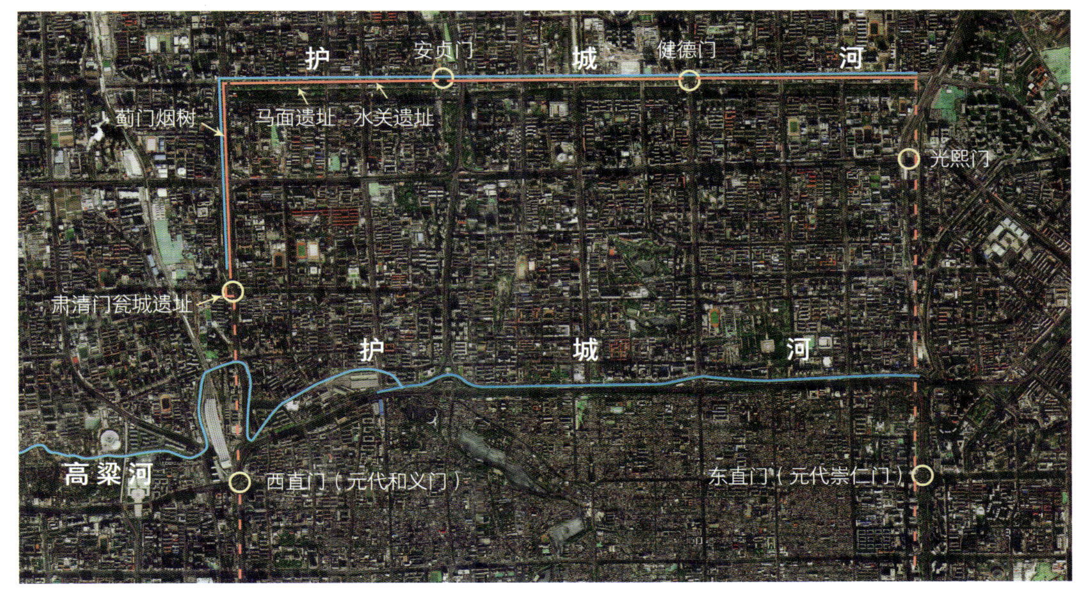

“城郭不必中规矩”

与规矩的营国之制相对的城市规划理念是因地制宜。“规则”的城市布局以广阔而平坦的地形为基础，但华夏大地地理环境多样，因地制宜理念更为适用。《管子·乘马》提出：“凡立国都，非于大山之下，必于广川之上；高毋近旱，而水用足；下毋近水，而沟防省；因天材，就地利，故城郭不必中规矩，道路不必中准绳。”其要旨是要因地制宜，因实际情况而变通，墨守成规可能导致物极必反。为满足都城安全防卫等需求，古代都城选址倾向于在依山傍水的险要之处，这使得营国制度受环境所限，无法营造出规矩方整的理想都城。因而，多数城市是在“规矩”与“不规矩”的互补下形成的。

明南京城 | 明南京城是明朝前期首都、后期陪都，是中国古代历史上规模最大的都城。明南京城分为宫城、皇城、京城和外郭城四重城墙，是遵循礼制、呼应天象、顺应自然的杰作。明南京城是依照《周礼》原则，根据三垣、二十八宿的星象，并结合南京虎踞龙盘、依山傍水的地理优势，一改以往都城墙取方形或矩形的旧制而筑的，成为中国礼教制度、传统堪舆天象和自然地理相结合的典范，独树一帜。

地图局部

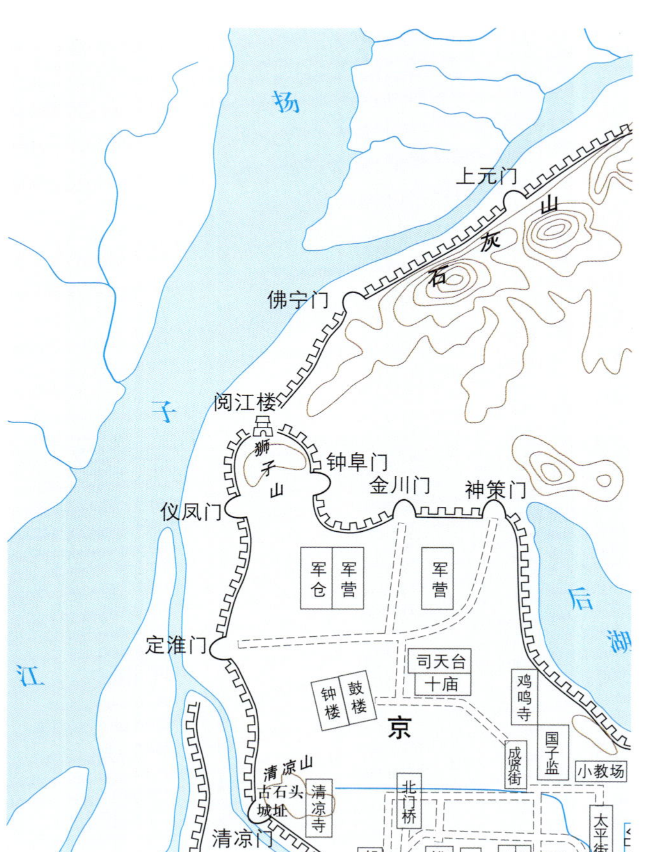

护城河 | 明代开国皇帝朱元璋定都南京，在建设都城城墙时，充分利用了天然河流、湖泊，沿着它们的岸线走向修筑城墙，让天然的河流成为护城河。明南京城宫城、皇城、京城、外郭城四重城墙，各有护城河，因此明南京城的护城河成为世界上最长的护城河。

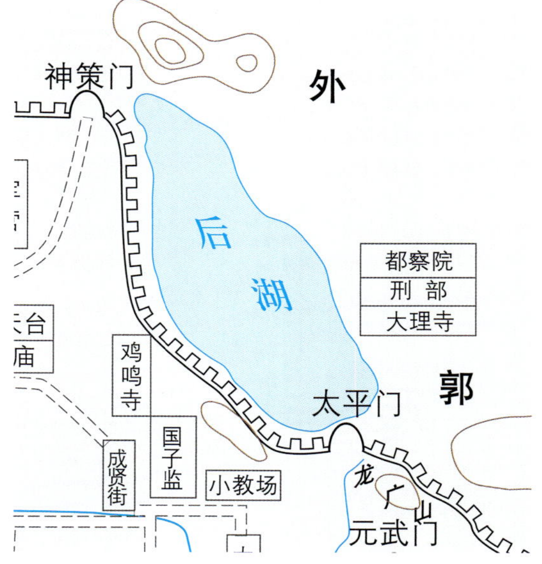

后湖 | 又称北湖，是相对于南京的前湖（燕雀湖，营建宫城时其大部分被填塞）而命名的。后湖如今的名称是玄武湖。明代都城有四道城墙，图中的这段城墙属京城墙，是沿后湖水岸修筑的。

因地形而建的城墙 | 明南京城修筑城墙，将都城周边的一些山体围在城墙之内，使之成为军事防御的制高点。在踞山临水的城墙地段，那里的军事防御地理条件是最好的，如上元门一段，那里的城墙还借助了山体的崖壁。

明太祖所建南京皇都城垣与外郭形势略图
扬
子
江
观音山
观音门
上元门
石灰山
佛宁门
阅江楼
狮子山
钟阜门
金川门
神策门
仪凤门
外
姚坊门
军仓
军营
军营
后湖
都察院
刑部
大理寺
定淮门
司天台
十庙
鸡鸣寺
钟楼
鼓楼
京
太平门
郭
钟山
（紫金山）
国子监
成贤街
小教场
清凉山
古石头城址
清凉寺
北门桥
龙广山
元武门
孝陵
仙鹤门
清凉门
朝天宫
下街
裕民坊
武学
上元街
中正街
中承街
存义街
太平街
里仁街
竹桥
皇城
宫城
孝陵卫
江东桥
江东门
石城门
内桥
西华门
东华门
朝阳门
莫愁湖
秦
淮
河
评事街
应天府
城
承恩寺
洞神宫
三山街
三山门
城
麒麟门
五府
五部
西长安门
东长安门
武洪门
北门
西门
东门
南门
大祀坛
水门
下浮桥
上浮桥
新桥
镇淮桥
府学
贡院
通济门
正阳门
山川坛
通济桥
武定桥
中和桥
凤台
沧波门
聚宝门
干
长
长干桥
上方桥
西天寺
大报恩寺
聚宝山
（雨花台）
能仁寺
驯象门
小安德门
大教场
安德门
凤台门
双桥门
夹冈门
上方门
高桥门

八景

▼ **元代张远《潇湘八景图卷》**| 上海博物馆藏。画家并未在画上题写八景名称，根据画面内容大致判断，I 至 VIII 依次为：江天暮雪、洞庭秋月、潇湘夜雨、烟寺晚钟、远浦帆归、平沙落雁、渔村落照、山市晴岚。

I

III

V

VII

II

IV

VI

VIII

“八景”泛指中国古代常用的一种空间意象营造手法，即在一个区域内命名一组著名的景观，这些景观多是自然景观与人文景观的结合。之所以说八景为泛指，是因为有些区域命名的一组景观不一定正好为八个，常见的还有“四景”“六景”“十景”“十三景”等。八景覆盖的区域可大可小，大到一个省，小到一个园林。八景分布的格局通常要遍布所在区域的四方，当区域范围变化后，人们就会重新设定区域内的八景。

八景的由来

八景文化约萌芽于魏晋南北朝时期，初步发展于隋唐，兴起成熟于宋元，繁荣发展于明清。八景不仅指以物质形态存在的景观，还是中国古代审美的实践形式。中国古人通过吟诗作画题记等手法，展现景观在心中留下的意象，从而完成人对特定景观的审美过程，如《潇湘八景图》。这些作品又不断唤起后人创作新作品的灵感，从而实现美学意境的代际传承和地域扩散。

《潇湘八景图》

“潇湘八景”是八景文化兴起的源头，并在宋代形成了固定的形态。沈括在《梦溪笔谈 · 书画》记载了这“八景”，分别是平沙雁落、远浦帆归、山市晴岚、江天暮雪、洞庭秋月、潇湘夜雨、烟寺晚钟、渔村落照。相传，北宋画家宋迪曾选取湖南零陵湘水、潇水合流处的景色，绘制《潇湘八景图》，可惜的是该图现已无传。宋代书法家米芾曾给每幅画题诗作序，一时传为佳话。此后出现许多以潇湘八景为题材的画作。米芾、王洪、牧溪、董邦达等代表性人物，甚至日本、高丽的画家仿作该图。画作多以淡墨渲染潇湘地区平远山水的意境，有如无声之诗。据统计，宋代以来此类画作多达 144 件。中国南方许多地区还竞相模仿潇湘八景之意选取美景。同时，民间也流行八景绘画，形成了“潇湘八景”文化热。

《嘉禾八景图》

《嘉禾八景图》是元代画家吴镇绘制的一幅名作，现藏于台北故宫博物院。嘉禾是嘉善和嘉兴的统称，嘉指嘉善，禾为嘉兴的简称。八景分别是：空翠风烟、龙潭暮云、鸳湖春晓、春波烟雨、月波秋霁、三闸奔湍、胥山松涛和武水幽澜。

全作布局简略，气韵古朴，表现了大自然宁静典雅的气韵。其中一些景点至今尚存。《嘉禾八景图》虽然画于一长卷上，但景与景之间分别以文字隔离，一段文字配一幅画面，画中各地名一一标出。吴镇除了对这八景做了总括之外，还对每个景点的地理位置和概况做了说明和简介。他在这幅作品中注重远近距离的表达，通过位置、墨色、线条的粗细、造型的变化来显示景物间的距离。

相关知识 | 吴镇

吴镇（1280—1354 年），字仲圭，号梅花道人，浙江嘉兴人。元代著名画家、书法家、诗人。

吴镇非常爱梅，家室四周遍植梅树，取斋名“梅花庵”。因居处有橡林，故书斋又名“橡室”。吴镇擅长画山水、梅花、竹石，他与黄公望、倪瓒、王蒙合称“元四家”。

▼《嘉禾八景图》

八景的地理意义

八景蕴含着中国的景观文化，除了它的四字命名、诗文书画意境外，还有其地理意义，即通过空间手法表达景观。第一，各景分布在当地四方，以示区域的领域范围。第二，各景布局在重要地理地点，以提升地点的重要性。第三，将地点与宏大的宇宙建立联系，以体现天人合一。

燕京八景

燕京八景得名于金代，明代时曾增至十景，清乾隆十六年（1751 年）御定的燕京八景为：太液秋风、琼岛春阴、金台夕照、蓟门烟树、西山晴雪、玉泉趵突、卢沟晓月、居庸叠翠，其中一些继承了明代燕京八景的地点和题名。

燕京八景体现了以下几层地理意义。

首先，各景点分布于京城四方。清代燕京八景分布在京城城内、城外与郊野。琼岛春阴与太液秋风分别位于京城内的西北部和西南部。金台夕照、蓟门烟树分别位于城郊的东部和西部。余下四景则分布在城外郊区，玉泉趵突和西山晴雪在今海淀区西北部，卢沟晓月和居庸叠翠分处一南一北。

其次，在重要节点设立景观。“居庸叠翠”是燕京八景中唯一远离京城的景观，代表着京师统领的天下为长城内外。明代文渊阁大学士胡广在《居庸叠翠》一诗中写道：“西望洪河底柱小，东接沧滨碣石雄。天非长城限南北，神京永固无终穷。”其中，“洪河”在古时多指黄河，“碣石”是秦始皇、汉武帝巡行天下的东端目的地。

最后，体现天人一体。燕京八景的题名体现了日月（昼夜）、四季，展示大地景观与时间之间的紧密联系。春阴、叠翠、秋风、晴雪，四时之景兼具，夕照、晓月，不同时辰各有景致。人们正是在与自然的和谐共处中感知、提炼出京城景观之美，通过游赏八景，获得“人与天地精神相往来”的状态。

I

III

V

VII

▶ **明代王绂《北京八景图卷》** | 现藏于中国国家博物馆。I至VIII依次为：金台夕照、太液晴波、琼岛春云、玉泉垂虹、居庸叠翠、蓟门烟树、卢沟晓月、西山霁雪。

▲北京八景分布图

II
IV
VI
VIII

西湖十景

西湖十景起源于南宋，元代围绕着西湖（又称钱塘湖、西子湖），有钱塘十景之称，清代又出现了西湖十八景、杭州二十四景等。其中西湖十八景是清雍正年间（1723—1735 年）浙江总督李卫在浚治西湖、修缮胜迹之后增设的。包括：湖山春社、功德崇坊、玉带晴虹、海霞西爽、梅林归鹤、鱼沼秋蓉、莲池松舍、宝石凤亭、亭湾骑射、蕉石鸣琴、玉泉鱼跃、凤岭松涛、湖心平眺、吴山大观、天竺香市、云栖梵径、韬光观海、西溪探梅。

如今，人们耳熟能详的西湖十景是清康熙帝御题后定型的景目，即苏堤春晓、曲院风荷、平湖秋月、断桥残雪、柳浪闻莺、花港观鱼、雷峰夕照、双峰插云、南屏晚钟、三潭印月。

1985 年，杭州市发布由媒体牵头组织评选出的新西湖十景，即云栖竹径、满陇桂雨、虎跑梦泉、龙井问茶、九溪烟树、吴山天风、阮墩环碧、黄龙吐翠、玉皇飞

▼《御览西湖胜景新增美景全图》| 清末容光堂摹刻，详细记录了西湖100余个景点的名字及方位，以及西湖十景、钱塘八景、乾隆二十四景等各个历史时代的景观。

元·冯子振《鹦鹉曲·忆西湖》：吴侬生长西湖住，舣画舫听棹歌父。苏堤万柳春残，曲院风荷番雨。

云和宝石流霞。

2007年，杭州市政府组织三评西湖十景，其结果是：灵隐禅踪、六和听涛、岳墓栖霞、湖滨晴雨、钱祠表忠、万松书院、杨堤景行、三台云水、梅坞春早、北街梦寻。此次西湖十景分布的地域范围更大，扩展到西湖风景区的西部山地。

西湖十景的地理意义体现为两方面：第一，遍布所在区域，而非集中在区域的一处，从而形成以“点”统领“区域”的空间格局；第二，通过景观命名，促进人与外在环境互动，并获得美学意境，这是展现文化景观中的“人地关系理念”手法。西湖十景通过景观命名，调动人们身体的感觉器官，以感悟景色之美。调动人们听觉器官的有柳浪闻莺（近听）、南屏晚钟（远听）；调动人们视觉器官的有花港观鱼（近视）、双峰插云（远视）；调动人们对自然年际变化感知的有苏堤春晓（春）、曲院风荷（夏）、平湖秋月（秋）、断桥残雪（冬）；调动人们地理感知的有雷峰夕照（日）、三潭印月（月）。

▲西湖十景变化示意图 | 现代的新西湖十景和三评西湖十景是西湖十景的传承与更新。西湖十景的覆盖范围逐渐扩大。

关中八景

关中八景为：华岳仙掌、骊山晚照、雁塔晨钟、曲江流饮、太白积雪、草堂烟雾、灞柳风雪、咸阳古渡。它们覆盖的地域从长安古城中心一直到秦岭的太白山和西岳华山。八景还可以组成若干对自然和人文景观。例如雁塔晨钟－骊山晚照，是一朝一夕；太白积雪－灞柳风雪，是一山一水；雁塔晨钟－华岳仙掌，是一佛一道；草堂烟雾－曲江流饮，是一玄一实。

▼关中八景分布图

▲ **雷峰夕照** | 杭州市西湖十景之一，其核心元素是西湖南岸夕照山上净慈寺的雷峰塔。雷峰塔是吴越国王钱俶为庆祝黄妃得子而建，初名黄妃塔。雷峰塔之所以遐迩闻名，与民间传说《白蛇传》有很大的关系。相传，法海和尚曾将白娘子镇压在塔下，并诅咒说："若要雷峰塔倒，除非西湖水干。"西湖西侧为低山，东侧为平原，因此聚落和人口密集。西湖东侧杭州古城的人们，向西湖方向眺望雷峰塔，最美的景象就是夕阳的余晖镀在雷峰塔上，整个塔身以晚霞为背景，构成一幅美丽的画卷。

八景的文化传承

由于不少城市或行政区的范围发生改变，因此，需要用新时代的景观替代原有的八景，以提升城市景观魅力。新时代的八景古今景观皆具，延续了八景文化的传统活力。

香港八景

香港历史上有不同的八景版本，原名统称为香江八景，其中一版包括旗山星火、仙桥雾锁、赤柱朝曦、鸭洲帆影、宋台怀古、扶林曲径、浪湾水软、鲤鱼夜月。随着时代的变迁，旧八景的景观已有三处完全改观，而其他一些景观也渐显陈旧，现在的香港八景如下：

旗山星火——指从太平山顶观看夜色中的港岛，万家灯火如满天群星般瑰丽。

赤柱晨曦——指每当晨曦初上，旭日东升之时，沐浴在万道霞光中的赤柱半岛，殷红如赤。此景又称赤柱朝阳、赤柱朝曦。

浅水丹花——指碧水盈盈的浅水湾与万紫千红的杜鹃花交相辉映所构成的美丽春景。

虎塔朗晖——指虎豹别墅院内六角形的白塔在日出之时，迎着朝阳、披满彩霞的壮丽景观。

快活蹄声——指快活谷的赛马盛况，马蹄声声牵动成千上万马迷的心。

鲤门月夜——指夜晚在鲤鱼门观赏月光照耀下的维多利亚港美景。

残堞斜阳——指九龙城寨的残垣断堞在如血斜阳余晖中的景色，由于近年九龙城寨已彻底清拆，这一景色也成为历史，取而代之的是九龙寨城公园。

宋台怀古——指在香港启德国际机场旧址附近的宋王台公园，它记载了宋朝历史的最后一幕，人们一到此地，怀古之心油然而生。

台湾八景

中国宝岛台湾的八景文化源自大陆。目前已知的记载台湾八景的最早文献是清康熙三十三年（1694 年）由高拱乾纂修的《台湾府志》。其记载的八景主要分布在府城（位于今台湾省台南市）和澎湖列岛。现代的八景命名则分布在台湾全岛各地，可以视为台湾著名景点的集合。

1694年命名台湾八景	安平晚渡、沙鲲渔火、鹿耳春潮、鸡笼积雪、东溟晓日、西屿落霞、澄台观海、斐亭听涛	康熙《台湾府志》记载
1953年命名台湾八景	玉山积雪、阿里云海、双潭秋月、大屯春色、安平夕照、清水断崖、鲁谷幽峡、澎湖渔火	1950年“台湾省文献会”征集资料，1951年召开会议决定地点与本名，1953年由政府制定
现行台湾八景	阿里奇观、日月风姿、鲁阁幽峡、南湾极致、阳明风光、北投温泉、野柳公园、乌来飞瀑	

◀ 香港八景分布图

I

II

III

IV

V

VI

VII

VIII

▲ **台湾八景图** | 出自清代《重修台湾府志》，I 至 VIII 依次为：安平晚渡、鹿耳春潮、沙鲲渔火、东溟晓日、斐亭听涛、鸡笼积雪、西屿落霞、澄台观海。

城隍

▼**羌寨遗址**｜中国新石器时代的遗址，位于陕西省西安市临潼区，是目前发现的早期“环壕聚落”之一。当时的人们已经学会修沟筑壕，防止野兽侵袭村庄。下图为第一期考古发现的聚落复原示意图。

中外许多城市都有保护神，中国古人供奉的城市保护神叫作城隍神。在许多中国城市被保留下来的文物建筑中，最为普遍的是城隍庙，即便城隍庙不存在了，也还留有城隍庙的地名痕迹。城隍庙的空间特点可以表现为两方面：其一，在全国有一个与城市等级大致一致的城隍等级分布；其二，城隍庙多分布在城市中通往城门的主要道路边，但是偏离城市的中心。许多城隍神由有功于地方民众的名臣英雄充当。

城隍的原义

东汉时期有一位著名的经学家、文字学家，名为许慎。他编撰了中国历史上第一部字典《说文解字》。《说文解字》中对“城”的解释是“以盛民也”。“隍”的解释是：“城池也。有水曰池，无水曰隍。”古时人类为了防止野兽或外族骚扰侵犯，在聚落外修建了用以防守的沟壕。之后发展出用于防御的高大围墙——城，以及没有水的护城壕——隍。后来“城隍”既可意指城墙和护城壕，也可单指城墙或护城河。东汉史学家班固在《两都赋序》中写道：“京师修宫室，浚城隍，起苑囿，以备制度。”其中的“城隍”指的是护城河。

古人在筑城时，非常重视修建城墙和城壕。《易经·泰卦·上六》中讲“城复于隍，勿用师”，大意是城墙外有护城的壕，便不需要由军队把守了。后来人们用“城隍”一词指代护卫城池的神，不仅修建了城隍庙用来祭祀，还形成了城隍信仰，反映了人们对安定生活的美好向往。

▲位于陕西省西安市的都城隍庙

城隍神形象与等级体系

城隍神是中国民间信仰中的重要神祇之一。城隍神与水墉神（古书中也写为水庸神）可以对应起来。唐代杜佑撰《通典·礼四》描述周礼的规定：年末十二月，主要祭祀的神有八种，第七种为水墉神。水墉神是护佑农田沟渠的神，保佑庄稼旱有渠水灌溉，涝有沟排洪。因为“隍”指城壕，与“沟”同属人工建造物，所以说城隍神与水墉神有联系。城隍神还被道教纳入其神灵体系之中，成为冥界主要神灵之一。佛教在中国广泛传播以后，与中国民众的信仰结合，如宋代佛教的“水陆法会”就开始将城隍神列为重要的恭请神明之一。汉唐时城隍信仰开始普及，宋代时城隍信仰被纳入国家祀典，明代时城隍信仰达到鼎盛。

城隍神的形象

城隍神最初是一个没有具体形象的神灵，后来人们才为城隍塑像。人们将文天祥、纪信、苏缄等逝去的忠臣良将尊为城隍神，认为他们可以护佑百姓，剪除凶恶。有的地方供奉的城隍神是一对夫妇，被称为“城隍爷爷”和“城隍夫人”。城隍神不但是城的守护神，还是冥界的地方官，主管当地阴间的事务，惩恶扬善。

城隍神的等级体系

城隍神因所司管的城等级有高下，所以也分为不同的等级。城隍神等级体系是在明代提出的。明太祖朱元璋因少年时曾生活在城隍庙，对城隍神格外崇敬。当他称帝后，便提高了城隍神的地位。他将城隍神封为不同的等级，都城隍神被封为王，府城隍神被封为公，州城隍神被封为侯，县城隍神被封为伯，其目的在于“监察民之善恶而祸福之”。城隍神由此变为阴阳界监察之神，进而又被赋予剪除凶逆、领治亡魂，乃至护国安邦、调和风雨等神格。城隍神掌管的范围与行政区一致，从而形成人治之上的神治天下秩序。明末清初以后，县以下的聚落中也出现了城隍庙，里面供奉的神被称为“镇城隍神”等。清代，“都城隍神”的名称泛化，不再仅限于司

明代御封四级城隍神

都城隍神	监察司显佑王
府城隍神	监察司民城隍威灵公
州城隍神	监察司民城隍显佑侯
县城隍神	监察司民城隍显佑伯

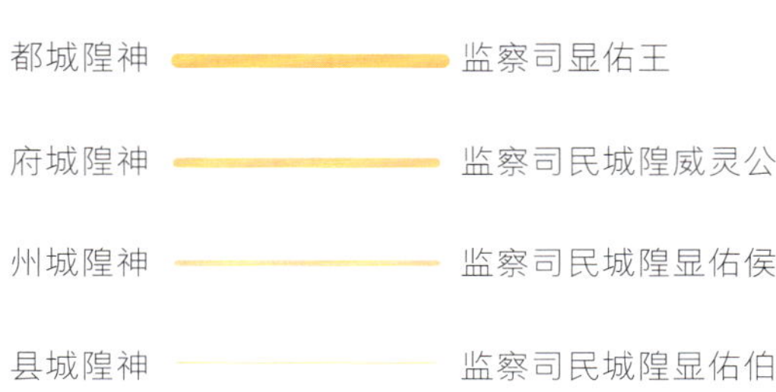

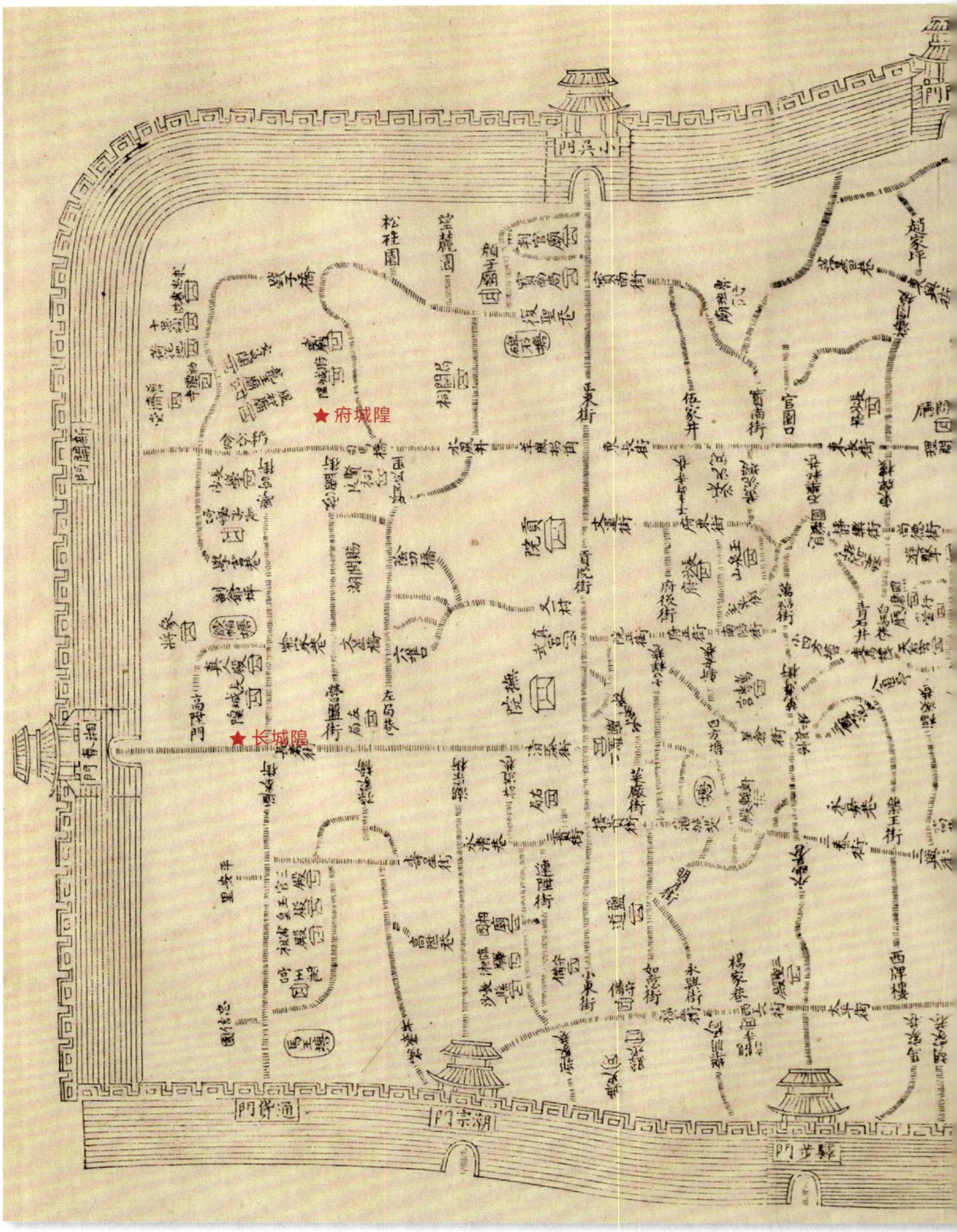

管天下的城隍神，很多地方的城隍神都被叫作都城隍神了。

“敕封”城隍庙

有些地方的城隍神的等级虽然不能超越所在城市的等级，但是可以通过“敕封”来提高其显赫程度。例如晚清长沙城是湖南省、长沙府、长沙县和善化县的治所，省和府的城隍共用一庙，两县城隍各在一庙。1852 年，太平军攻打长沙城，湘军把善化县的善城隍塑像抬到南门外，经过长达 81 日激烈战斗，长沙得以保全。清政府当年敕封“永镇”二字予“善城隍”（又名“定湘王”）。因此，该城隍庙的名气甚至大于省、府的城隍庙。《长沙县志》中的省城图和长沙县城图尽管表示的范围不同，但都表现了府县同城的现象，在城中标有不同级别的城隍庙。

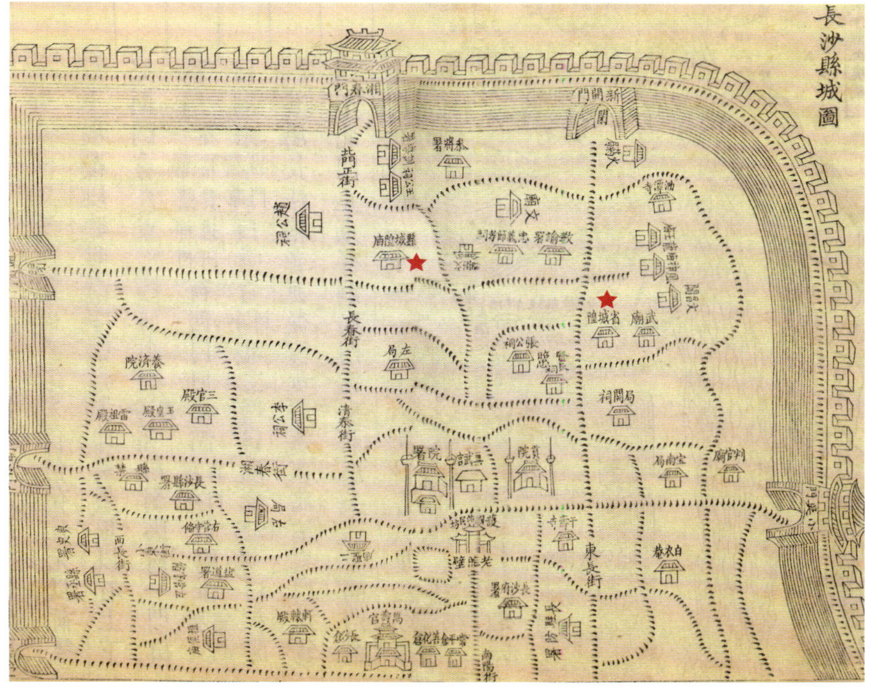

省城隍与县城隍庙 | 出自清代《长沙县志》（中国国家图书馆藏品），为长沙县城图，图中标有湖南省的省城隍和长沙县的县城隍庙。

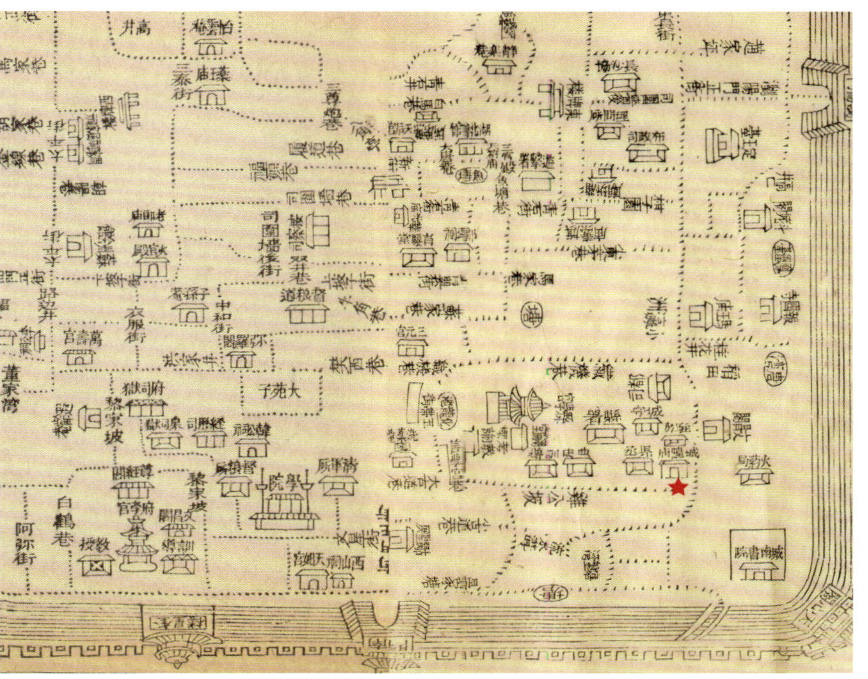

善城隍庙 | 出自清代《善化县志》（中国国家图书馆藏品），为善化县城图，图中标有善化县的城隍庙。

省城圖

善城隍

《长沙省城图》 | 出自清代《长沙县志》（中国国家图书馆藏品），图中可见府城隍（湖南省和长沙府的城隍庙）、善城隍（善化县的城隍庙）和长城隍（长沙县的城隍庙）。

城隍庙

据古籍最早记载的城隍庙是建于三国东吴孙权赤乌二年（239 年）的芜湖城隍庙。宋代之后，城隍祭祀兴盛起来，全国各地普建城隍庙，城隍庙也如同县衙、文庙、钟鼓楼等一样成为当地的地标。明洪武年间（1368—1398 年），朝廷要求各地府、州、县遍设城隍庙，有学者统计，在明代地方志中记载的城隍庙有1472 座。明末清初，城隍庙越建越多，逐渐扩展到乡里，至今中国许多城市还保留有城隍庙的建筑遗存。

据明代陈建撰、高汝栻订、吴桢增删的《明通纪法传全录》记载，明洪武三年（1370 年）朱元璋下诏，废除全国各地城隍庙的原神名号，全国统一为某州、某府、某县城隍神。在此之前，各地城隍庙多不相同，常以地方历史上的英勇武将为城隍神。位于安徽省的芜湖城隍庙距今已有 1700 多年的历史。据说芜湖城隍庙最早供奉徐盛为城隍神，他是三国时期的孙吴名将。芜湖城隍庙在历史上经历多次毁坏与重建。抗日战争时期曾遭敌机轰炸被损毁。目前芜湖城隍庙正在重建中。

▲**芜湖城隍庙** | 1937 年芜湖沦陷后，城隍庙被日军炸毁。档案资料藏于中共芜湖市委党史和地方志研究室。

城隍庙在城市中的位置

城隍庙虽然是城市的重要建筑（建筑群），但是各地的城隍庙很少有在城市正中位置的。它们多位于主要街道，尤其是通往城门的街道，但是相对偏离城市中心。这是因为府、县的衙署通常位于主要城市中心，而与之“匹配”的城隍庙则在其侧。

唐·王绩《过汉故城》：经始谋帝坐，兹焉壮未央。规模穷栋宇，表里浚城隍。群后崇长乐，中朝增建章。

◀ **杭州吴山全图** | 出自明万历年间（1573—1620 年）《湖山胜概》，吴山位于杭州古城南部，山上供奉着杭州府的城隍庙。

城隍庙的内部

城隍庙实际上是祭祀类建筑群，主要用于祭祀城隍神。城隍庙中的主体建筑通常形成一条中轴线，附属建筑沿中轴线对称分布，并将主体建筑围合，形成一进一进的院落空间。

由于城隍庙供奉的神有司管阴间事务的职能，故庙中多有警联、劝世联等对联。它们以诙谐、生动的语气将善恶报应展现在对联之中，告诫人们善恶是有因果报应的，督促人们反思自己的行为，劝告人们多行善事毋作恶，改邪归正早回头。如上海豫园城隍庙的楹联上题有“做个好人，心正身安魂梦稳；行些善事，天知地鉴鬼神钦”。

除了祭拜城隍神，人们还通过敬戏献舞，表达对城隍神的尊敬。因此，城隍庙多建有戏台，通常正对主殿。人们在神诞日演戏，既是为了酬神，也在娱乐中增加了社会的凝聚力。

▲ **宁波府城隍庙戏台** | 位于浙江省宁波市海曙区。戏台结构精美、朱金浮雕。戏台的藻井呈鸡笼形，不仅可以扩大戏台上的空间，还可以达到音响的效果。

城隍庙会

庙会是以庙宇为中心，定期或不定期举行的群众性信仰祭祀活动，同时具有商贸和游艺功能。每逢庙会时，信众会聚于庙观，这时也是商贩销售商品的好时机，因此中国人提到庙会，会联想到商品交易活动，而不仅仅是宗教信仰活动。城隍庙大多位于城市重要交通道路的旁边，这样的区位利于成为城市的商业空间。所以，在许多庙会中，有很好商业区位的城隍庙会，自然占了优势。

从城隍祭祀到城隍庙会

古时每年各地祭祀城隍神时，仪式隆重，参加者众多。《大明会典 · 礼部》记载，明宣德十年（1435 年），朝廷规定地方官到任时，一定要到城隍庙祭祀城隍神。除献牲仪式外，唱戏酬神也是重要的活动。因为祭祀活动云集周边民众，所以这时也伴有热闹的商业交易。因此“城隍庙会”成为一个宗教和商业复合的活动。城隍庙所在地也就演化为城镇商业汇聚之地。

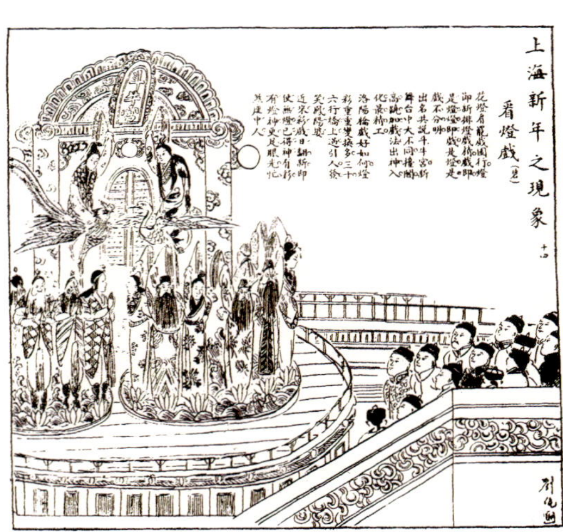

▲上海新年之现象｜出自清末《图画日报》。正月十五，人们在城隍庙中看灯戏、闹龙灯。

城隍庙会的时间

据历史文献记载，各地城隍庙会的时间不同。在宋元时期，是农历五月朔至八日（农历五月初一至初八）。明初皇帝规定，每年清明和十月朔（农历十月初一）是酬神的时间。后来有的地方改为每年清

明·朱纯《元夕同诸生游城隍庙》：楼阁卧龙颠，良宵境更偏。琼崖明霁雪，采树散春烟。瑞气连蓬岛，欢声动市廛。

明、中元（农历七月十五）、十月朔出会三次，但不少地方还是坚持一年两次。而今各地最重要的城隍庙会时间都是在春节期间，商业、娱乐成为其最重要的功能。

上海城隍庙会

上海城隍庙位于今上海市黄浦区方浜中路249号。它初建于明代，由金山神祠改建而来，供奉上海城隍神秦裕伯。最初规模很小，之后历经修葺和扩建，才形成现在的规模。

上海开埠以前，城隍庙是当地民众为数不多的游乐场所之一。清末民初以来，上海城隍庙和周边的园林、市场以及老街里巷融合在一起，成为上海本土文化的符号，代表上海的历史与传统。多年来由庙市发展形成的庙会文化，涉及宗教、商业、民俗等层面。20世纪20年代末，上海学者火雪明著《上海城隍庙》。为写此书，他在庙边租住了一年。书中零星的文字可以帮助读者想象出庙会的热闹景象：庙会人来人往，除了听戏之外，少年可以做多种游戏——掷石子、抽陀螺、打铜鼓，孩童闹着父母买庙会特产——梨膏糖、油面筋。随着时代的变化，城隍庙的地位和功能都发生了变化，但上海城隍庙元宵节灯会传承至今，依然红火。城隍庙旁边的豫园，景色宜人，游人如织。

上海城隍庙元宵节灯会｜每至元宵节，城隍庙附近笙歌灯彩，一派欢乐景象。

北京城隍庙会

北京都城隍庙位于今北京市西城区成方街33号，现为繁华的金融街地区。它初建于元代，原名佑圣王灵应庙，供奉京都城隍神。明代后历经重修，并改名为都城隍庙。明清时其规模很大，据明末清初孙承泽创作的《春明梦余录》记载，中间为大威灵祠，后殿为寝祠，左右为二司，两庑为十八司……现仅存后殿（寝祠）5间。

明代《帝京景物略》一书中记载了都城隍庙会的热闹景象：城隍庙会是在农历每月初一、十五、廿五日开市，卖货的摊位有三里之长。所卖的图书既有古籍，也有当时刊印的图书；所卖的古玩中既有商周时期的鼎，也有秦汉时的铜镜……明代文人笔记《谈经》中还提到“碧眼胡商，飘洋番客，腰缠百万”，说明当时还有许多外国客商在逛都城隍庙会。民国时，这里虽然还有香火，但已逐渐衰败。

▲ 现存的北京城隍庙遗迹

城隍神出巡

城隍神出巡是城隍祭祀的一部分，古已有之。城隍神巡视其所管辖的范围，赐福民间，民众亦借此机会迎神祈福；城隍神的威势可将地方的秽物或厄运解除，为地方带来平安。城隍神出巡是盛大的庆典，人们经过祈福开光等科仪法事后，将城隍神请出，敲锣打鼓，扛旗抬轿，礼花齐放，迎城隍神绕境。

各地城隍神出巡的时间不一，但多在正月初一到十五之间。各地城隍神出巡的行程也不一。有些地方是随机决定的，一般在出巡前通过抽签的方式决定经过哪些地点，以及先后顺序。例如在旧时的上海，不少商家认为城隍神从自家门前经过或停留，会给自己带来财运和福祉，于是会捐资争取出巡的队伍路经或停留自家门口。在乡间，城隍神出巡的路线要覆盖其司管

区域的主要街道，以避免矛盾。过去城隍神出巡是由数人抬行，而今发展为放在带轮的车上推行，甚至是放在小型卡车或拖拉机上出巡。

明·胡守安《任满谒城隍》：一官来此几经春，不愧苍天不负民。神道有灵应识我，去时还似到时贫。

▲**广州城隍神出巡**｜据史料记载，唐代时广州已有城隍祭祀，如今每年正月十五元宵节，广州都举办广府庙会。城隍神甚至还会“出国”，曾受新加坡、泰国曼谷、马来西亚柔佛等地邀请，在当地巡游。

◀**城隍神出巡**｜出自18世纪日本中川忠英编著的《清俗纪闻》。这本书记述了清乾隆时期（1736—1796年）中国福建、浙江、江苏一带的民间风俗、传统习惯等。本图为当时中国南方地区城隍神出巡的盛大场景。

相关知识 ｜ 十月告朔

十月朔（农历十月初一）是中国人一年三次祭拜先人的日子之一，另外两次是清明和中元。十月告朔，是指这天给先人送寒衣的活动。最初人们要到家庙中祭祀祖先。到了唐宋以后，蜕变为清扫祖茔。因为城隍神司管阴间事务，所以这天也是城隍神出巡的日子。十月的天气转凉了，扫墓归来后，家家架起炭盆，人们围火聚餐。久而久之，又形成新的风俗，人们称之为“暖炉”“暖炉会”等。

十字街

▼**唐长安城** | 皇城以南朱雀大街两侧四列九行的 36 坊每坊内开有一字横街，其余 74 坊每坊内开十字街。

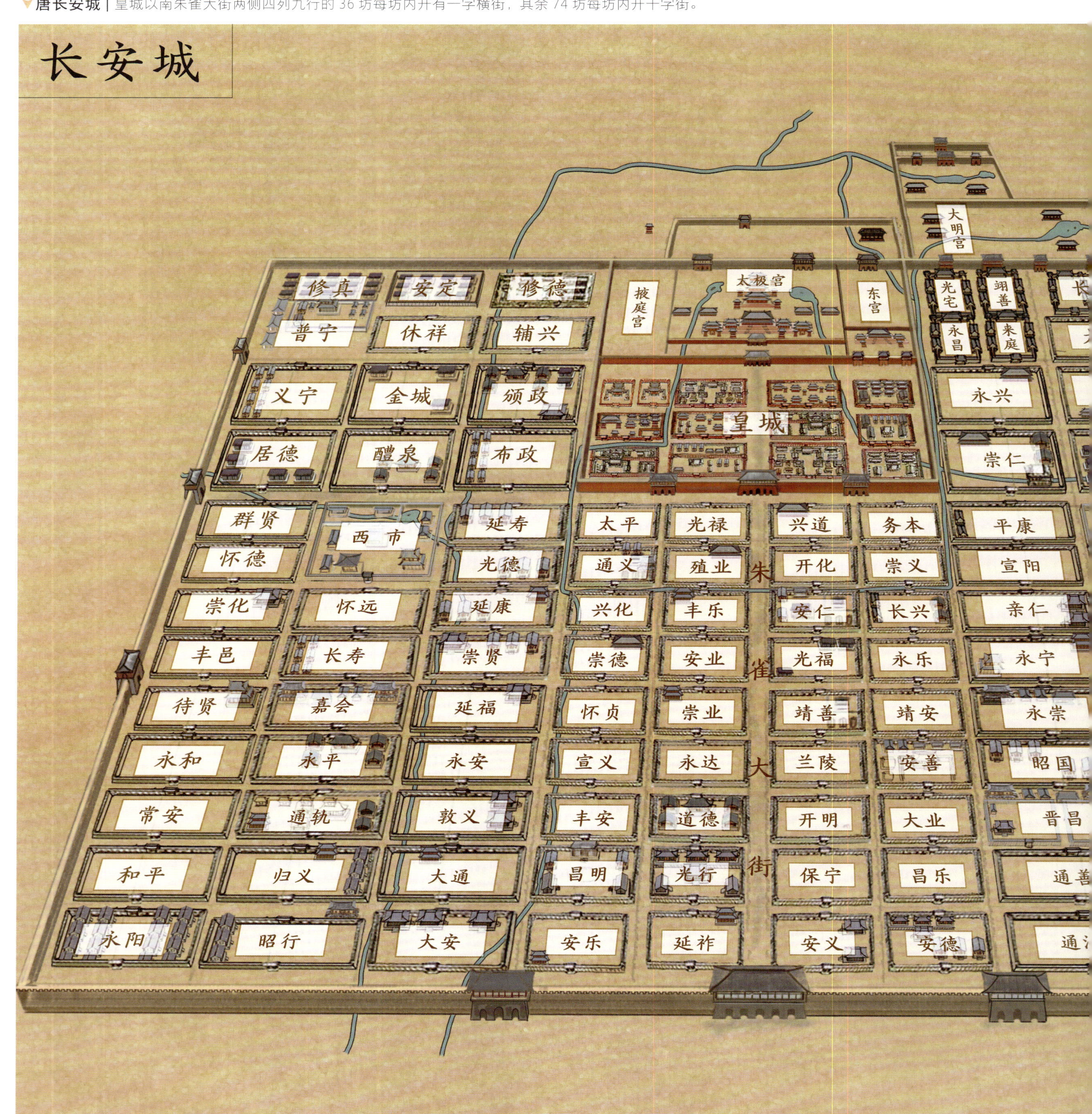

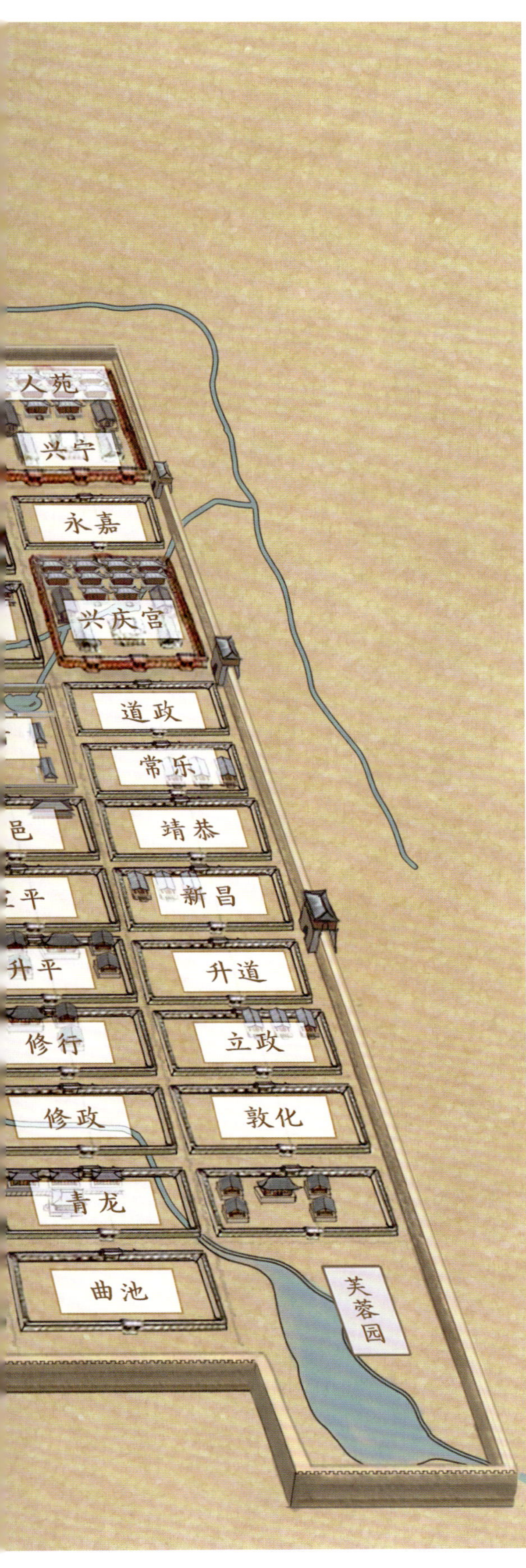

城市中的街道分布有各种空间形式，如棋盘式、中心放射式等。在中国古代形成的大小城市中，多以一组重要的“十字街”作为城市空间的坐标系。十字街，由两条十字交叉的道路组成。在平原地区，由于建筑采光的需要，这两条道路多数是东西向和南北向的。如果一个城市有城墙，那么其重要的十字街通常也连接着城门。在大城市，十字街的交叉路口常建有一些重要的景观，如钟楼、鼓楼和经幢等。十字街交叉口交通便利，因此商业繁华。随着城市面积的扩展，原来最重要的十字街交叉口可能不再位于城市中心，但是它依然是城市历史的最好见证。

大小十字街

从汉字“里”的结构中可以看到中国古代居住区里有十字街。《说文解字》对“里”的解释是：“居也。从田从土。”最初“里”指农村聚落，后来也指城市里的居住区。在城市里，“里”的上半部分“田”可以被看作方形围墙的内部被“十字街”划分为四块。

一个城市如果有多个十字街，往往有一个十字街的地位最重要，我们称之为大十字街，如著名的洛阳十字街、桂林十字街、襄阳十字街等。这些大十字街的交叉路口曾经是城市中商业最繁华的地带。

除了城市中的大十字街外，城市内部还有小的十字街。中华人民共和国成立后，考古工作者对长安古城的里坊多次进行勘察，先在永宁坊发现十字街，但是保存不好，后在怀德坊中央发现保存较好的十字街，在新昌坊也发现十字街的残存遗迹。由于怀德坊和新昌坊的十字街宽度都是 15 米左右，所以学界一般公认十字街宽度为 15 米。而宽度在 6 米左右的十字街被定义为十字巷，或小十字街。长安城中不是所有的坊中都有十字街，例如紧靠朱雀大街两侧的东西各两列坊，每坊只有一条东西向的横街，在长兴坊的考古证实了这点。

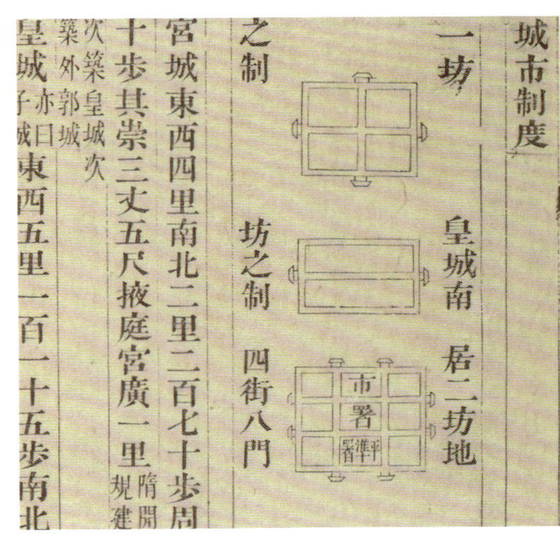
城市制度
一坊之制
皇城南居二坊地坊之制
四街八門
市署
平準署
宮城東西四里南北二里二百七十步周
十步其崇三丈五尺掖庭宮廣一里隋開皇規建
次築皇城次築外郭城
皇城亦曰子城東西五里一百一十五步南北

▲唐长安城的十字街记录｜出自北宋史地学家宋敏求编撰的《长安志》，书中专门介绍了长安城的街道、里坊。

十字街与城市空间

十字街是城市空间重要的定位参照系。城市空间意象由节点、线、面等元素组成。这些是人们头脑中城市地图的基本元素。十字街既包括线要素，也包括点要素，因此会被多数人用来建构大脑中的城市意象。

城市空间定位参考

城市中的大十字街往往是定位主要城市建筑或景观的坐标。例如，清道光年间（1821—1850 年）的《广东通志》记载，嘉应州兴宁县城的城隍庙位于县衙门所在的十字街。清康熙年间（1662—1722 年）的《肇庆府志》记载，关帝庙就在城外十字街。清康熙年间的《顺义县志》记载，顺义县城十字街交叉口有一经幢。清雍正年间（1723—1735 年）的《广西通志》记载，火神庙在城北十字街。唐代流传下来一部名为《北里志》的小说集，该书描写了长安城平康里中歌妓的生活。这个里坊中的歌妓分为不同级别，级别较高的歌妓居住在十字街边，下等的则居住在坊墙旁边。

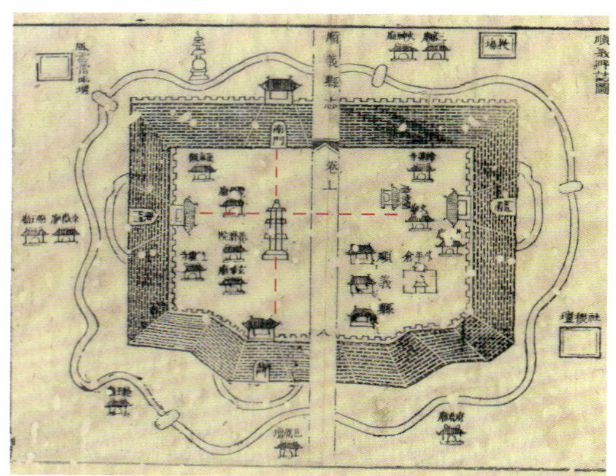

▲**顺义县城图** | 出自清康熙五十九年（1720年）《顺义县志》（中国国家图书馆藏品）。顺义县城城池中的十字街通东西南北四门，十字街交叉口有一经幢。

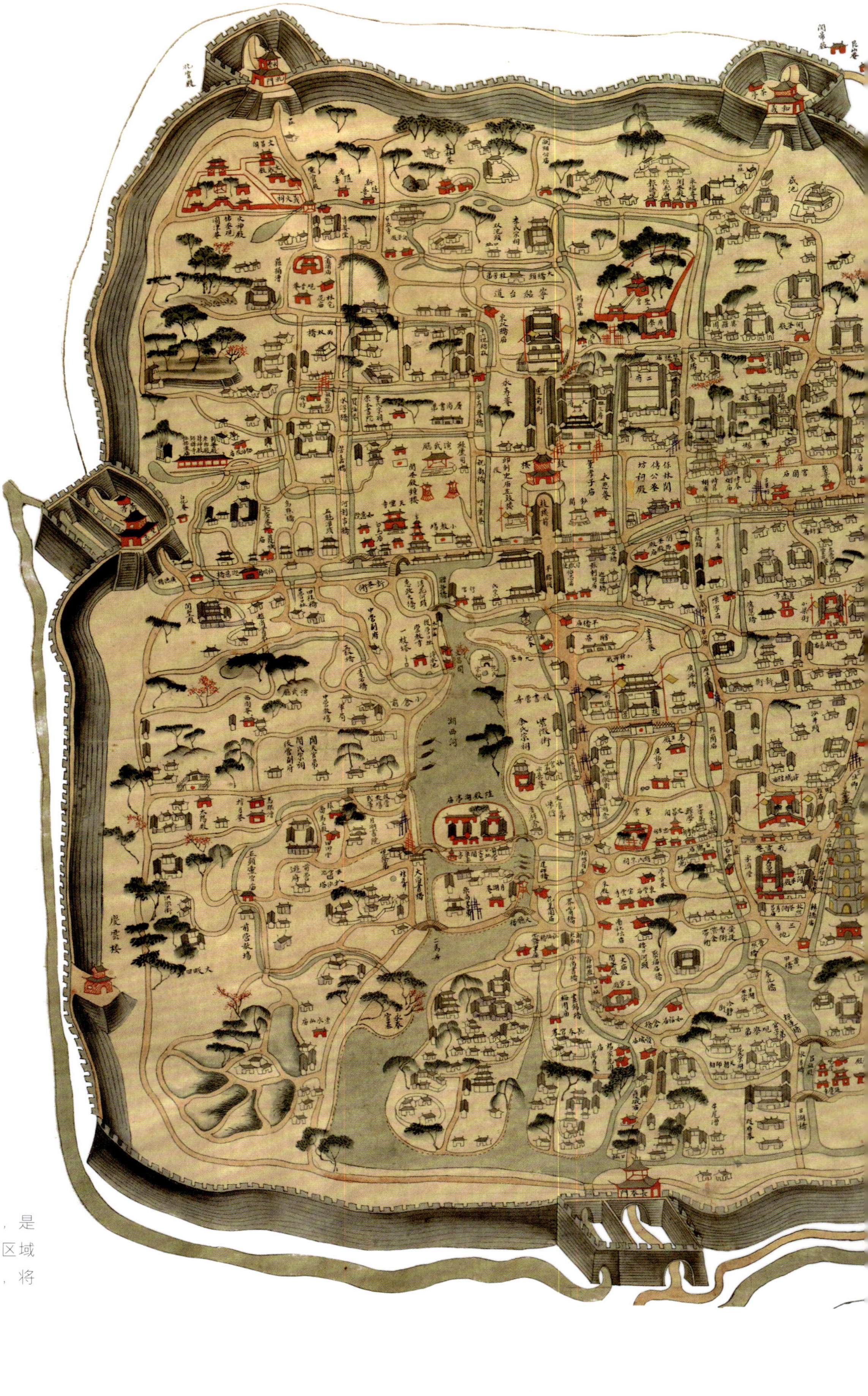

►**《宁郡地舆图》** | 绘于清道光二十六年（1846年），是迄今发现的最早且最为详尽的宁波城厢地图。它将城厢区域内的水陆交通要道都做了交代，以鼓楼为中心设十字街，将全城划分为4个"厢"，每个厢里有一些坊。

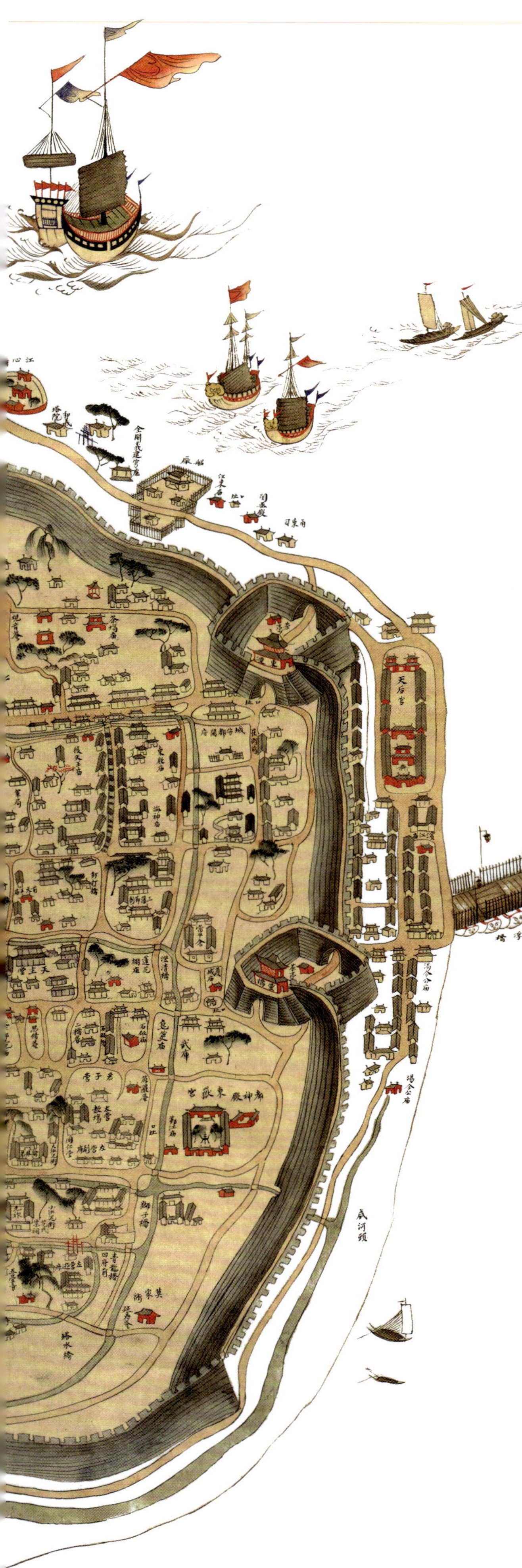

城市重要的区位点

在中国许多城市和乡村中，聚落中轴线上往往分布着官署等重要建筑群，因此聚落南北向的主要街道可能位于主要建筑群轴线的东或西的一侧，或位于主要建筑群轴线向南的延长线上，例如清代宁波城的十字街就位于府署建筑群轴线南侧。东西向大街连接老城的东西门，即东渡门、望京门。十字街口附近有风格独特的鼓楼。鼓楼与十字街格局留存至今，如今四个方向的道路分别是解放北路、解放南路、中山东路和中山西路。

另类的十字街

前面提到大十字街是城市两条重要交通线的交叉，在交叉点周边的区位，既利于商人开店，也利于行政机构坐落。

而有些江南城镇以河浜为交通要道，因此在主要河浜和主要道路的交叉处，形成了另类的十字街，如清代南汇老县城中有一条作为“交通要道”的河港穿城而过，与南北向的主要道路（即图中县署正对的南北向街道）交叉。两条交通线交叉的地方也被称为十字街，因为沿着东西向的河港也发展了道路。南汇县老城位于今天上海市浦东新区惠南镇，十字街交叉口一直是商业中心，四个方向对应的道路名称，一直沿用着北门大街、南门大街、东门大街和西门大街。

▼**南汇县城图**｜出自清光绪五年（1879年）《南汇县志》（中国国家图书馆藏品）。南北向的道路与东西向的河港形成另类的十字街。

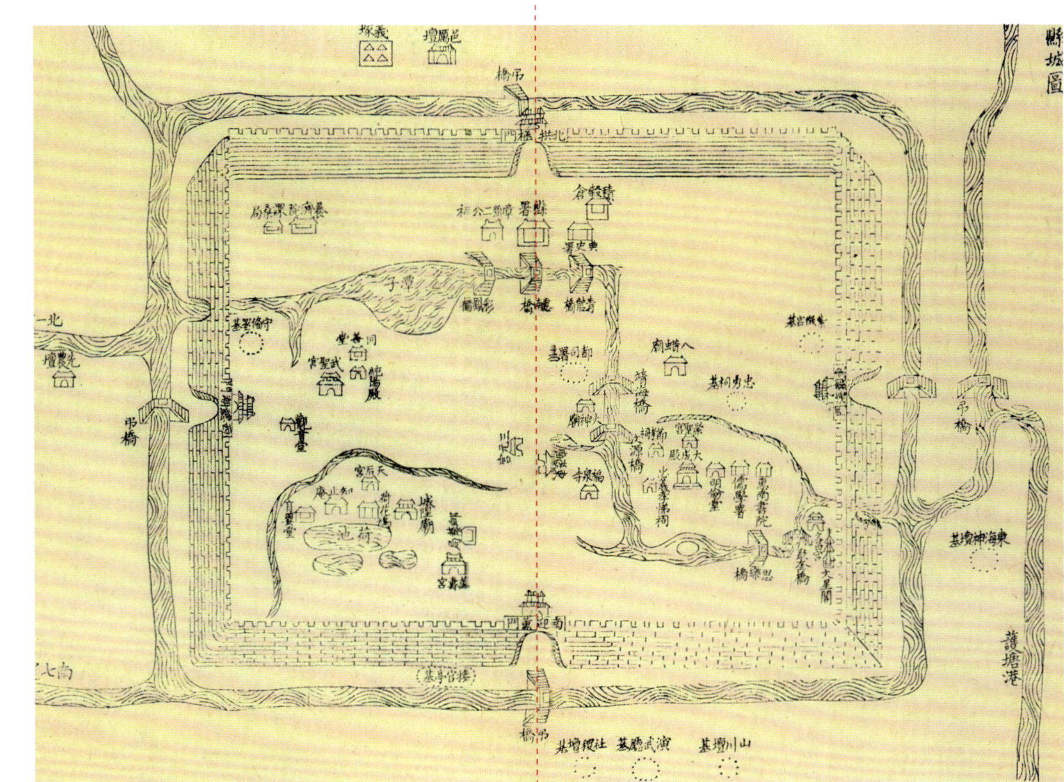

十字街的文化传承

十字街在当今中国城乡规划中依然有传承。具体的表现有两点：第一，继续以十字街作为城市格局的基本坐标；第二，以十字街交叉点作为展示城市形象的窗口。

城市空间意象传承

相对稳定的城市空间意象，有利于人们形成连续的城市记忆，因此许多历史悠久的城市不会轻易改变城市空间意象元素的原始特征。例如，曾为中国七大古都之一的西安，其城市道路体现了中国城市道路格局的特点。在这座城市的发展中，它始终传承着以十字街为核心坐标的空间传统。从 20 世纪 50 年代至今，西安一直以古代留传下来的十字街作为中心城区规划的基本坐标，南北向的北大街和南大街成为城市的中轴线。

▼**金元至今洛阳城（古城）街巷格局图**｜对于有些城市而言，尽管十字街口已经不是城市的几何中心，但是在人们心中依然具有中心的位置。以洛阳为例，虽然城市范围早就突破了古城墙的范围，但是十字街在人们心目中依然具有中心地位，人们将之作为历史记忆中的城市中心。

金元洛阳城略图

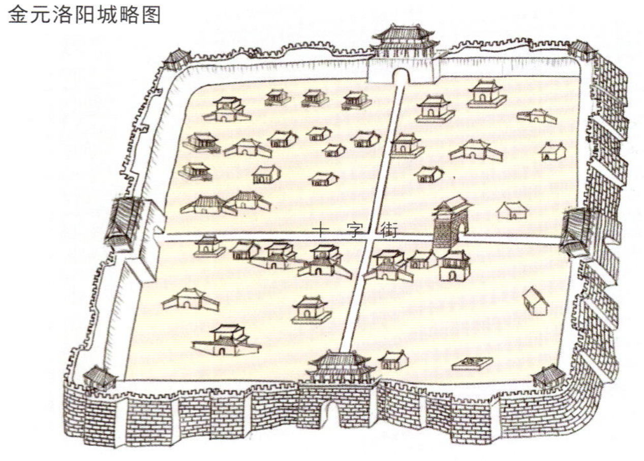

清代洛阳城略图

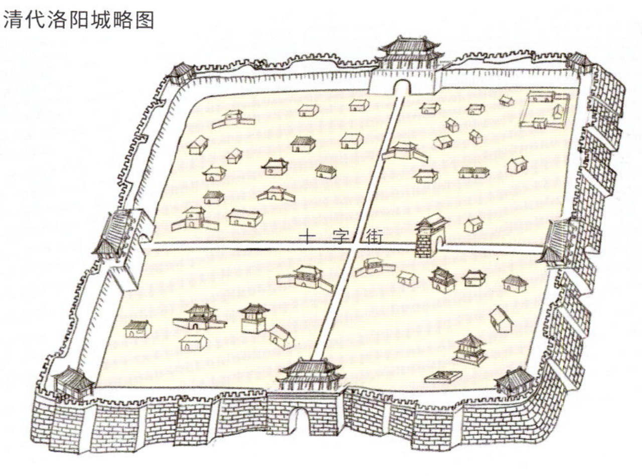

民国洛阳街巷图

唐·张祜《苏小小歌三首·其一》：车轮不可遮，马足不可绊。长怨十字街，使郎心四散。新人千里去，故人千里来。

元·郭翼《行路难七首·其三》：门前十字街，车轮马脚不可遮。驰名逐势死不畏，赤手生拔鲸鱼牙。

◀ 西安钟楼与十字街

城市中心象征意义传承

一座城市的十字街交叉口，人流量大，因此是树立城市标志性建筑或景观的最佳地点。以西安钟楼为例，明王朝定都今南京后，有过一次迁都西安的动议。明太祖朱元璋专门派太子朱标赴西安勘察，选择宫室基址。可惜太子朱标英年早逝，迁都之事流产。但早在朱标去世之前，即明洪武十七年（1384 年），西安的钟楼已按照皇家建筑级别建成，位于今西大街与广济街相交路口。这里位于唐长安城的中轴线上，也是五代、宋、元时长安城的中心。198 年后，由于城市东扩，城市中心东移，城门改建，修了新的东、南、西、北四条大街。明万历十年（1582 年），钟楼整体迁移于今天的地址，以体现新的十字街的城市中心的象征意义。

▼ **西安钟楼** | 初建时与鼓楼相对，如今位于西安市中心，明城墙内东、南、西、北四条大街的交会处。

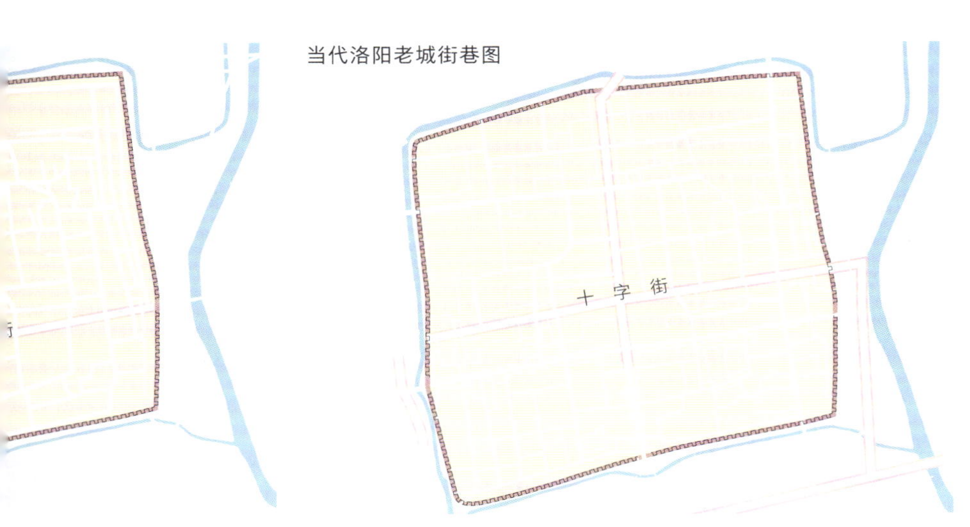

当代洛阳老城街巷图

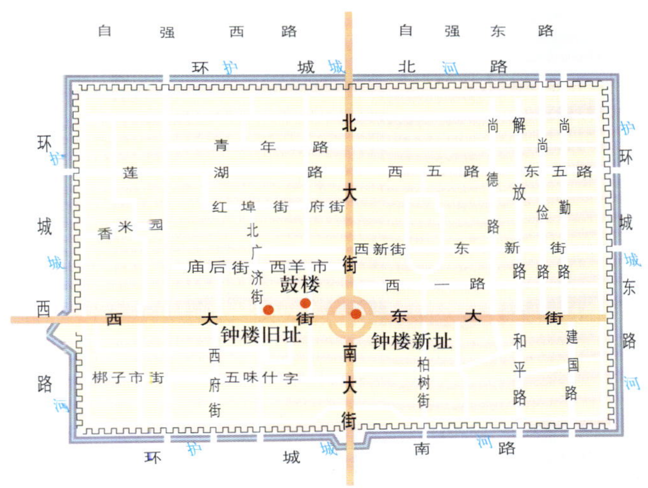

乡村

中国古代是农业大国，乡村是传统文化最为普遍的载体。有一种乡村传统文化来自社会精英，他们熟读经史子集，并将其中的道理运用在乡村选址和布局上，如“负阴抱阳”；此外精英们对自然的、淳朴的生活的向往，形成如“桃花源”这样的乡村景观意向；还有一种乡村传统文化更为珍贵，它们来自劳动人民在生活实践中创造的地方性乡村空间格局，如“水稻梯田”。

负阴抱阳 | 桃花源 | 水稻梯田

负阴抱阳

▼《临王维辋川图》（局部）| 五代宋初文人画家郭忠恕绘。此组建筑背山面水，满足负阴抱阳的空间格局。

“负阴抱阳”最早见于春秋时期道家创始人老子的著作《道德经》，该书体现了中国道家朴素的辩证思想。“阴阳”表达了事物是矛盾对立的两面。老子使用“万物负阴而抱阳”来表达矛盾的普遍性。老子的思想是道家哲学的核心，即阴阳相辅相成，对立统一，阴阳交互，产生中和之气。这种哲学思想也体现在中国人的空间决策上。古人以“负阴抱阳，背山面水”为原则，选择宅、村、城镇的基址，以满足防洪、用水、交通、御敌等方面的需求。

负阴抱阳的由来

《道德经》记载：“道生一，一生二，二生三，三生万物。万物负阴而抱阳，冲气以为和。”“冲气”，即中和之气。老子认为世界的本源是“道”，‘道”包含着自然事物发展变化的规律，“道”生万物，由简单到复杂，由少到多。万物皆含阴阳，二者对立，相克相生，从而达到新的统一。《周易口义》中写道：“天气下降，地气上升，二气相交而能生成万物。”古人认为天为阳，地为阴，天在上，地在下。当天气下降，地气上升，“阴”“阳”二气交汇时，万物才得以生发。“负阴抱阳”反映了老子对天下万物形式的理解，暗示了事物是对立统一的，矛盾是普遍存在的，表达了道家朴素的辩证思想。负阴抱阳用在民居建筑上，就是背阴朝阳，符合人们生理上的需要。

▲阴阳图｜在中国传统世界观中，阴与阳是万物的属性。自然界有些事物属性为阳，有些属性为阴，阴阳之物各有对应。如：天为阳，地为阴；日为阳，月为阴等。道家认为阴阳对立而统一。

《辋川图》

唐代著名诗人兼画家王维曾隐居于辋川山谷（在今陕西省蓝田县）。他巧妙利用自然山水，精心设计建造了一座可耕、可樵、可牧、可渔的天然园林，取名辋川别业。王维还命名了其中 20 处有意境的景观，分别为：孟城坳、华子岗、文杏馆、斤竹岭、木兰柴、茱萸沜、宫槐陌、鹿柴、北垞、欹湖、临湖亭、柳浪、栾家濑、金屑泉、南垞、白石滩、竹里馆、辛夷坞、漆园、椒园，并画《辋川图》。该园和原图现已无存，人们只能从流传下来的《辋川图》摹本，想象该园的景色。

有些学者认为，《辋川图》的景点并不在辋川别业，因此《辋川图》也不体现这个园林的特点。但《辋川图》符合乡村意象，该图包含的多组建筑具有一个明显的特征——负阴抱阳。从今天的遥感影像图中可以看到，辋川地处秦岭南坡山麓的边缘，辋峪河从山上流下。在辋川镇的一段呈东西流向，河流切断了一组东北—西南向的低矮岭谷，使得沿岸有若干低平的地方，且彼此分离。《辋川图》展现的是河流北岸房舍的分布，因此这些建筑体现了负阴抱阳的格局。如今，辋川镇也主要分布在河流北岸。

▲ 辋川镇遥感影像图

▲郭忠恕《临王维辋川图》

负阴抱阳的地理道理

负阴抱阳背后有地理学的解释。地理学是一门阐释人与自然关系的学科，而人地协调是中国古代流传下来的地理学思想，中国古代的地理观念和部分地理知识都蕴含在堪舆学中。《管子 · 乘马》中记载：“凡立国都，非于大山之下，必于广川之上；高毋近旱，而水用足；下毋近水，而沟防省。”

北靠山的地理道理

负阴的形式主要是指背北或靠山。房屋背北面南，门窗开在房屋南北。夏日阳盛，由北窗进来的凉风能抵消暑气。为了避免阳气过盛，在夏日和低纬度地带，人们还可以通过植物遮阴、房檐加宽、大窗通风等方式减弱阳气。山通常也是一个地区水的主要来源地，山区接受的降水，一部分以河流的形式流出山外，一部分下渗为地下水。在山前河流出山和地下水丰富的地方，人们容易获得水源，这些地方适合人们定居和从事生产。此外，山区还有丰富的自然资源。

南面水的地理道理

抱阳的形式主要是指朝阳或面水。人类的生物本性是“喜光”。中国位于北半球中低纬度地带，白天阳光的来向是南方，为了获得阳光，人们就将建筑朝向南方，这样可以接受阳光带来的“阳气”。人类的生命离不开淡水，人类的许多生产活动也离不开淡水，中国绝大部分地区位于季风气候区内，雨季和旱季降水量差异很大，因此一个人口较多的聚落，必然要靠近水量常年充足的河流、湖泊等淡水体。同时，这些水体还可以为人类提供水产，也是人类交通的通道。在河流两岸，通常会有河流长期摆动形成的河流冲积平原，为开展农业活动创造了条件。然而，靠近水体也有洪涝隐患，因此抱阳不是简单靠近水体，而是必须与负阴结合。人们在水边地势相对高的山麓地带定居，就可以免受洪涝之害。

堪舆中的负阴抱阳

堪舆是指住宅基地或坟地的地理形势。中国古人将关于选址的一套学问称为堪舆学。东汉经学家、文字学家许慎解释道：“堪，天道；舆，地道也。”堪舆即研究“天地之道”的学问，落实到人们的实践中，就是探索人的活动与自然规律相协调的关系。负阴抱阳就是堪舆中的一种人地协调的方式，背山面水、背北朝南，是中国古代城镇、村落、民居等选址的指南。

榴村陆家 | 位于广东省佛山市荷城街道，始建于明永乐年间（1403—1424 年），较完整地保存着许多明清时期的古建筑，是座古朴清雅的古村落。榴村陆家坐北向南，背靠飞鹅山，西安河环村而过，正可谓“背山面水，玉带环腰”。

相关知识 | 负阴抱阳的最佳宅址选择

住宅建筑是人们生活最基本的空间场所，营造一个与环境和谐的居住环境是中国古人长期探索的目标。负阴抱阳的原则暗含了住宅与光、风、水、土、木等自然元素之间的逻辑关系。

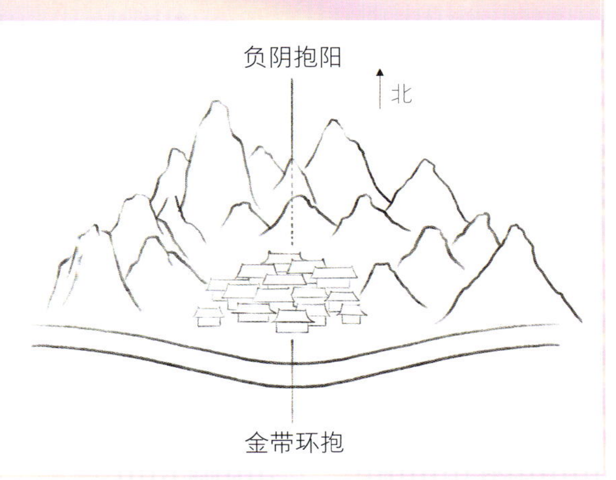

宅址选择示意图

负阴抱阳案例

负阴抱阳的空间格局既适应了中国自然地理环境的特征，也迎合了中国人面南为尊的文化价值观。这种聚落选址规则在中国古都选址中有明显的体现，如长安、北京等。除此之外，这种选址规则普遍运用到乡村的选址之中，这样的村落在全国各地有很多，尤其是在丘陵和山区。其中一些村落因为选址好，其古建筑至今仍完好保留。

湖南岳阳张谷英村

湖南省岳阳市岳阳县张谷英镇的张谷英村地处幕阜山余脉的丘陵地区，村落为群山环抱，中心有一开阔的盆地。相传，明初风水先生张谷英欲寻找一块风水宝地定居，他来到这里，见一河谷盆地，河流穿盆地而过，盆地出口有一小山，名龙形山。他见这里符合负阴抱阳、藏风聚气的条件，便顿生在此定居的念头。随后他带族人来此繁衍生息。

张谷英村的建筑群傍山而建，按照负阴抱阳的规则，村落建在河的北岸。各家大门大致朝南，院落为多进，头门上方有一太极图。最后一进为堂屋，堂上供奉祖宗牌位，是祭祖议事等重大活动的场所。

安徽黟县屏山村

屏山村同样为负阴抱阳的乡村案例。它位于安徽省黄山市黟县县城东南 4 千米处，因村北有座状如屏风的山而得名，负阴之势由此可见。整座村庄随地形呈东北—西南展布。北靠屏风山，东倚吉阳山，村西侧有一座名为黄泥尖的山丘，南面为坡度和缓的丘陵。发源于吉阳山的吉阳溪穿村而过，村庄自然山水格局与中国古人选址的理想风水格局一致。在这样的环境中，人们又修建小桥连接溪流两岸，筑坝挖渠以利用溪水灌溉农田，形成“小桥、流水、人家”的江南村落图景。

山西灵石夏门村

夏门村位于山西省晋中市灵石县城南 10 千米处。夏门村处在太岳山的韩侯岭和吕梁山的秦王岭之间，汾河在这里蜿蜒而过，村落呈背山面水、负阴抱阳之势，且地势险要，安全性较高。村落坐落在龙头岗上，内部民居高低错落有致，以保证采光，山岗还能起到阻隔冬季西北风的作用。汾河绕村东而过，在村庄南部冲刷出一块河滩地供人们耕种。

夏门村历史显耀，据传上古时期夏禹在此开辟山口，引汾河水入黄河，解决了

张谷英村遥感影像图 | 张谷英村光照、地形、水源等自然条件相对好，是形成藏风聚气的理想环境。村落古建筑群顺应龙形山的走势，沿渭溪河谷而建。

水患，人们为纪念夏禹治水的功绩而取名“夏门”。明万历年间（1573—1620 年），夏门梁氏始祖梁福山迁居于此，经商发家，而后大力支持家乡教育发展，奠定了古村的文化底蕴，并留下了诸多历史建筑。

浙江诸暨斯宅村

斯宅村位于浙江省绍兴市诸暨市东南部的丘陵地区，东部连接嵊州市，东南毗邻东阳市。斯宅村与这里的许多村落一样，坐落在山谷北坡的河流阶地之上，上林溪自东向西蜿蜒穿过村庄，这样的村址符合负阴抱阳的特点。由于选址好，所以村中保留下多座传统民居，它们没有受到山洪的破坏。有些传统民居有 200 多年的历史，例如发祥居建于清嘉庆七年（1802 年）。

村舍背靠葱翠的山林，面向潺潺的河水，小桥连接河的对岸，对岸的河流阶地上是一片片的农田。聚落在北，田地在南，体现出聚落房屋的采光优先于农作物采光的原则。

斯宅村地形

斯宅村遥感影像图｜图中画圈的两处村舍建筑群是斯宅村集中分布区，这两处都有负阴抱阳之势。

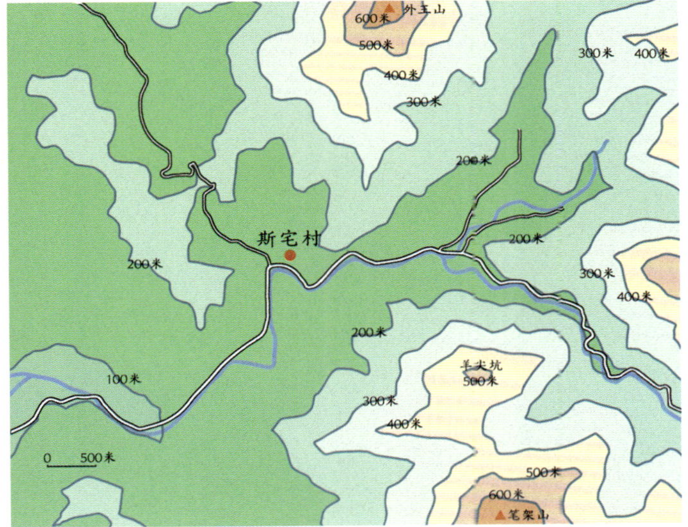

斯宅村地形图及其所处山谷剖面图｜从斯宅村地形图及其所处山谷剖面图中可以看到，斯宅村南北分别有一座山峰，两山的海拔最高都在 600 米以上，村庄的海拔高度为 100 米以上。这样两座山峰与村庄的相对高度约为 500 米，河谷的宽度约为 500 米。村庄位于山谷北坡，有利于房屋的采光，尤其是冬季的采光。

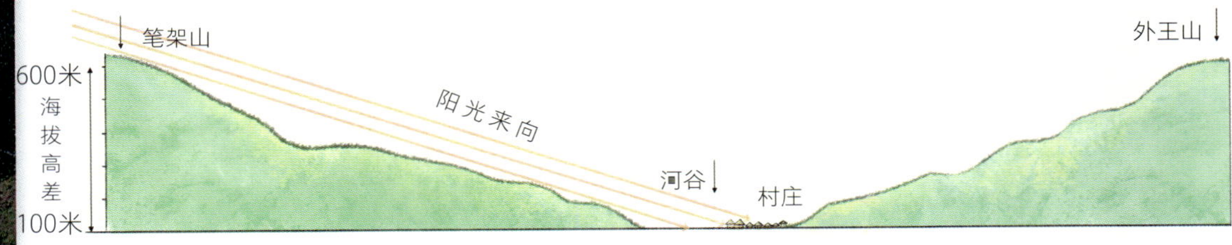

桃花源

▼ **桃花源图（局部）** | 清代画家黄慎绘，安徽博物院藏。图中有陶渊明笔下描述的窄小入口、桃林、农田……人们在一片远离喧嚣的宁静之地安居乐业。

东晋诗人陶渊明所写的《桃花源记》，为后人展现了一幅世外桃源的景象，那里没有压迫，没有战乱，人们自给自足。《桃花源记》描写的景观意境，成为中国人美好生活和隐逸文化的符号；文中描写的景观环境，成为景观设计者的追求目标；文中描写的景观空间特征，演变为景观线路设计的手法。如今，中国许多冠以桃花源美称的景区，多采用溪流引入——山有小口——豁然开朗的景观设计手法。这种先缩后展的空间对比，营造出两重世界的转折变化。桃花源的景观设计手法也被更多的地方应用。

桃花源的含义

桃花源，也被称为桃源或世外桃源。它来源于东晋末至南朝宋初诗人、辞赋家陶渊明的作品《桃花源记》。陶渊明29岁时开始为官，经历过多次解官又出仕，最后一次出仕是任彭泽县令。他在庶妹去世后辞职还乡，开始了归隐田园的生活。《桃花源记》是陶渊明所畅想的理想田园生活，这是一块与世隔绝之地，文中描绘了一个环境优美、生活安逸、男耕女织的小农社会。

桃花源有两层意思：表层意思是指与现实社会隔绝的美好地方，深层意思则是借指人们因对现实社会不满而想象的美好世界。后来“桃花源”还被人们转喻为一种不切实际的空想。中国隐逸文化由来已久。先官后隐者称为“隐士”，如陶渊明。鉴于桃花源的双重含义，它既是美好生活的符号，也是隐逸文化的符号。

▲陶渊明 | 被称为“古今隐逸诗人之宗”。

桃花源的空间特征

《桃花源记》中描绘了桃花源的自然地理特征，“林尽水源，便得一山”，这符合中国人村落选址的要求——山水相依。由于村落位于山间盆地，与外界相对隔绝，所以免于战乱和苛政之苦。虽然《桃花源记》里提到了地名武陵，但是人们根据原著里描写的空间特征，在其他地方也找到了符合这些特征的地方，并将之命名为“桃花源”。

远离尘嚣

桃花源的空间特征之一是远离城市。《桃花源记》中写道：“自云先世避秦时乱，率妻子邑人来此绝境，不复出焉，遂与外人间隔。”此句道出了村民的来历，他们的祖先为了躲避秦时的战乱，来到了这个与世隔绝、远离尘嚣的地方。因此桃花源一般定位于较为偏远的地区，后世人们陆续找到的桃花源大多远离大城市，甚至分布在两省之间的边缘地带，以创造与世隔绝、别有洞天之感。

先抑后扬

桃花源的空间特征之二是空间上先抑后扬。《桃花源记》写道：“林尽水源，便得一山，山有小口，仿佛若有光。”此句描述了当地的环境为溪流引入——山有小口——豁然开朗。这种视野先缩后展，空间先窄后阔的对比，营造出两重空间的转折，进而影响人们的心理状态，由压抑转向舒展。

相关知识 | 三大桃花源景区

桃花源一词是人们心中理想世界的象征，如同乌托邦、伊甸园、香格里拉一样。如今人们常用“桃花源”或“世外桃源”来称赞那些受现代化影响较小、小农社会风貌犹存的乡村地区。国内各地不乏以“桃花源”命名的景区，它们根据陶渊明的诗文塑造了想象中的桃花源景象。

江西庐山桃花源位于江西省庐山市西南部的康王谷中，相传是楚康王避难隐居之地。康王谷谷口处有溪流蜿蜒，谷中西侧山岭绵亘，与《桃花源记》中的描写极为相似。

湖南常德桃花源位于湖南省常德市桃源县西北部。汉至唐代时此地属武陵郡，晋代时建有名为“桃花观”的道观，因此被认为是陶渊明笔下的桃花源原型。

重庆酉阳桃花源位于重庆市东南部酉阳土家族苗族自治县武陵山腹地，有人认为这里的自然风貌最能体现陶渊明《桃花源记》中的意境。

唐·李白《桃源》：昔日狂秦事可嗟，直驱鸡犬入桃花。至今不出烟溪口，万古潺湲二水斜。

▼重庆酉阳桃花源

重庆酉阳桃花源

▲**重庆酉阳桃花源遥感影像图** | 重庆酉阳桃花源位于重庆市的东南部，所在的酉阳土家族苗族自治县素有"渝东南门户、湘黔咽喉"之称。

▲**重庆酉阳桃花源大酉洞** | 大酉洞是天然形成的溶洞，洞口是一片茂盛葱郁的桃树林，桃花溪从洞中潺潺流出。当人们逆桃花溪入洞时，只见洞内钟乳倒挂，千姿百态，亦有石壁石刻。从狭窄的洞中穿过后，视野豁然开朗，清代《酉阳州志》称这里"与陶渊明桃花源者，毫厘不爽"。

▼**林芝桃花沟**｜林芝市号称西藏江南，每年 3 月中旬至 4 月初，林芝各地漫山遍野都开满了桃花。其中波密县波堆藏布江流经的倾多镇—玉许乡的桃花沟绵延 30 千米，号称中国最长的桃花沟，被誉为“世外桃源”。这里符合桃花源的第一个空间特征——远离尘嚣。

桃花源景观要义的文化传承

桃花源作为隐逸文化的符号，流传了1500多年，深深影响着中国人。桃花源的符号意义，成为园林建设、景区打造的一种追求；桃花源的空间特征，成为许多园林和景区设计的手法。意象符号与自然要素的结合，为人们提供了濡养内心的环境，虽然这不是一种根本的解决社会问题的办法，无法让人彻底逃离现实社会的苦恼，但是可以让人在一定程度上缓解心理压力。

都市园林营造

中国许多园林采用了先抑后扬的设计手法，例如苏州的留园。其入口空间狭长曲折，给人以收缩之感，通过弯曲长廊才能到达庭院空间，廊道的狭小与庭院空间的宽阔形成强烈对比，使人豁然开朗。虽然这座园林位于繁华的姑苏城中，但是步入园林后，人们就感到进入了另一个世界。

风景区开发

许多新开发的桃花源景区建在远离城市的山区。景区入口选在由自然山势形成的狭窄谷口，这样就会造成先抑后扬的视觉心理效应。例如湖南常德桃花源，游人自桃花源古镇码头泛舟沿秦溪而行，两岸桃树成林，可来到桃花洞。桃花洞是一条穿过山体的通道，这便是《桃花源记》中的“山有小口”。经过这个通道，进入秦谷，这里视野开阔，有农舍、阡陌……让人恍如回到了2000多年前的秦代，从而获得怀古的心理满足。

心理学中有一种现象被称为“阿伦森效应”，指人们对人采用先否定后肯定的方法能给人最大的好感。其实人们空间感知的先抑后扬也会放大对开敞空间的正面认同。在中国偏远山区有许多地方具有这样的地形特征，如一些被称为“布袋村”“口袋村”“布袋坑”的地方。这些地方的地形特征与人们头脑中《桃花源记》的意象高度重合，具备了开发为桃花源景区的地理条件。

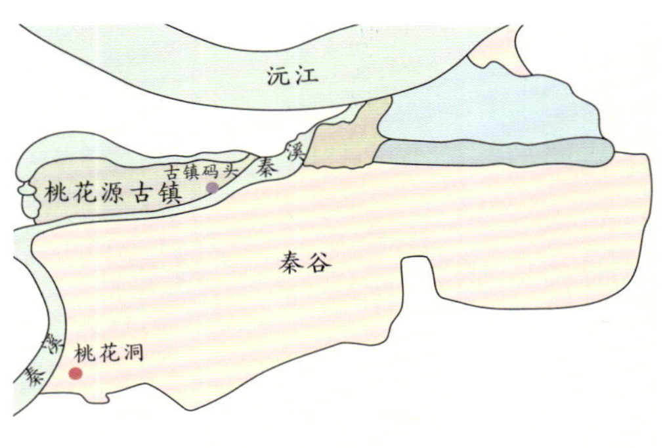

湖南常德桃花源景区示意图

宋·王安石《桃源行》：此来种桃经几春，采花食实枝为薪。儿孙生长与世隔，虽有父子无君臣。渔郎漾舟迷远近，花间相见因相问。世上那知古有秦，山中岂料今为晋。

▼留园入口处长廊

留园入口

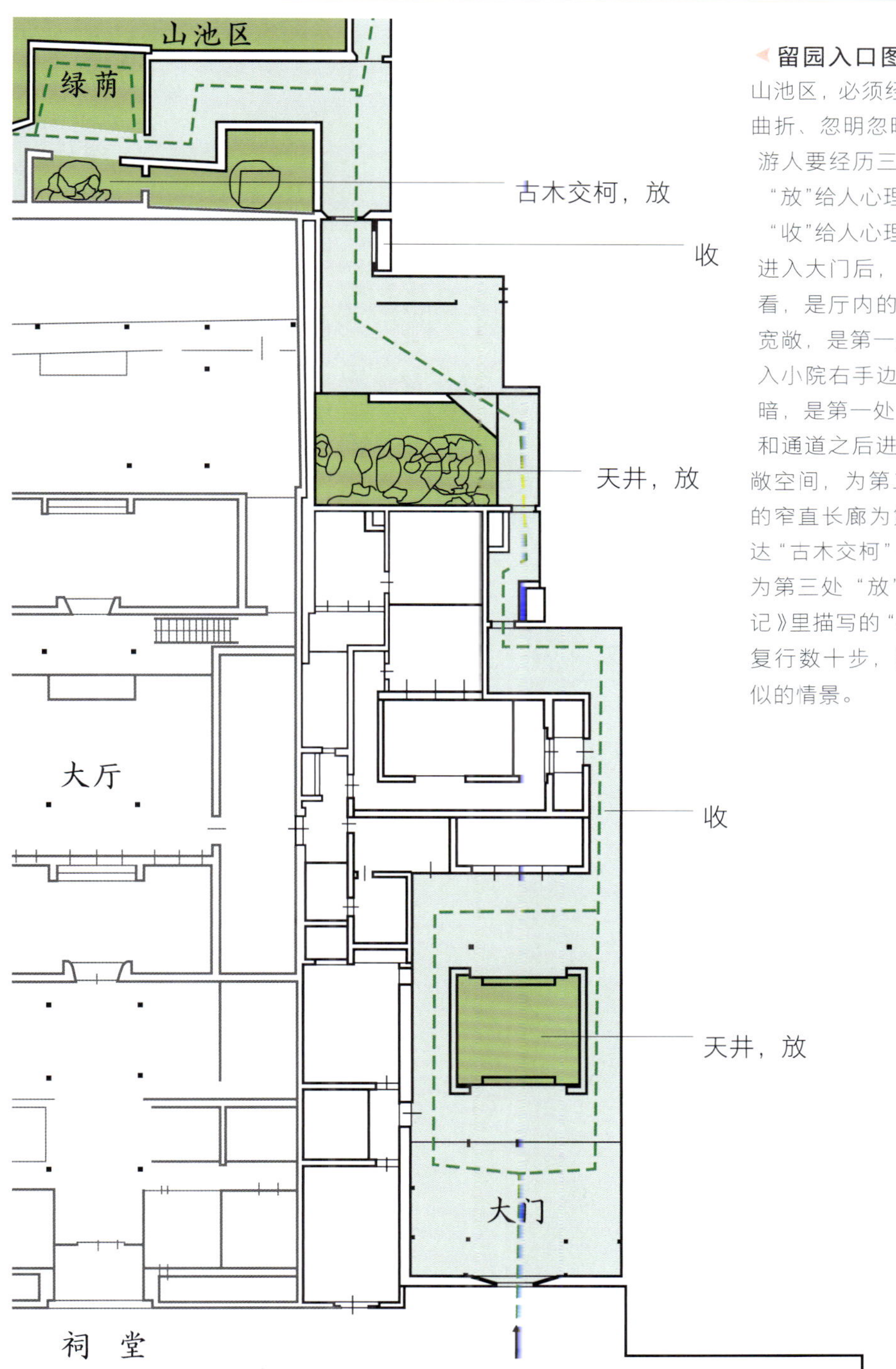

◀**留园入口图**｜从留园入口到山池区，必须经过狭长、封闭、曲折、忽明忽暗的50米走廊。游人要经历三放两收的过程，“放”给人心理感觉是开阔的，“收”给人心理感觉是压抑的。进入大门后，步入前厅，往前看，是厅内的天井，此处较为宽敞，是第一处“放”；随后进入小院右手边的夹道，光线昏暗，是第一处“收”；在小方厅和通道之后进入带有天井的宽敞空间，为第二处“放”；其后的窄直长廊为第二处“收”；到达“古木交柯”景观，空间敞亮，为第三处“放”。这与《桃花源记》里描写的“初极狭，才通人。复行数十步，豁然开朗”是相似的情景。

以桃林为主的乡村景观

还有一类季节性的旅游景观是大片的桃林，有些虽不符合桃花源的两种空间特征，但也被贴上桃花源的标签。《桃花源记》中写道："忽逢桃花林，夹岸数百步，中无杂树，芳草鲜美，落英缤纷。"桃林景观符合了桃花源的意境。如江西庐山桃花源，康王谷中村庄点点，道路阡陌纵横，林木成荫，四时花开如锦，呈现出闲适的田园景色。再如浙江金华桃花源，景区种有数万亩桃林，每逢花期时，房前屋后、田间地头，全是粉色海洋。置身于桃花源中，能使在都市快节奏生活的人们自觉放慢脚步，放松身心，在田园与自然中，内心收获久违的宁静。

▼浙江金华桃花源

水稻梯田

▼ 云南省红河哈尼族彝族自治州元阳梯田 | 唐初哈尼族人就在此定居，后来开始开垦大量梯田，栽培稻谷，因此元阳梯田也是中国农耕文化的活化石。

水稻梯田是一种传统的农业景观，它是人类与自然长期互动的结果。它不仅为人类提供粮食，同时还能稳定区域生态系统，维持当地生物多样性。水稻梯田是传统山地农业传承的场所，是世世代代生活在那里的人们自我认同的标签。亚洲稻作文化地区面积广阔，有许多著名的水稻梯田区，如中国云南省红河哈尼族彝族自治州的红河哈尼梯田，菲律宾吕宋岛北部伊富高省的科迪勒拉水稻梯田，二者均被列入《世界遗产名录》。与其他国家相比，中国南方的水稻梯田有自己的区域特点。

中国水稻梯田的历史

梯田的雏形在汉代已出现。西汉《氾胜之书》中提及，种稻要求田水流动交换，各畦（各个田块）之间必有高差。这说明汉代便产生了修筑梯田的思想，以更好地发展农事。由《晋书》中的“其汉氏旧陂旧堨及山谷私家小陂，皆当修缮以积水”可知，梯田主要修筑在不便耕种的坡地、山谷。

宋代正式出现了“梯田”一词。南宋范成大《骖鸾录》记载：“出庙三十里，至仰山。缘山腹乔松之磴，甚危。岭阪之上，皆禾田层层，而上至顶，名梯田。”可见南宋时期，百姓就已在荒山秃岭之上广修梯田，发展农业。

中国的梯田主要分为南方水稻梯田和北方旱地梯田，这里介绍的是南方水稻梯田。

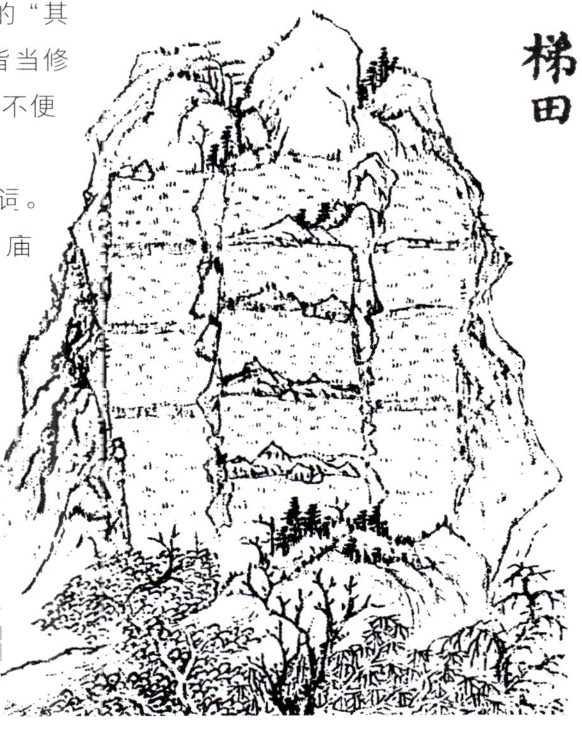

▶《王祯农书》插图 | 元代农学家王祯在此书中对梯田的特征、分类、布设和修筑进行了记述。其基本方法是先依山坡修成阶梯状的田块，再修筑石阶梯包围田土，防止水土流失。

水稻梯田的地理环境

水稻对生长环境——热量（气温）、水量有较高的要求。尽管中国黄河以北（东北至黑龙江，西北至新疆）也种植水稻，但水稻主产区还是在秦岭—淮河一线以南的南方地区。中国北方地区的水稻由于地理条件所限，是单季稻，而南方地区热量充足、水量丰沛，水稻一般一年两熟甚至三熟。中国南方地区多丘陵山地，为增加耕地面积，许多地方修筑有水稻梯田。热量充足、水量丰沛是开垦水稻梯田所必需的自然地理条件。

热量充足

中国南方水稻梯田主要分布在亚热带季风气候区，以西南山区居多，这些地区气温较高，热量充足。中国南方丘陵地区和西南山区零零散散的水稻梯田，不能分布在海拔很高的地方，因为海拔高的地方年均气温相对较低。在海拔低的河谷地带，气候酷热，不利于人们居住，因此谷底虽然靠着河流水源，但是也很少有村落分布，谷底的梯田也不多。而在山腰地带，热量条件既适宜人们居住，也满足水稻等作物的生长需要。

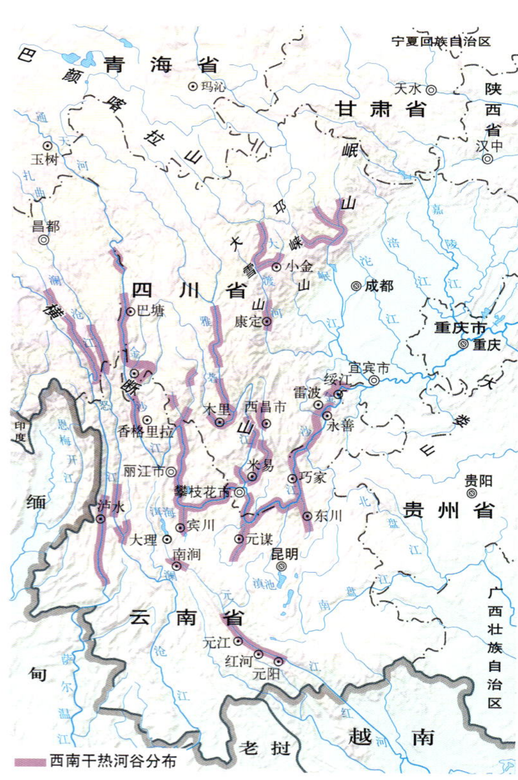

▲西南干热河谷｜在云南省有若干干热河谷，红河河谷就是其中之一。在河谷底部气候干热，不适合耕种，因此梯田位于山腰之上。

水量丰沛

中国南方梯田地区，年降水量虽然丰沛，但是季节分配不均衡，年度变化幅度较大，这样会带来旱涝隐患。因此在山上有山泉出露的地方，水量丰沛，可以修建水稻梯田。

梯田地带水量蒸发强烈，较低地方的水汽随地势升到山顶，大量外来水汽遇到山体阻挡，二者共同形成降雨。但山区水量稳定的溪流、泉水和地下水并不在山顶。在这些稳定的水源所处海拔之上，一般会有大面积的山峰，成为存续降水的容器，

水汽运输
森林
降雨
泉眼
村落
梯田
下渗
溪流
河流

山上的植物促进降水下渗到山体的含水层，然后缓慢释放为泉水和溪流。这些水源是人们发展水稻梯田的基本保证。

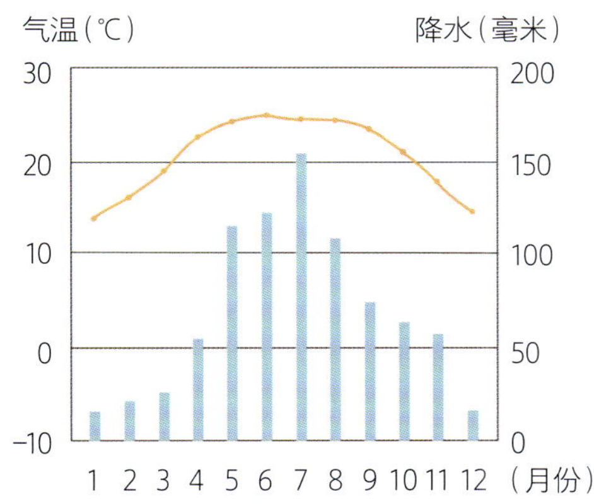

▶红河哈尼族彝族自治州气温曲线与降水柱状图｜该地各月平均气温均在10℃以上，年降水量在800毫米以上，热量充足，降水丰富。

相关知识 ｜ 梯田的作用

在山区坡地种植作物，需要有一定的土层厚度，这样利于作物扎根。但是土层在重力作用下会滑动到更低的地方，雨水的冲刷、耕作等会加剧这个过程。因此人们就将坡地修整为形如阶梯的农田。梯田中土壤表层最好是水平的，这样可以减少土壤和水在重力作用下的流失。为了防止“阶梯”的垮塌，许多地方都采用石砌梯田的形式。

水汽运输

▼森林－村落－梯田－河谷构成的生态系统｜为适应当地山多、水多的自然环境特点，人们因地制宜发展农业，由山顶至山麓呈现森林－村落－梯田－河谷“四素同构”的垂直分布模式。

森林

蒸腾

地表径流

蒸腾

降雨

蒸发

地下径流

水稻梯田体现的人类智慧

中国的水稻梯田充分体现了当地人的智慧。这些智慧中有一种是生产技术，它解决了人地关系中资源利用、生态环境保护的问题；另一种是制度，它解决了当地社会因为资源争夺等带来的冲突。在这两种智慧背后，还混合了宗教和民间信仰的力量，以求战胜自然灾害，保佑村民安宁。

巧妙利用自然资源

第一，开辟水稻梯田。山区原本不利于耕作，但是生活在山区的人民，根据山形、朝向、坡度和海拔等自然条件，将适宜的山坡地区开辟为较为平坦的可耕土地。根据不同地方的自然条件，不同地方的人们修建了不同形式的水稻梯田，从而较好地保持水土，丰富肥料，保证灌溉，利于农业生产。第二，修筑水渠。人们在山坡梯田之间修建弯曲绵延的水渠，以保证每块田地都可以获得灌溉。第三，设定聚落和水稻梯田的开发上界，以保证山上有足够多的森林可以涵养水源。第四，在水稻田养鱼，在田埂种豆，既实现多种经营，也营造局地可持续的农业生态环境。

建立分水制度

中国南方水稻梯田地区会遇到旱灾。在旱灾年份，如何不让大家因为争水而发生冲突，许多梯田地区发展了自己的社会组织和管理制度（含俗约），从而公平地分配有限的水资源，在实现人地和谐的同时，还实现人与人的和谐。

例如云南红河哈尼梯田就有分水制度，各村寨会推选出一位德高望重、值得信任的“沟长”对属于村寨的沟渠进行管理。哈尼族人通过修渠，引林中泉水灌溉

相关知识 | 哈尼族

中国少数民族。主要分布在云南省西南部。使用哈尼语。1957年建立了红河哈尼族彝族自治州。通常男子穿对襟上衣和长裤。女子多穿右襟无领上衣和长裤，胸前挂成串的银饰，戴耳环、耳坠和大手镯。传统节日有十月节、六月节、新米节、端午节、中秋节等。

哈尼族人的一生与梯田密不可分：哈尼族人出生时，家人要举行梯田劳动仪式，此后新生儿才能拥有自己的名字；哈尼族人去世后仍要埋葬在梯田旁边的山坡上，在另一个世界守望着梯田。据记载，哈尼族先民在1300多年前就已在哀牢山地区开垦梯田，种植水稻，经过一代又一代人的辛勤劳作，他们已把聚居地的千山万壑变成了片片田山。

▲哈尼族孩子

梯田。修渠的工程量巨大，需要投入大量的人力、物力，需要家家户户联合起来，甚至是村与村联合起来。为了公平，当地人按照各家出资的多少、投入人力的多少来分配用水量。他们发明了用于分水的刻木，水槽的大小可以调节水流量的多少。

凹槽窄，水量小　　凹槽宽，水量大

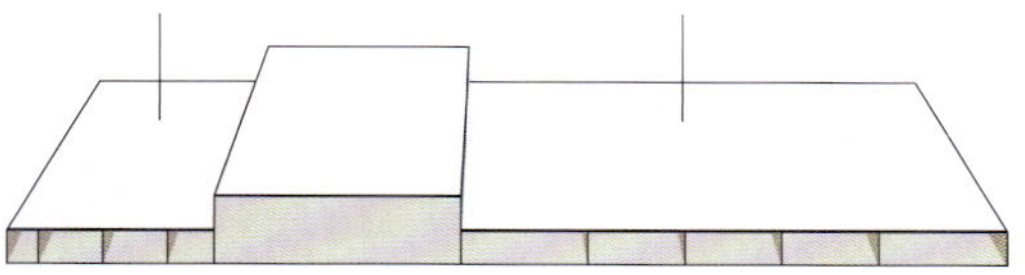

◀ 刻木分水示意图

▶ **刻木分水的原理** | 图中有一条水渠，其中有横放的一条刻木：顺着水流方向，木头左侧刻槽宽，流过的水量也大；木头右侧刻槽窄，流过的水量相对小。

梯田按断面形式的分类

▲ **水平梯田** | 地表水平，利于水田保持同等水深。

▲ **复式埂坎梯田** | 为便于机械耕作，需要增加梯田宽度，这势必使田埂高度随之增大，以维持原有地面坡度。为避免滑塌的发生，梯田采用下陡上缓的复式埂坎。

▲ **隔坡梯田** | 沿原自然坡面隔一定距离修筑一水平梯田，并保留一定宽度的原山坡植被，使原坡面的径流进入梯田，利于作物生长。

▲ **反坡梯田** | 梯田地面坡向与原坡面方向相反，反坡角度为 3°～5°，这种梯田具有较强的保水土、排盐渍能力。

▲ **坡式梯田** | 山丘坡面地埂沿等高线呈阶梯状，而地块内地面依然为斜坡。此类梯田多为旱地。依靠逐年耕翻、径流冲淤，每级地表坡度逐年变缓，最终成为水平梯田。

▲ **削坡复式梯田** | 水平田面与削减原地面坡度的缓坡田面相结合的复式断面梯田，有的地区称之为“集流梯田”。

◀ **梯田地区土地的垂直利用** | 位于云南省元阳县红河哈尼梯田世界文化景观遗产核心保护区内的阿者科，是一个拥有 210 年历史的哈尼族村寨，海拔 1800 多米。图中可以清晰地看到森林－村寨－梯田的垂直结构。

著名的水稻梯田

在中国，梯田的修筑历史悠久，可追溯至汉代。2018 年 4 月 19 日，在第五次全球重要农业文化遗产国际论坛上，中国南方稻作梯田（包括广西龙胜龙脊梯田、福建尤溪联合梯田、江西崇义客家梯田、湖南新化紫鹊界梯田）获得了全球重要农业文化遗产的正式授牌。

元阳梯田

位于云南省红河哈尼族彝族自治州元阳县哀牢山区、红河南岸的元阳梯田，是中国许多山地梯田农业遗产的代表，被誉为“真正的大地雕塑”。在唐代，这里的梯田就已经很普遍，距今已有 1300 多年的历史。元阳梯田是红河哈尼梯田的核心区，是哈尼族人世世代代留下的杰作。在与自然长期的对话中，这里的人们依山建设了水稻梯田。他们设计修建水渠，将山泉引入村落和稻田，摸索出了“山－水－林－田－人”的和谐空间模式。2010 年，红河哈尼稻作梯田系统被联合国粮农组织和世界遗产委员会列为全球重要农业文化遗产。2013 年，红河哈尼梯田文化景观被联合国教科文组织列为世界文化景观遗产。

龙胜龙脊梯田

龙胜龙脊梯田位于距离广西壮族自治区桂林市约 80 千米的桂北山区。龙胜龙脊梯田有 2300 多年的历史，堪称世界梯田原乡。梯田所在的山脉山高谷深，落差巨大，山顶是大面积的森林，森林下方是规模宏大的梯田，山腰分散着壮族、瑶族等民族的村寨，不同的民族呈现一种聚族而居的生存方式。由于土地和水资源分

▼**元阳梯田的蘑菇房**｜哈尼族人的村寨通常选址在地势和缓的向阳半山腰，背山面水。蘑菇房是当地人的传统民居，取材完全来自山上，用土坯、竹木和稻草建造，形似蘑菇，因此得名。

配等问题，历史上村寨之间有一些矛盾冲突，为了协调解决这些矛盾，当时曾有“龙脊十三寨头人会议”，即地方社会自组织。

尤溪联合梯田

位于福建省三明市的尤溪联合梯田也是在山地开辟的水稻梯田。唐代初期当地先民就已开始开垦种植梯田，宋代时普及，明清时进一步发展。这里的人地系统是：山顶森林截留天然降水，下渗为地下水，再以泉水或溪流的形式流入村庄，而后流入梯田。这里的山林是竹林，因此这里的人地系统是“竹林－村庄－梯田”的垂直地带格局。

当地水稻田是复合农业：田里和水稻、养鱼和田螺，田埂种豆子。鲤鱼能减少田中杂草的生长和虫害的发生，田埂黄豆发达的根系能保护田埂。水稻收获时节，放干田里的水，收鱼、收水稻、收黄豆。收获后，鸭子、山羊等被赶入田中，觅食遗撒的谷粒和新长出的杂草。动物粪便、作物桔梗和豆类的固氮功能，则使土壤肥力不断提升。

崇义客家梯田

位于江西省赣州市的崇义客家梯田的修建历史可以追溯到南宋时代，距今已有800多年的历史，是中国历史悠久的古梯田群之一。这里修建梯田的规模至明末达到最大，多数完工于清初。目前，崇义客家梯田保护区范围东西长73千米，南北宽59千米。这里的梯田最高海拔1260米，最低280米，垂直落差近千米。最多的连续梯田阶数多达62梯层。

这里海拔由高至低依次分布着森林、竹林、茶园、梯田、民居、果园，充分体现了客家人适应自然、改造自然的生存智慧。此外，当地农业祭祀活动“舞春牛”，不仅反映了客家人对牛的崇拜，还表达了客家人企盼五谷丰登的美好心愿，同时也体现了客家人勤劳的精神。

◀ **龙胜龙脊梯田**｜龙胜龙脊梯田分布在海拔300~1100米的地带上，有些梯田修建在坡度很大的山坡上，最大坡度达50°。这里的梯田一层层从山脚盘绕到山顶，层层叠叠，高低错落。

▲ **尤溪联合梯田**｜梯田垂直落差600多米，连延数十里。依山坡构筑的田埂像一条条游动的曲线，妩媚、舒展和潇洒。

▲ **崇义客家梯田**｜被誉为“秀丽天梯”，它见证着客家先民的智慧和汗水，如今已成为客家农耕文明的一道奇观。

新化紫鹊界梯田

位于湖南省娄底市的新化紫鹊界梯田的修建历史长达 2000 多年，最早源于先秦。两汉时期朝廷规定，这里的苗族、瑶族居民“只服徭役、不纳田税”。唐宋时期，朝廷鼓励开垦荒地，多次颁布有关垦辟农田的诏令，并积极鼓励种植“高田”。从宋到明，这里修建的梯田规模达到最大。这片梯田是苗、瑶、侗、汉等多民族先民共同劳动的结晶。这里没有一口山塘、一座水库，也无须人工引水灌溉，天然自流灌溉系统令人叹为观止，中国水利专家评价其可与都江堰和灵渠相媲美，因此被评为世界灌溉工程遗产。

▼**新化紫鹊界梯田**｜梯田层层叠叠、依山就势盘旋于群山沟壑。村落散落其间。

水稻梯田的文化传承

亚洲目前有多处以梯田为核心景观的世界文化景观遗产或世界农业文化遗产，但是其中有些水稻梯田的生态系统被破坏，传统文化流失，大面积水稻梯田荒废，因此它们均面临遗产保护和管理上的巨大挑战，有的已经变为“濒危世界遗产”。中国水稻梯田文化的传承也要避免这些问题，从而将其文化传承下去。目前中国探索的途径是“旅游+”，其中一种是向游客销售农产品，如红米，另一种是让游客体验农业节事活动。

销售农产品

由于工业化、城市化的影响，中国山区粮食种植业的产值很低，不能达到农业家庭收入增长的预期水平，所以许多农业人口外流到城里务工，以获得更多的收入。这样稻田就会荒废。为解决这样的问题，世界上普遍的做法是通过旅游提升农户收入，但是新的问题是农户会从事旅游业，而放弃水稻种植，这样农业遗产就会丢失。为解决这样的问题，中国水稻梯田地区探索农业体验旅游项目，将红米等农产品作为旅游商品出售。这样不仅能提高农业的收入，还能传承水稻种植的有关知识和地方经验。

节事活动

水稻梯田地区为应对天旱，发展出一些民间组织和民间俗约，这是中国特色的水稻梯田遗产核心。目前由于人们从事的经济活动类型多样化，单一的农业资源分配组织已经不是唯一的地方社会的纽带，所以许多水稻梯田地区通过组织农业节事活动吸引游客，并增强当地人的凝聚力。例如云南元阳哈尼族的传统节事活动中，许多与梯田耕作程序相关，如农历二月农闲时节的“昂玛突”意味着春耕前的准备，农历三月的“开秧门”标志着秧苗栽种，农历六月的“矻扎扎”是春耕与夏收之间农闲时举办的节日，农历八月的“喋奢扎”是秋收之前的庆丰收节日，是秋收的开端……这些节事活动吸引了游客，传承了梯田文化。

◀ **哈尼族“喋奢扎”节日** | 意为新米节、新谷节或秋收节，是哈尼族的传统节日。于每年秋收前举行。哈尼族人穿上节日盛装，在梯田稻浪中庆祝丰收。该节日兼具农事耕作和感恩、祭神的意义。图中哈尼族人双手各持棕树叶，跳当地的传统舞蹈棕扇舞，该舞蹈是国家级非物质文化遗产。

▶ **哈尼族“昂玛突”节日** | 这既是哈尼族最盛大的节日，也是梯田农耕活动的祭祀节日。于每年春耕开始前举行，持续3~5天，祈求风调雨顺，五谷丰登。其间，哈尼族人不分男女老少围成圆圈儿尽情地跳舞，举行数百桌宴会，餐桌沿街摆放，长达几百米，因此也叫长龙宴。

园林

中式园林因历史悠久、风格独特、意涵丰富而享誉世界。中式园林有皇家园林、私家园林和寺庙园林等类型。中式园林是中国人审美情趣的物化体现，历代工匠不断探索和思考，形成了天人和谐的造园理念，创造出一系列巧夺天工的造园手法，将土、石、树、水、建筑等要素有机地结合在一起，营造出变化无穷的园林意趣。这些手法多与空间设计地理环境有关，因此也是文化地理景观。

宣統御覽之寶
嘉慶御覽之寶

一池三山

▼《蓬莱仙境图轴》（局部）｜“蓬莱”是中国古代神话传说中的“海上神山”。此图为清代画家袁耀以这些古代神话传说为题材，加上自己的艺术想象而构思创作的仙山仙境。由故宫博物院提供。

古人将建造人造水景的手法统称为“理水”。“一池三山”是中式园林中重要的理水模式。在中式园林中，池塘、湖泊等水体也被统称为“池”，而水体中的岛屿或点缀的巨石也被称为“山”。“一池”喻指东海，“三山”喻指东海中的三座仙山——蓬莱、方丈（又称方壶）、瀛洲。相传，在这三座仙山之上，有仙人居住，仙人制作了长生不老药，人们食之可得永生。除一池三山之外，园林设计师根据水体面积，以及水体与周边环境的关系，还设计有一池一山、一池二山，以及一池多山等。无论山有几座，它们均象征着道教仙山。这种将神界嵌入人间环境中的景观设计手法，体现了道教推崇的天地人相通的观念。

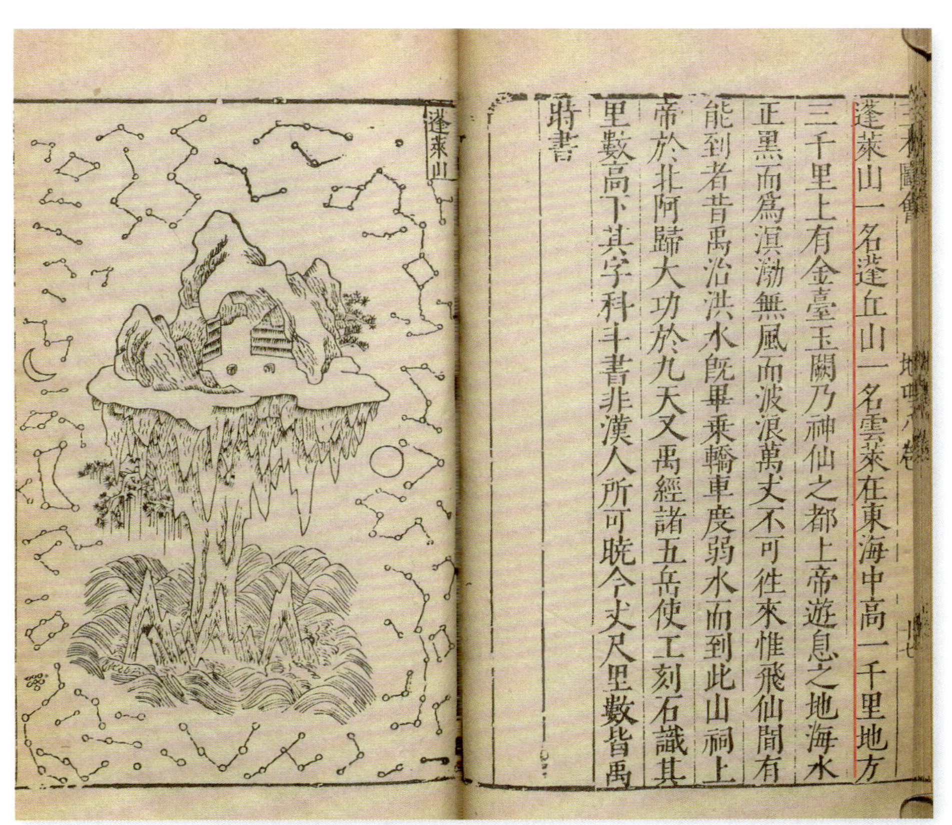

蓬萊山

蓬萊山一名蓬丘山一名雲萊在東海中高一千里地方三千里上有金臺玉闕乃神仙之都上帝遊息之地海水正黑而爲溟渤無風而波浪萬丈不可往來惟飛仙間有能到者昔禹治洪水旣畢乘輪車度弱水而到此山祠上帝於北阿歸大功於九天又禹經諸五岳使工刻石識其里數高下其字科斗書非漢人所可曉今丈尺里數皆禹時書

▲明代《三才图会》中对仙山蓬莱的描述｜蓬莱山一名蓬丘山，一名云莱，在东海中高一千里地方。

一池三山的由来

东海仙山的传说源于远古神话传说，蓬莱、方丈和瀛洲是流行最广的东海仙山的名称。此外还有“五山”之说，除前面三山之外，还有岱舆和员峤。到秦汉两代，帝王热衷于派人去东海求仙问药。《史记·封禅书》就记载了燕齐君主燕昭王、齐威王、齐宣王遣使东海，寻仙岛求仙人的事。后来，一池三山又经历了由神话传说到中国古典园林设计模式的转变。

秦始皇遣使求仙

神仙思想在战国时期开始流行，在当时的齐地，也就是今天的山东沿海一带尤其盛行，并逐渐产生了“蓬莱”“方丈”“瀛洲”三神山之说。传说三座神山藏匿于东海之中，山上有仙人，也有长生不老的仙药，神山上的宫殿都是由黄金白银建造，远远望去，如同天边的云，虚无缥缈，引人入胜，但是一旦来到山边，神山与宫殿立刻消失在海水之中，杳无踪影。

秦始皇遣使求仙的经历在《史记》中有多处记载。秦始皇二十八年（公元前219年），秦始皇因泰山封禅来到了齐地，在齐地遇到方士徐福。徐福向秦始皇灌输了长生不老的思想，并四处为秦始皇求仙问药。长生的幻梦让秦始皇怦然心动，他多次资助徐福出海，也成就了徐福航海家的美名。但徐福并没有成全秦始皇长生不老的愿望，而是一次又一次蒙蔽了秦始皇。徐福最后一次出海，带着3000名童男童女及工匠、技师、谷物种子等销声匿迹，再未归返。

一池三山的早期实践

在秦汉两代帝王遣人出海寻仙的同时，他们还在都城近畿、关中地区修建了许多宫室园囿，这些建筑设计体现了道教方术的一些说法。据东汉时期的《三秦记》记载，“始皇都长安，引渭水为长池，筑为蓬、瀛”，意思是秦始皇建都长安后，引渭水修筑兰池，在池中以土堆岛，代表蓬莱和瀛洲两座仙山。汉武帝在汉长安城外的上林苑修建了建章宫，建章宫北为太液池，它的营建模式是中国园林史上的里程碑，其理水手法完整呈现了一池三山的格局，是中国史料记载中第一个完整的“一池三山”。

《园冶》中对“池山”造景方法的记载

一池三山后来被广泛应用于园林建设中。《园冶》是明末造园家计成撰写的一本园林艺术理论专著。掇山是中国造园手法之一，是指用山石堆叠成假山的过程，也叫叠山。在不同的空间，掇山方法有所不同，“池山”便是在水池或一定范围的水域中掇山。其造景方法在《园冶》记载中可见一斑：“池上理山，园中第一胜也。若大若小，更有妙境……就水点其步石，从巅架以飞梁；洞穴潜藏，穿岩径水；峰峦飘渺，漏月招云。莫言世上无仙，斯住世之瀛壶也。”文中表明，假山依水为妙，在水上掇叠假山，是园林中的第一胜景，宛如人间仙境。

徐福传说

徐福，字君房，是秦朝著名方士。秦始皇曾多次派徐福入海求仙，耗资巨大。中国民间流传公元前210年，徐福率3000名童男童女和百名工匠、兵员扬帆启航东渡日本，一去不返。2000多年以来，徐福传说深深扎根于民间，世代流传，现已被列入国家级非物质文化遗产名录。徐福东渡传说也拉开了中国航海史和对外文化交流史的先河。

徐福雕像

徐福东渡浮世绘 | 日本浮世绘画家歌川国芳所绘的徐福渡海的帆船。

秦始皇遣使求仙图 | 出自18世纪彩绘版《帝鉴图说》，描绘了秦始皇派遣徐福入海求仙的盛大场面。《帝鉴图说》是明代内阁首府张居正为当时的小皇帝编撰的教科书。

一池三山的空间格局

一池三山中的三山通常不分布在一条直线上，而是以三山为顶点，构成三角形，如汉代建章宫太液池内的三山。这样的空间关系可以带来两个效果：第一个效果是分割水域。借助三山，在水上泛舟的人，可以根据自己的感受，将水面分为两个区域——三山构成的三角形内的区域和三角形外的区域；也可以将三角形任意一边及其延长线作为水面的分界线，然后在不同区域内泛舟。第二个效果是有助于建立视觉扇面。人们观景有一个视觉扇面，人们登三山中的任意一座，分别面向另外两座，可欣赏到两种不同湖光水色的构图。人们在湖岸不同位置观湖，看到的画面也会不同。当然，在狭长形的水体中设置三山，要形成三角形布局还有一定的难度，通常会在规模和形状上有所差别，从而形成空间的变化。当然也有其他分布形式的一池三山，如圆明园福海只有两座“仙山”：一为方壶胜境，位于福海东北湖湾内的北岸；二为蓬岛瑶台，位于福海中央。前者的位置营造了仙山的“隐”，后者的位置营造了仙山的“遥”。

建章宫示意图 | 出自清代毕沅撰写的《关中胜迹图志》（中国国家图书馆藏品）。汉武帝在长安建造建章宫时，在宫中开挖太液池，在池中堆筑三座岛屿，并取名为“蓬莱”“方壶”“瀛洲”，以模仿仙境。此后，这种布局成为帝王营建宫苑时常用的布局方式。

相关知识 | 蓬莱

山东省烟台市蓬莱区的地名来自蓬莱仙岛的传说。求仙活动在汉武帝时期达到高潮，汉武帝崇拜神仙，每年都会派人出海寻找蓬莱仙山。在汉武帝时期（公元前 140—前 88 年），无论是出海船只的数量，还是出海寻仙的人数和出海的次数，都远远超过从前。然而多年求仙无果，汉武帝胸中愤懑，于是下令在海边建了一座小城，取名“蓬莱”，以缓解自己对蓬莱仙山的向往。从此，在山东半岛北部便有了一个实实在在的人间蓬莱。

蓬莱区的蓬莱阁

宋·张孝祥《水调歌头·云海漾空阔》：**吹笛向何处，海上有三山。**

宋·苏轼《骊山三绝句》：**海中方士觅三山，万古明知去不还。**

承德避暑山庄的一池三山

河北省承德避暑山庄是中国现存占地面积最大的古代帝王宫苑，始建于清康熙四十三年（1703年）。承德避暑山庄的湖区中心有如意洲、月色江声和环碧三个岛屿，由堤岛勾勒出中国古代吉祥物如意和灵芝的形状，通过芝径云堤，湖中三岛构成了一棵“如意灵芝”树。承德避暑山庄的湖区景观在继承一池三山的空间模式的同时，还增添了新的创意。

▼**《避暑山庄图轴》（局部）**｜清代画家冷枚于康熙五十二年（1713年）绘制。由故宫博物院提供。作者以写实的手法描绘了避暑山庄后苑部分及其四周的崇山峻岭。图中如意洲、月色江声和环碧三个岛屿清晰可见。

一池三山的文化传承

自汉代以来，一池三山的园林理水手法一直延续至今，在皇家园林和私家园林中都有体现。这种造园手法不只在中原地区得到传承，还扩散到中原周边地区，甚至是青藏地区。

北朝、隋唐

北魏宣武帝在洛阳扩建的华林园、北齐邺城扩建的仙都苑、隋炀帝在洛阳建的上林西苑，均模仿前代布置了“一池三山”。据北宋史学家司马光主编的《资治通鉴》记载：“五月，筑西苑，周二百里；其内为海，周十余里；为方丈、蓬莱、瀛洲诸山，高出水百余尺，台观宫殿，罗络山上，向背如神。”

宋代

宋徽宗赵佶在汴京（今开封）城郊，营造了一个恢宏的皇家园林——艮岳寿山，面积约 50 公顷。艮岳寿山，初名万岁山，因建在皇宫的东北方向，处于八卦中“艮”的方位，后改名艮岳。又因正门上有一匾额书“华阳”二字，因此也叫华阳宫。

据记载，此园东西相望，前后相续，左山而右水，后溪而旁垄，吞山而怀谷。园内奇花美木，珍禽异兽，极尽奢华。宋徽宗曾亲写《艮岳记》，记载这一盛举。北宋靖康二年（1127 年）金人占领汴京后，改景龙江为城濠，池沼被平。园林北部曲江池中曾立有“簏壶”，也被拆毁。今遗址无存。

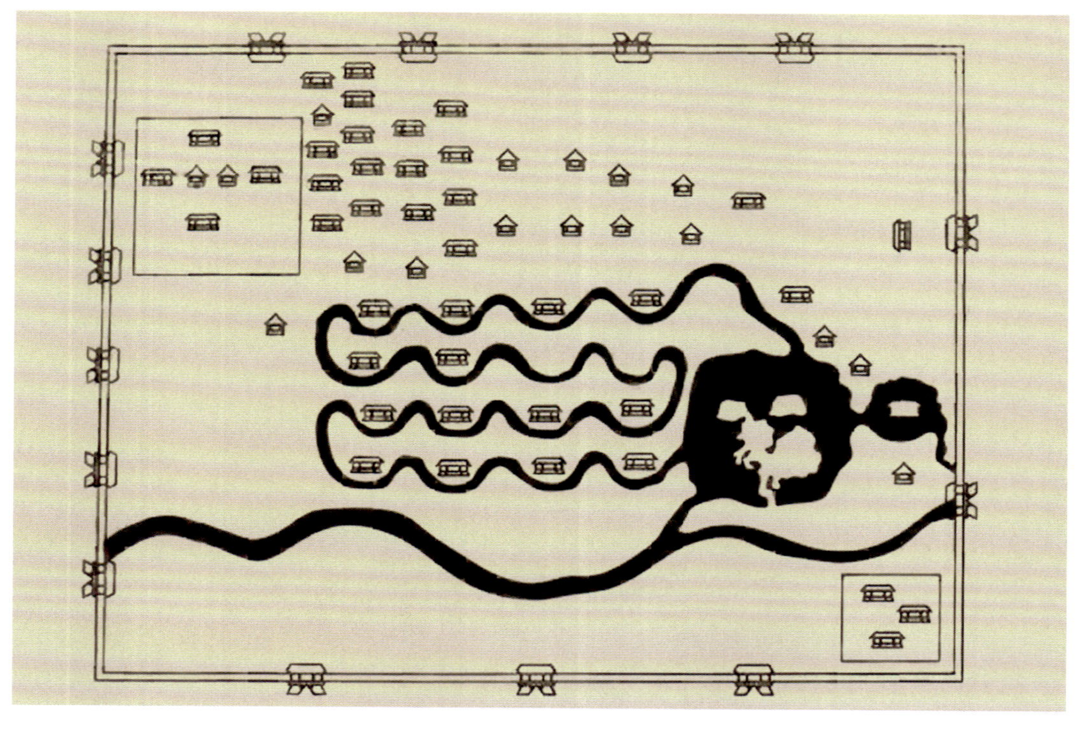

隋上林西苑平面示意图 | 上林西苑是一座人工山水园，位于隋东都洛阳宫城以西。上林西苑大体上仍沿袭汉以来一池三山的宫苑模式，但山、海及宫殿的景观及组合方式更为丰富，其中的海是由相互连通的池沼组成，三山分列其间，形成空间景观上的对比。

▲ **艮岳平面设想图** | 艮岳是宋徽宗亲自设计的杰作。艮岳突破了秦汉以来一池三山的传统规范，进行了以山水为主题的创作，成为元、明、清宫苑的重要借鉴。

以石为胜，因石亡国

艮岳称得上是一座掇山、理水、花木、建筑完美结合，具有浓郁诗情画意的人工山水园。它代表着宋代皇家园林的风格特征和宫廷造园艺术的最高水平。

宋徽宗修建艮岳寿山时搜尽天下名花奇石，灵璧石为强征之首。在宋代，陆运、水运各项物资大都编组为“纲”（每十船为一纲），如运马者称“马纲”，运米者称“米饷纲”，运输花石的船队就称为“花石纲”。当时朝廷动用了上千条大船，十条一组首尾相连，从全国各地把大量的奇石异木通过运河载往宋都汴京。

为了满足宋徽宗的需要，当时杭州的造作局、苏州的应奉局等都组织专人配合，将江南花石搜刮一空。而花石纲船队的供给，朝廷不出一分，而是直接摊派到花石纲沿途经过的地方。沿途的人们为了花石纲倾家荡产。在一些地方，由于桥距离水面较低，花石纲无法通过，当地的百姓不得不把辛辛苦苦建起的桥拆除。

艮岳的修建，耗费了大量的人力物力，最终民怨沸腾，国力困竭，以致金兵乘虚而入，汴京失守。宋徽宗也在“靖康之难”中被金兵掳走，死于北国，含羞于地下。

金人占领汴京后，遗石多数被毁，一部分被运往燕京（今北京）。如今北京的北海公园、故宫、中山公园、中南海都有艮岳遗石。

▼ **《清明上河图》（局部）** | 清院本。图中从外城往里，人越来越少，但建筑越来越宏伟，亭台楼阁、湖泊山石，不像是皇宫，而像是皇家园林，有专家推测图中所画正是艮岳。

元代

元至元四年（1267 年），元世祖忽必烈营建中都（至元九年改为大都），将原来金中都北面由湖泊环绕的琼华岛划入皇城，小岛被赐名万岁山，所在湖泊被赐名太液池，这显然继承了建章宫的太液池的含义。太液池中亦建有三山，除万岁山（今琼华岛）外，还有圆坻和犀山。

明代

明永乐十八年（1420 年），明成祖朱棣正式迁都北京。明代北京城是在元大都的基础上建设的。元代皇城中的万岁山、太液池及其周边一些建筑改称为西苑，一池三山的格局没有变化，只是将万岁山改为琼华岛。圆坻改为团城，犀山改为南台。

明代一些私家园林中也有运用了一池三山的手法。如苏州留园，留园的湖泊东北角有一个小岛，名小蓬莱，一池三山的布局就以此为中心。与小蓬莱岛毗邻的一个半岛上建有濠濮亭，它得名于庄子与惠子濠梁观鱼的典故。于濠濮亭向西北眺望，可发现西北角还有一个小岛建有可亭，与曲桥相连。留园在造景之初通过掇山理水使三岛融入水中，形成一池三山之态。

清代

清代在京城西郊修建了大片皇家园林，颐和园便是其中之一，一池三山的造园理念在其建造中得到了继承和创新。颐和园昆明湖的湖面被堤分为三片，每片水体各有一岛，分别是南湖岛、治镜阁岛和藻鉴堂岛。此外，在水面最大的南湖中，还修建了三个小岛：知春岛、小西泠岛和凤凰墩。

一池三山的造园手法还扩散到了青

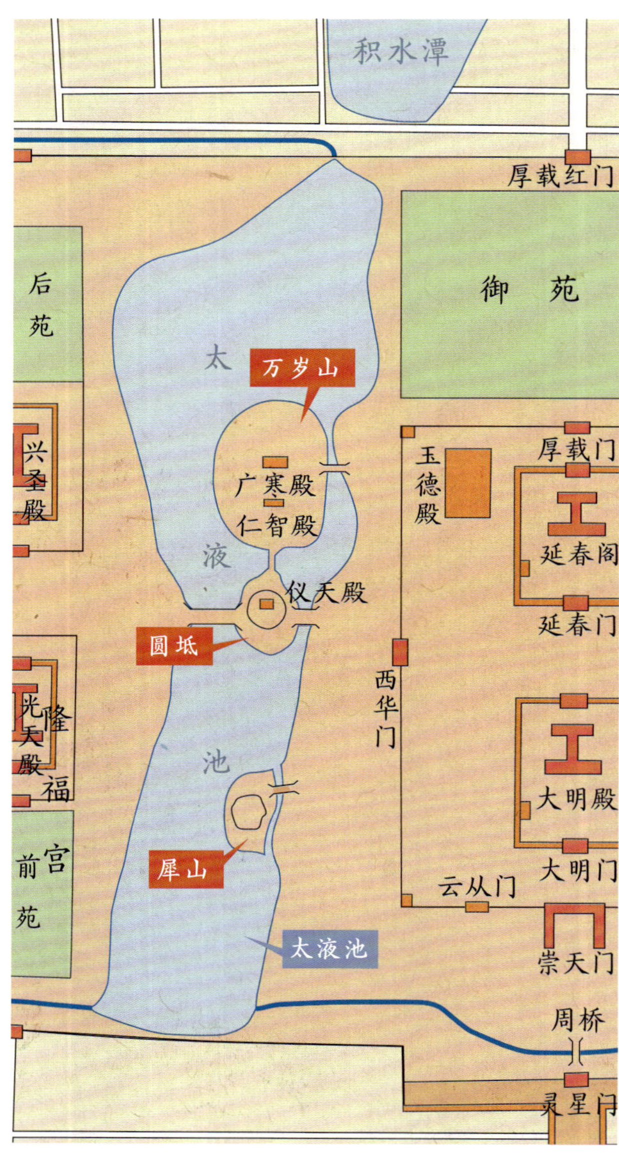

▲元大都一池三山格局 | 一池为太液池，三山为万岁山、圆坻和犀山。

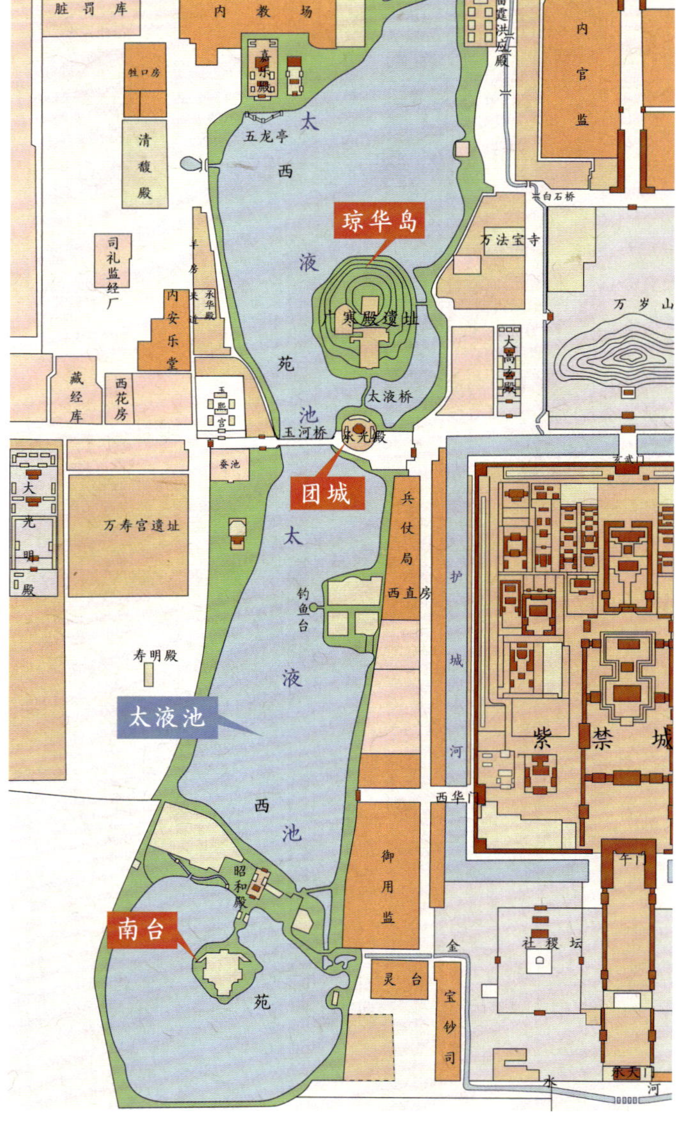

▲明代北京城一池三山格局 | 一池为太液池，三山为琼华岛、团城和南台。

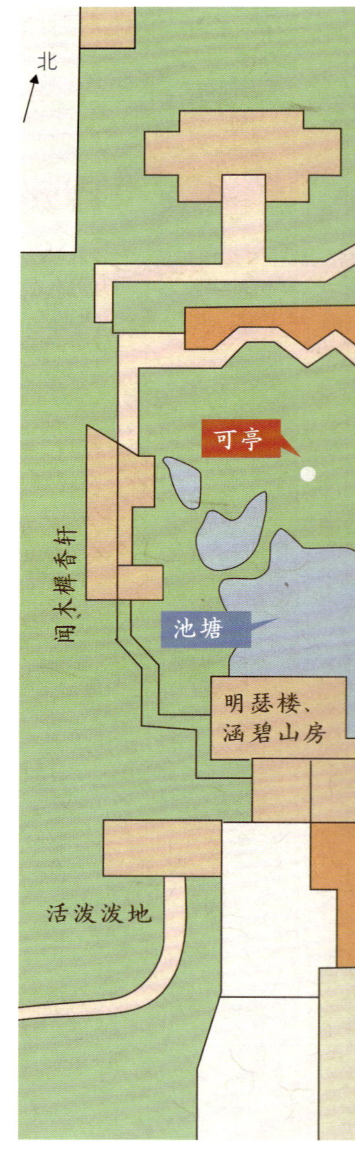

▲留园小蓬莱岛的一池三山格局 | 曲桥将小

藏地区。如罗布林卡，藏语意为“宝贝园林”，位于西藏自治区首府拉萨市布达拉宫西南，建于 18 世纪 40 年代七世达赖喇嘛时期。园中湖心景区内有一个长方形的水池，池内布置了三个正方形的石砌小岛，同样再现了中国传统的一池三山的风采。其中间小岛上建有一座汉式歇山顶的长方形建筑，叫措吉颇章（湖心宫）；北面方岛上建有一座藏式四角攒尖式屋顶的正方形建筑，叫鲁康努（西龙王宫）；南面小岛的面积约等于北面小岛，岛上种植树木。此三岛呈一正轴线上串联的布局。

宋·王珪《立春内中帖子词·温成皇后阁》：遥闻碧海有三山，云锁琼楼日月间。花下玉颜常不老，也应春色胜人间。

宋·欧阳修《端午帖子·温成合四首》：遥思海上三山乐，宁记人间五日时。

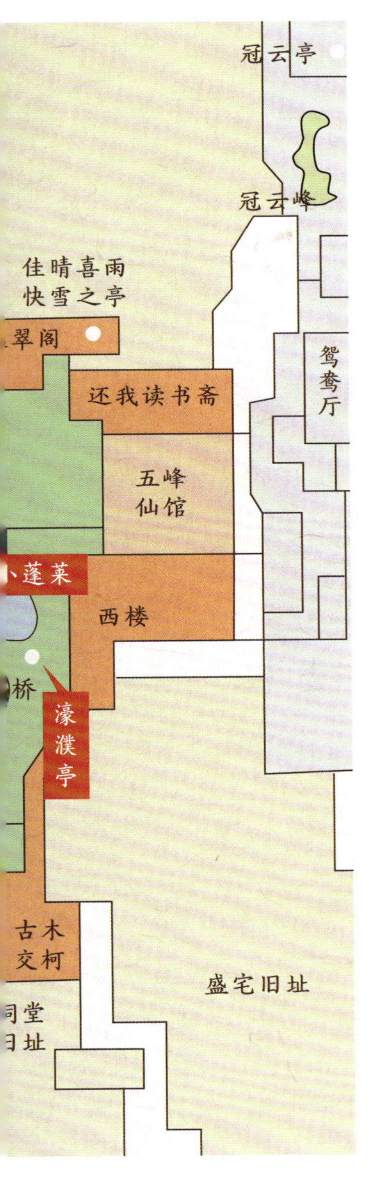

蓬莱岛与方形四角单檐凉亭濠濮亭连接起来。

颐和园一池三山格局 | 一池为昆明湖，大三山为南湖岛、治镜阁岛和藻鉴堂岛，小三山为知春岛、小西泠岛和凤凰墩。

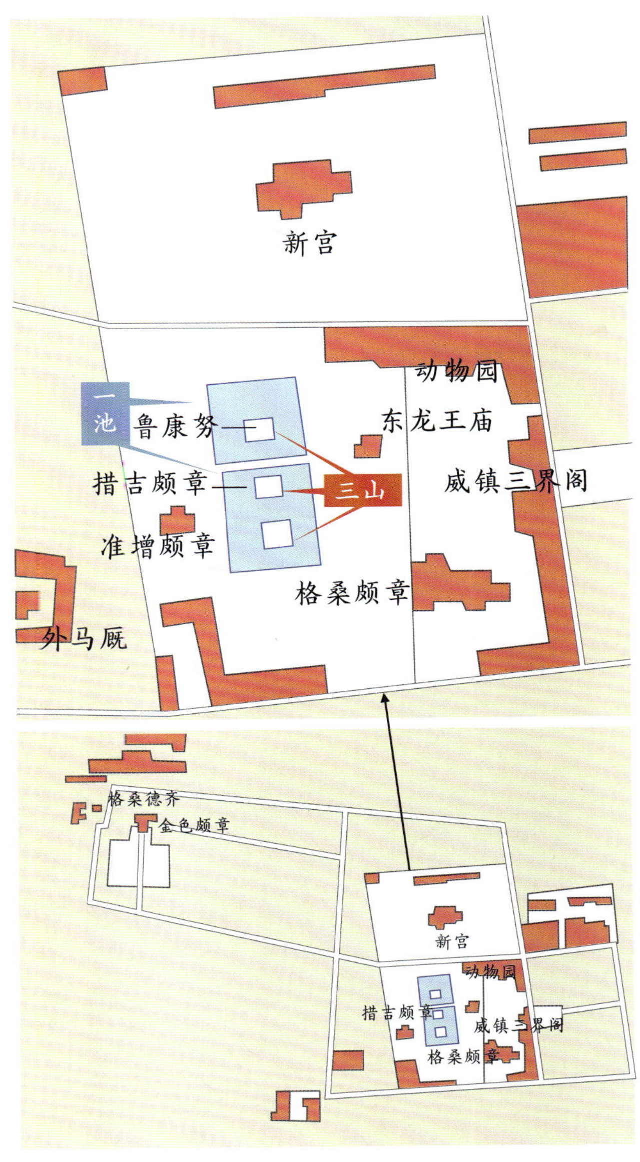

罗布林卡一池三山格局 | 长方形水池和池中的三个方岛构成一池三山。

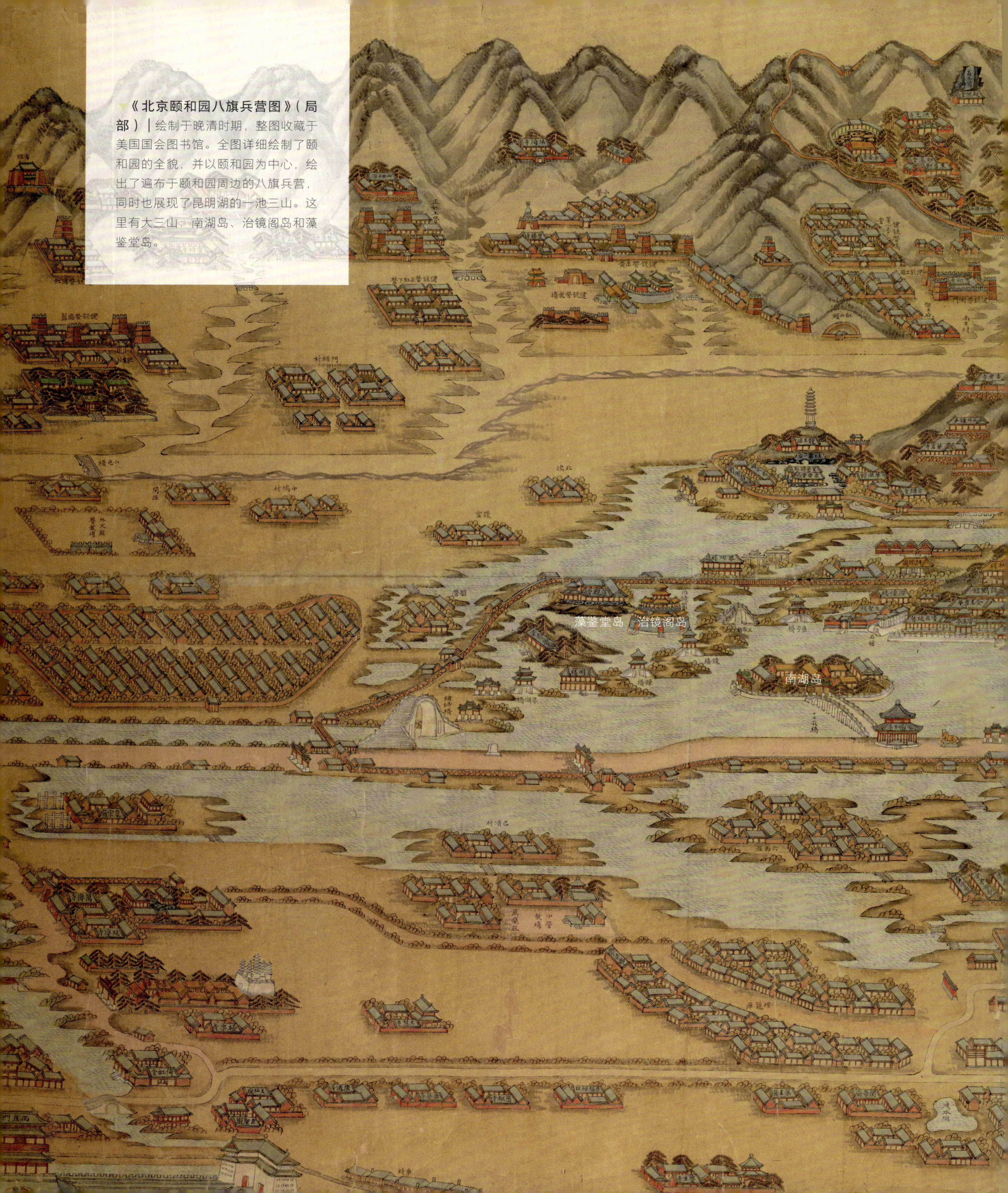

《北京颐和园八旗兵营图》（局部）｜绘制于晚清时期，整图收藏于美国国会图书馆。全图详细绘制了颐和园的全貌，并以颐和园为中心，绘出了遍布于颐和园周边的八旗兵营，同时也展现了昆明湖的一池三山。这里有大三山：南湖岛、治镜阁岛和藻鉴堂岛。

咫尺山林

▼《春泉小隐图卷》（局部）| 明代画家周臣绘，由故宫博物院提供。“山林”是中国归隐文化的地理意象。画中的小院体现出主人追求的园林意境。草堂陈设简洁，院角小丘之上古松盘曲。

“咫尺山林”是中国古代园林营造的一种手法，指人们在一个小的空间内，通过创造性的造园手法，呈现大自然多样的景观意境，力图达到“虽由人作，宛自天开”的效果。其目的有两个：一是体现天人合一，二是参悟人生。造园师通过营造的小空间（如小亭、小楼、小阁），令置身其中的人获得“缩地千里”的空间视觉感，再通过题景，让人感悟天地之中人类的渺小和短暂。

咫尺山林的由来

在《周礼》中，“咫”为八寸，约合现在的 0.2 米，“咫尺”表示非常短的距离。目前可查的历史文献中，首次提到“咫尺山林”的是明末造园家计成所著的《园冶》。该书卷三介绍掇山的要旨，计成认为叠造假山，需要营造出“多方景胜，咫尺山林”的效果。

虽然“咫尺山林”的提法最早出现在明代文献，但是这种在小空间中展示大自然景色的美学追求在中国早已有之。如唐代著名诗人杜甫在《戏题王宰画山水图歌》一诗中写道：“尤工远势古莫比，咫尺应须论万里。”他以此称赞著名画家王宰利用构图布局和透视比例等技巧，在有限的画面中绘制出了万里江山的景象。

掇山

掇山之始樁水為先較其短長察乎虛實隨勢挖其麻柱諒高掛以稱竿繩索堅牢扛擡穩重立根鋪以粗石大塊滿蓋樁頭塹裏掃于查灰着潮盡鑽山骨方堆頑夯而起漸以皴文而加瘦漏生奇玲瓏安巧峭壁貴于直立懸崖使其後堅巖巒洞穴之莫窮澗壑坡磯之儼是信足疑無別境舉頭自有深情蹊徑盤且長峰巒秀而古多方景勝咫尺山林妙在得乎一人雅從

▶《园冶》| 中国古代造园专著。书中全面论述了宅园、别墅营建的原理和具体手法，总结了造园经验，是研究中国古代园林的重要著作。“掇山”为其中一章。

咫尺山林的空间实践

掇山，有时也称叠山、堆山。是营造咫尺山林的主要手段。虽然说它的重点在“山”，但是山景也必须与水、植物，乃至建筑等相结合，因此掇山不同于置石，要通过与这些元素的合理搭配、相互衬托，进而达到两个空间效果：以小见大的形象比拟，景随步移的空间变换。

形象比拟

形象比拟就是按照大自然的山水、植物、动物的形状或形态，用土、石、水、植物等材料造出形状类似的景观。

苏州狮子林里的掇山是形象比拟的典范。元至正元年（1341 年），高僧天如禅师到苏州讲经，翌年其弟子买地置屋，为他修建禅林。天如禅师师承天目山狮子岩的普应国师，这座禅寺便取名为“师子林菩提正宗寺”，简称“师子林”。因寺内竹林下多怪石，形似狮子，故又称“狮子林”。

空间变换

空间变换有两重含义：一是从大到小的空间变换，即上面提到的将大自然的元素压缩尺寸，以在小空间中呈现；二是不同视角的空间变换，即从不同视角看同一处人造景观，会出现不同的图景效果。

还以苏州的狮子林为例。在该园林的西部假山上有一飞瀑亭，亭南有瀑布自山顶而下。因山石树木阻挡，亭中并不能看到瀑布，故亭中悬挂匾额书“听涛”二字。这里的“涛”指水涛，即水流动的声音，因此该亭又名听涛亭。在其前方有一湖心

▶《狮子林十二景图》之狮子峰 | 为元末明初画家徐贲所绘。狮子林假山上的立峰有近百方之多，多为北宋“花石纲”的遗物太湖石。据记载，狮子林历史上被人们津津乐道的石峰不下五六方，目前唯一能够确认名称的石峰，就是狮子峰，位于园内东部假山顶部，约 4 米高，是全园所有石峰中最高大的一座。

▲怪石 | 狮子林一角。狮子林中有许多形似狮子的怪石，它们或大或小，如立如坐，似搏斗似沉睡。

亭，又名观瀑亭。“听涛”与“观瀑”在空间上彼此呼应，丰富了人们对景观的感受层次。在大山中，因为空间尺度大，所以山中行走的人们经常只能“听涛”，但看不见湍急的河流或飞流直下的瀑布。狮子林虽然空间有限，但是设计师巧妙地营造出了这种既能“听涛”又能“观瀑”的效果。

▼ **飞瀑亭与湖心亭空间位置示意图**｜在狮子林中，人们既可在湖心亭观瀑，又可在飞瀑亭听涛。

元·惟则《师子林即景·其一》：鸟啼花笑屋西东，柏子烟青芋火红。人道我居城市里，我疑身在万山中。

注：惟则，即元代高僧天如禅师。
师子林，即狮子林。

掇山的两个空间场景

在庭院中或宅院的园子里掇石叠山，是一种常见的造景方法，是中国园林追求诗情画意的佐证。这种造景手法旨在咫尺之间再现自然山水之美。

明 · 文徵明《拙政园图咏 · 若墅堂》：绝怜人境无车马，信有山林在市城。

内室掇山

内室是指空间有一定约束的地方，例如厅堂、书房、楼前、阁边等。在内室掇山，要点在于造景，以使空间不致空旷单调。

合院式住宅中，厅堂前通常有一块空地，作为庭院或天井。计成认为厅前掇山并非简单整齐地排列三座高峰，而应选择“玲珑石块”，或配以花木，或以粉墙为背景，这样透过室内的门窗看去，如同欣赏一幅浓缩的大自然画作，使厅前的空间似乎被放大了，这是咫尺山林的一种体现形式。

▶ **苏州留园冠云峰庭院平面图** | 庭院内，冠云峰挺立中央，其两侧分别为瑞云峰和岫云峰。三峰下安置体量较小的山石，以花草松竹点缀其间。冠云峰前是一潭池水，水中种植莲花，在庭院营造了大自然从山巅至山下的林泉景色。

◀ **苏州留园冠云峰** | 园林所用的石头称为文石，对文石美的追求在宋代以后达到顶峰。冠云峰相传为宋代花石纲遗物，充分体现了太湖石瘦、漏、透、皱的特点。

▶ **苏州拙政园海棠春坞庭院平面图** | 这是一座十分精巧的庭院书房。庭院较小，园主在南墙的中央置石，配以海棠和慈孝竹，仿佛像在白色的宣纸上作画。院内虽然只有两株海棠，但满院是海棠纹花街铺地，仿佛将海棠栽满庭院。

▲ **苏州拙政园海棠春坞南墙布景** | 南墙上“海棠春坞”的砖额如同打开的书卷，点明此处应是园主静心修炼之地。人坐于厅堂中观此景，会有宁静雅致之感。

相关知识 | 拙政园

位于江苏省苏州古城东北隅，始建于明正德初年（16 世纪初），距今已有 500 多年历史。

现园大体为清末规模，占地约 5.2 公顷。全园以水为中心，山水萦绕，厅榭精美，花木繁茂，具有浓郁的江南水乡特色。花园分为东、中、西三部分，东花园开阔疏朗，中花园是全园精华所在，西花园建筑精美，各具特色。园南为住宅区，是典型的江南地区传统民居多进格局。

园中掇山

园中掇山是在空间较大的水池、水港周边叠置大规模的假山。在较为开敞的空间掇山，则需关注掇山形成的空间格局。堆山叠石，可以再现大自然的峰峦峭壁，同时也可以用于区隔空间。

苏州网师园中部有多处掇山形成的景致。在濯缨水阁周围，有山石堆叠形成的大片假山，被称为云岗，这种手法属“池上理山”。云岗虽不高，但内有山洞，还有通向假山顶部的石阶，游者可获得在山中入洞探幽与登高眺望的乐趣。

清 · 顾印愚《网师园感旧》：坡老常州自不归，名园乔木澹清晖。贺船回棹成今古，邺架遗签有是非。

往日买邻矜胜践，当年招客许传衣。梦中彩笔将能事，信宿沧浪旧钓矶。

网师园局部

▲月到风来亭｜位于网师园的彩霞池西，三面环水，取意宋人邵雍的诗句“月到天心处，风来水面时”。通过亭子的命名，将小亭变成了大自然的聚焦点。

◀冷泉亭｜得名于唐代文学家白居易的《冷泉亭记》，这是白居易赴任杭州刺史之初写下的。全文并未着意描写冷泉亭的位置、建筑风格，而是将重点放在作者登亭观景的种种感受，情随景生，境与意谐。这与网师园“退隐”的基调一致。网师园冷泉亭取“身在亭中，心在自然”之意，这也是咫尺山林的空间变换形式。

▼云岗｜借堆山叠石，举首仰望，可感受到置身山林的气氛。环山有石径，后山有蹬道可供登高。

苏州网师园中部主园鸟瞰图 | 网师园全园可分为三部分：东部宅院、中部主园和西部内园。中部主园建筑密集，山石、水体布局偏小，运用了咫尺山林的设计手法。

咫尺山林的文化传承

咫尺山林体现了古人追求自然意境的审美观。掇山在中国起源较早，学者们推测，春秋时期中国古人就已开始人工掇山了。秦汉时期掇山注重还原真山的气魄，假山体量较大，通常是对某一真实山脉进行微缩。魏晋南北朝时期，道家思想盛行，再加上文人山水诗画的出现，掇山不再追求逼近真山，而转向对自然意境的追求，返璞归真、虚静恬淡成为园林新的审美标准。山不在大，而在能唤起观者的想象，使人产生身处自然之中的体验，正所谓“咫尺山林妙在小，而又小中见大”。这对后世产生了深远的影响。

明清掇山名家

明清时期，园林修建达到一个高潮，也造就了张涟、戈裕良、计成、李渔、石涛等掇山名家。掇山手法的运用达到了“一峰则太华千寻”的境界，通过园林景观的塑造，可以以小见大，使人感受到真山水的气势。

计成在今江苏省常州市建造的东第园中就有掇山作品。计成当年观察建园的地基说，在这里建造园林，不但要叠石使高，还应该挖土使深，使所有乔木都错落分布于山腰，根系盘剥穿凿在石间，就像一幅图画。

▲计成｜明代造园大师，其著作《园冶》中有关掇山的内容是咫尺山林重要的理论依据。

明末清初画坛巨匠石涛设计的园林片石山房（今为何园的重要组成部分，位于今江苏省扬州市），有他设计叠建的假山，其结构别具一格。假山的石块拼镶得无半分斧凿之痕，技法极为精妙，相传为他亲手所叠，被誉为“天下第一山”。

明末清初著名的文学家、美学家李渔先后为自己营建了伊园、芥子园、层园。位于金陵（今江苏省南京市）的芥子园的假山临水而建，人们从“山”下小亭，沿曲折小径，拾阶登到“山”上小亭，仿佛在登真山。

咫尺山林的拓展应用

咫尺山林的理念一直沿用至今。除作为园林设计的理念外，还拓展到其他场

所，营造良好的空间意境服务，如餐厅、博物馆、宾馆等。由国际建筑大师贝聿铭担纲设计的位于江苏省的苏州博物馆新馆中，有一处山景设计，便汲取了咫尺山林的传统设计理念，将形象比拟的手法融于其中。另外拓展的应用领域是盆景制作，山石盆景和山水盆景更能体现咫尺山林的意境。

▼**现代山石盆景**｜此盆景利用石材天然的肌理，拟形自然山体的褶皱；利用石材的大小组合，拟形山体的险峻；利用青苔和植物枝条，营造出山体的青翠；最巧妙之处是将光滑的底盘作为水面，营造出江水浩浩荡荡的气势。

▼**苏州博物馆片石假山**｜它用片石的外形轮廓，拟山岭起伏之势；将深色石材放在前面，浅色石材放在后面，以体现山峰的远近层次；用背后的墙壁比拟天空，映衬出山脉的天际线，作为背景的墙体高低有序，与“山脉”的远近彼此协调；掇山临水，营造出山水相映的画面。

壶中天地

▼《壶中天地》（局部）| 中国当代山水画家陈明坤绘，该作品可以理解为置身壶中天地园林小景中的画家所联想的广袤天地。画中人物仅是天地中不起眼的元素。

“壶中天地”是中国人常用的景观意境标签，它体现了道家的宇宙观，赞美大自然的时空韵律和生命之源。作为一种文化标签，“壶中天地”既被人们用作描写自然景观和人造景观的词汇，也被人们当作创作艺术作品、园林景观的意境追求。它与海上仙山意境的区别是，不是以水景为核心元素，而是在小空间营造宛如仙人居住的小环境。

壶中天地的由来

“壶中天地”的典故源于《后汉书·方术列传》。据该书记载，费长房曾是管理市场的官员，一日他看到街头有位悬壶卖药的老翁，收摊后就跳入壶中。费长房在楼上看得真切，断定这位老翁非同寻常，便前去拜见老翁。老翁告诉他明天再来。第二天，费长房如约前往，老翁遂领他一同钻入壶中。在壶中，费长房看见富丽堂皇的宫殿，到处都充斥着美酒佳肴。这一故事描绘的是悠闲无扰的神仙方士的生活。相比以往蓬莱神话中神仙居住在广阔缥缈的东海神山，这则故事的神仙却能在小小的壶中怡然自乐。由此也可窥见汉代末期社会环境的变化，在社会动荡难以安身立命之时，有壶内一方世界便可令人享受片刻安逸。

▼ **费长房与壶公形象** | 出自清代《历代画像传》。

壶中天地与咏景文学

“壶中天地”常出现在中国古代文学作品之中。有的作品直接用之比喻景色如同仙境一般，还有的作品将之与现实做对比，寄托美好的希望。无论是哪种，只要读者看到“壶中天地”，就会将之作为一个文化符号，知道作者用之指代仙境。下面列举了几首有关诗词。

酬吴七见寄

白居易

曲江有病客，寻常多掩关。
又闻马死来，不出身更闲。
闻有送书者，自起出门看。
素缄署丹字，中有琼瑶篇。
口吟耳自听，当暑忽翛然。
似漱寒玉冰，如闻商风弦。
首章叹时节，末句思笑言。
懒慢不相访，隔街如隔山。
尝闻陶潜语，心远地自偏。
君住安邑里，左右车徒喧。
竹药闭深院，琴尊开小轩。
谁知市南地，转作壶中天。
君本上清人，名在石堂间。
不知有何过，谪作人间仙。
常恐岁月满，飘然归紫烟。
莫忘蛘蝣内，进士有同年。

唐代著名诗人白居易，因才华出众，曾在朝中任官。他看不惯官场之风，时常进谏，因此被当时掌权的宦官集团和旧官僚集团嫉恨，曾被贬出京。白居易前半生兼济天下，后期则开始独善其身。他一生作诗很多，其中有很多讽喻诗。《酬吴七见寄》一诗，写友人来送书引发的感慨。白居易用“谁知市南地，转作壶中天”，比喻友人的居所是闹市中的一方仙境。诗中所描写的友人宅院里种植的修竹和药用植物，也是道家仙境中常出现的植物。

水龙吟 · 小沟东接长江

苏轼

小沟东接长江，柳堤苇岸连云际。
烟村潇洒，人闲一哄，渔樵早市。
永昼端居，寸阴虚度，了成何事。
但丝莼玉藕，珠粳锦鲤，相留恋，
又经岁。
因念浮丘旧侣，惯瑶池、羽觞沈醉。
青鸾歌舞，铢衣摇曳，壶中天地。
飘堕人间，步虚声断，露寒风细。
抱素琴，独向银蟾影里，此怀难寄。

北宋文学家苏轼被贬后谪居黄州（位于今湖北省黄冈市），在那里他写下《水龙吟 · 小沟东接长江》。苏轼在词中提到“壶中天地”的仙境，用之衬托自己怀才不遇的心情。该词的上片写景，形象地展现了小沟、长江、柳堤、苇岸、烟村、早市的景象，以及江南食物丝莼、玉藕、珠粳和锦鲤。然而闲散的生活令苏轼有虚度光阴之感。下片写出苏轼对友人的思念，他想与旧友饮酒听歌，以“壶中天地”比作仙境，与现实生活进行对照，希望他与友人可以像传说中的仙人浮丘一样生活。

唐·曹唐《小游仙诗九十八首》：省得壶中见天地，壶中天地不曾秋。

唐·李白《下途归石门旧居》：何当脱屣谢时去，壶中别有日月天。

德寿宫复原图 | 人们根据一些历史资料绘制了德寿宫复原图，上面有宋孝宗诗词中提及的冷泉堂、飞来峰。

冷泉堂

宋孝宗

山中秀色何佳哉，一峰独立名飞来。
参差翠麓俨如画，石骨苍润神所开。
忽开彷像来宫囿，指顾已惊成列岫。
规模绝似灵隐前，面势恍疑天竺后。
孰云人力非自然，千岩万壑藏云烟。
上有峥嵘倚空之翠岭，下有潺湲漱玉之飞泉。
一堂虚敞临清沼，密荫交加森羽葆。
山头草木四时春，阅尽岁寒人不老。
圣心仁智情幽闲，壶中天地非人间。
蓬莱方丈渺空阔，岂若坐对三神山。
日长雅趣超尘俗，散步逍遥快心目。
山光水色无尽时，长将挹向杯中渌。

南宋都城临安在今浙江省杭州市。南宋第一位皇帝宋高宗赵构会集天下能工巧匠，修建了占地约 17 万平方米的江南名园德寿宫。南宋第二位皇帝宋孝宗赵昚又将之扩建。如今，德寿宫地上建筑已荡然无存。但考古学家发现了德寿宫遗址，其中包括宫殿基址、夯土台基、庭院地面、水池驳岸、砖砌路面、假山基础，以及完整的进排水结构。虽然其地上建筑是何样貌，我们无法知晓，但历史上流传下来的文学作品，包括宋孝宗的《冷泉堂》一诗，给今人提供了想象的依据，如飞来峰、飞泉等。他在诗中将德寿宫比作人间仙境。

壶中天地的空间实践

中唐以后盛世不再，园林不再追求盛唐时期的华丽排场。在小空间中造园促进了壶中天地手法的流行。宋代将壶中天地的追求推向高潮，并将过去常用的设计手法精细化。宋代以后，园林尚小之风依然不减。目前遗留下来的壶中天地的典范有清代修建的壶隐园、残粒园、芥子园等；此外，清代工匠还用建筑体现壶中天地的意境，如扬州个园中的抱山楼“壶天自春”。

审美感受。而在迂回之后又可回到壶身之内，会有种亭子内的空间被扩大的感觉，从而体会一壶天地亭蕴含的“十笏无余地，一壶有别天”之深意。

芥子园

位于江苏省南京市夫子庙边的芥子园，曾是明末文学家李渔的私园。李渔在购园时因为手头资金有限，园子不足三亩，还不到网师园的一半。李渔取“芥子虽小，能纳须弥”之意，将园子命名为“芥子园”。通过自己的设计，李渔让不大的园子别有一番天地。他以一潭池水为中心，在其周围堆石造山，又临水搭建亭台榭廊。在园内登假山可远眺大报恩寺，巧妙填补了园子天空之阙。掇山、借景等方式使园林展现了山林野趣，达到了壶中天地的境界。

残粒园

始建于清代的残粒园，位于今江苏省苏州市装驾桥巷，是中国现存完整且面积最小的苏式古典园林，其面积仅有 140 平

▲**扬州个园抱山楼**｜匾额题字“壶天自春”，意思是在此楼就可以看到仙境中的春天。

一壶天地亭

一壶天地亭位于北京市北海公园琼华岛北面，始建于清乾隆十七年（1752 年）。造园者主要通过不同景物的穿插，使景观体系富于变化，进而体现“壶中天地”的造园追求。一壶天地亭形如方壶的壶身，壶口由一条短廊与方亭连接，短廊西部的出口与叠石山洞紧连，从而营造出壶中天地的空间感。游人在错综复杂的园路中游览，欣赏不同方位的景色带来的“山重水复疑无路，柳暗花明又一村”的

►**芥子园俯瞰图**｜历经历史的沧桑，李渔的芥子园已不复存在。位于今江苏省南京市秦淮区三条营的芥子园文化展览馆，是根据史料记载复建的。走进园子，就像是走进了一个微型景观，小巧而精致，假山、花草、池塘应有尽有，移步换景，

方米。

残粒园宛若世外桃源，通过月亮门与住宅相隔。跨入月亮门后，迎面一座湖石峰形成屏障，观者在此因见不到园内之景，而会好奇园内是怎样的一番世界。走过湖石峰后，视线随之开阔，园内中央为水池，水池沿岸叠置湖石，池边种植葱郁的花木，如自然山林一般。环池有石板小径，虽起伏不大却迂回曲折、引人入胜，置身其中仿佛在林间探秘。沿池边小径可转至池的另一边，小径尽头连接假山，有石阶可以登上残粒园的制高点——括苍亭，一览全园景色，凭栏俯瞰，感受远离尘嚣的小园天地。

唐·元稹《幽栖》：**壶中天地乾坤外，梦里身名旦暮间。**

清·乾隆皇帝《赋得一壶天地》：**十笏无余地，一壶有别天。**

▲**残粒园内的空间安置**｜残粒园虽小，却巧妙地利用分层安置了亭子、假山、水池等景观。

可园

可园始建于清道光三十年（1850 年），位于今广东省东莞市莞城街道。占地面积 2200 平方米，是岭南园林的代表，与清晖园、余荫山房、梁园合称清代“岭南四大园林”。可园以小巧玲珑、设计精巧著称。园虽不大，但亭、台、楼、阁、榭、廊、山、池、花、草、藤、木齐全。照片中的楹联点出该园壶中天地之题。

▼**可园壶中天**｜倚着四面的楼房形成了一方独立的空间，这里是园主人下棋喝茶的小天地。

壶中天地的造园意境

壶中天地是中国古代造园意境的一种。计成在《园冶》中写道:“板壁常空，隐出别壶之天地”“伟石迎人，别有一壶天地”。壶中天地与咫尺山林似乎相同，即在小的空间中营造景观，但是实际上两者有两处明显的差异。第一处差异表现为：前者选自然之物而象征仙境之物，后者拟大自然之形而缩小之。第二处差异表现为：前者空间营造以窄入口拟壶口，以围合的空间拟壶腔，后者空间营造强调转换。窄入口既包括园林中某个开敞空间的入口，也包括观景视线的入口；围合的空间既包括园林的开敞空间，也包括视线的取景框。

壶与壶口造型

壶中天地中“壶”的原型应来自前面所提《后汉书 · 方术列传》中的故事，这个“壶”就是葫芦。因为葫芦是道教的法器之一，是辟邪、祈福的镇物，所以在许多壶中天地的营造中，设计师偏爱葫芦的造型，如将门框设计为葫芦形，或者将园林的入口设计为圆形的“壶口”。

▲ **葫芦门** | 位于江苏省苏州市姑苏区定园内。葫芦具有吉祥的寓意，也带有道教的神秘色彩，更暗含葫芦门之后的景色别有洞天。

小中见大的空间设计手法

壶中天地体现在造园上，是要求在有限的宅园空间内构建完整的景观体系。士人园林尤其是江南一带的私家园林受空间限制，不能像皇家园林一样安置大型的假山岩石、开挖湖泊水域，故而造园者从“壶中天地”这一典故出发，将心中的天地融入园林，通过园林造景以小见大，微缩天地于园林空间中，带来精神寄托。

追求隐逸境界的园林设计

“小隐于野，中隐于市，大隐于朝”是三种不同境界的隐逸状态。卸甲归田，沉湎于桃源世外，这是小隐。隐居在喧闹

的市井中，视他人与嘈杂于不闻不见，从而求得心境的宁静，这是中隐。而最高境界的大隐是仍在朝为官的士人，面对钩心斗角仍能保持清净幽远的心境。壶中天地也是中国古代隐逸文化的体现。隐居者在自家宅院一隅营造一方恬淡静远的园林。园子通常位于宅院深处，需经过曲折的通道之后才能进入，正所谓“入狭而得境广”，隐居者在园内徘徊中享受这一片天人和谐的净土，获得心灵的满足。

◀ **佛山梁园**｜岭南园林的代表之一，位于广东省佛山市禅城区老城历史文化核心保护街区内，集佛山梁氏家族的住宅、祠堂、园林于一体。梁园前为祠堂和宾堂，跨过二重门和步廊可以进入园林中，内有小桥流水、亭台水榭、假山奇石，尽显玲珑典雅，宅邸之后实有一片天地。图为梁园中的半边亭。

相关知识 ｜ 壶天阁

壶天阁位于泰山，明嘉靖年间（1522—1566 年）称为升仙阁，清乾隆十二年（1747 年），改名壶天阁，取自道家壶中天地之意，只有缩地千里之后的参悟，才能得道生仙。此阁于 1979 年重建，门洞上石匾额“壶天阁”三字，是乾隆皇帝登泰山时所题。

▲ 壶天阁

壶中天地的文化传承

中国道教文化的传承，为壶中天地造园手法的传承提供了土壤。这种造园手法不但一代代地传承，而且也被其他民族所接纳，例如清代修建的皇家园林就采用了这种手法。道教强调天人和谐的文化，这与当下的生态环境建设目标相一致，因此在当今中国城市建设的“口袋公园”也与“壶中天地”有异曲同工之妙。

方壶胜境

方壶胜境是北京圆明园四十景之一。建成于清乾隆三年（1738 年）前后。这是一组楼阁建筑群，前后 3 排，每排 3 楼并列，共有楼阁 9 座，亭榭 3 座，模仿天宫的玉宇琼阁。设计者采用了隔景手法，通过堆出低矮的土山，在福海水面东北角另分割出一片小水域，土山中间有一道豁口，在这片小水域荡舟之人可以透过豁口，隐约窥见方壶胜境琼楼玉宇的一角。

汉代造园以大为美，像壶中天地这种以小取精的小园营造手法是自中唐以后普遍使用的。而作为满族的皇帝，在选择圆明园的造园手法时，兼顾了两种空间尺度的美学取向，使得这种造园手法在圆明园得到了继承。

现代园林设计

壶中天地在现代园林中的体现表现为两点：第一，继承性，传承了传统园林设计的风格，在形式上体现为围合的小空间，蕴含天地之气象；第二，创新性，不但在“形”上展示天地人合的道家理念，而且在“质”上体现人与自然的融合。

“形”上的传承体现在运用壶中天地的造园手法，建造壶形墙门、圆形墙门和门上题记。知道“壶中天地”故事的人们，在现代园林中看到这样的门，尤其是在看到上面题写“壶中”或“壶中天地”后，再迈入这道门，就唤起了超然物外的

《圆明园四十景图咏》之方壶胜境 | 方壶胜境是以人们想象中的仙山楼阁为题材建造的，占地面积约2万平方米。前部的3座重檐大亭，呈“山”字形伸入湖中，其后 9 座楼阁中供奉着 2000 多尊佛像、30 余座佛塔，建筑宏伟辉煌。主体楼阁为一座寺庙建筑。

感觉。“质”上的创新则体现在浓缩自然要素于小园之中，与此同时，还将自然植被的多样性充分体现出来。

城市口袋公园

口袋公园又被称为迷你公园，最早是由美国建筑师罗伯特·蔡恩于 1963 年提出的。它是指散布在高密度城市中心区的呈斑块状分布的小公园。所以，口袋公园依附于建筑外的小场地，散落在城市的各个角落，目的是改善被城市化挤占的绿地空间。

中国许多城市也开始修建口袋公园，但是融入了壶中天地的意趣，即在高楼环绕的小天地中，营造休闲宁静的环境氛围。实际上，这种袖珍、小型的公园与中国的造园手法“壶中天地”有相通之处。其本质都是在有限的场地环境中，营造隔离噪音的，满足人们休闲、交往等活动需求的开敞空间。

▲沧浪亭的壶形墙门

▲**上海彭浦四季公园**｜这是上海市静安区彭浦新村社区的口袋公园，园内种植着各种树木和花卉，建设有小桥流水、休憩亭廊，市民在公园内赏景、休闲。

家庭

文化是一群人共享的实践方式和价值观，而家是最小的人群单元。中国古代非常重视家的文化。在家庭的空间安置中，体现了中国文化中关于人与自然的关系、人与人的关系，以及人与神的关系的看法。一如，各类神位摆放在家中不同位置，有的置于中堂之上，有的置于灶间，还有的贴在房梁或院落大门之上，而置于中堂之上的神在人们心目中最为重要。再如，在家庭院落中，中国人喜欢种植适合当地环境的植物，既提高了居住质量，也寄托着美好愿望。三如，家中居住长幼有序，体现了尊老爱幼的美德。

天地君亲师之位

▼ **丽江木府** | 位于云南省丽江市，原为木氏土司衙门。丽江纳西族在传承自己传统文化的同时，也对汉族文化积极吸收，从木府护法殿内供有天地君亲师牌位可见一斑。

神圣空间主要指供奉圣灵之位、举办祭祀活动的地方。中国古代从国家到地方，从地方再到家庭，都有各自的神圣空间的安置模式。这里主要介绍家庭中的神圣空间安置模式中的一种。由于中国许多地区是多信仰融合的地区，家庭中供奉的各种神有各自不同的安置位置，所以家庭神圣空间也有多信仰融合的特征。设置“天地君亲师”之位就是信仰融合的体现。家里何处为神圣空间？这就成为一个关于宗教信仰的地理问题。

天地君亲师的含义

“天地君亲师”是中国古代民间祭天地、祭祖、祭圣贤等民间祭祀的综合。在中国汉族和西南许多少数民族的家中，常设“天地君亲师”之位，并供奉于家里的中堂之上。天地君亲师依次指天、地、君王、祖先和师长，体现了中国传统敬天法祖、忠君爱国、孝亲顺长、尊师重教的价值观念取向。这种文化现象是中国人世界观、宗教信仰、伦理道德、制度和民俗的综合体现。

丽江木府护法殿内供奉的天地君亲师牌位

敬天地君亲师之位的由来

天地君亲师是中国传统礼教中神圣化的供奉对象。周代已有祭祀天地的活动。春秋战国时，天、地、君的概念逐渐明晰。“君亲师”出自《国语》。“天”“地”与“君亲师”并提则源于《荀子》。《太平经》首次将“天地君父师”合为一体。明朝中后期，天地君亲师的神牌由皇家流行至普通民众家中，一直到清末。这种文化虽然目前主要流行于中国西南地区，但是在中原许多地方也有存在，中原应是此文化现象的发源地。

《国语》与天地君亲师

关于对天地君亲师供奉的记载最早见于《国语》。全书共 21 卷，分《周语》《鲁语》《齐语》《晋语》《郑语》《楚语》《吴语》《越语》八部分。《国语 · 晋语》中写道：“民生于三，事之如一”“父生之，师教之，君食之”。“三”指的便是君亲师。敬奉君、亲、师的道理是：人一生中侍奉君王、父母、老师要始终如一。父母给了家族血脉，老师是人成长中的引路人，君王是一国之主。

《荀子》与天地君亲师

荀子是战国末期著名的儒家代表人物，他在晚年时为总结百家争鸣和自己的学术思想，著写了被后人称作《荀子》的著作。据《荀子 · 礼论》中记载：“礼有三本：天地者，生之本也；先祖者，类之本也；君师者，治之本也……故礼上事天，下事地，尊先祖，而隆君师，是礼之三本也。”但他当时还未将天、地、君、亲、师连在一起。

《太平经》与天地君亲师

东汉的《太平经》记载“天地君父师”，这是“天地君亲师”的雏形。虽然与“天地君亲师”仅一字之差，但含义相同，《太平经》是我们今天能看到的第一次将天地君亲师并列连在一起的历史文献。唐宋时期，随着封建中央集权制的日益强化，形成了与这一体制相应的国家祭祀制度。

▼《国语》| 中国第一部记言体国别史。旧传该书为春秋时期鲁国人左丘明所撰，现一般认为它主要来自春秋时期各国史官的记述，由后人笔录成书。下图为《国语 · 晋语》中的内容，里面对君亲师有明确的记录。

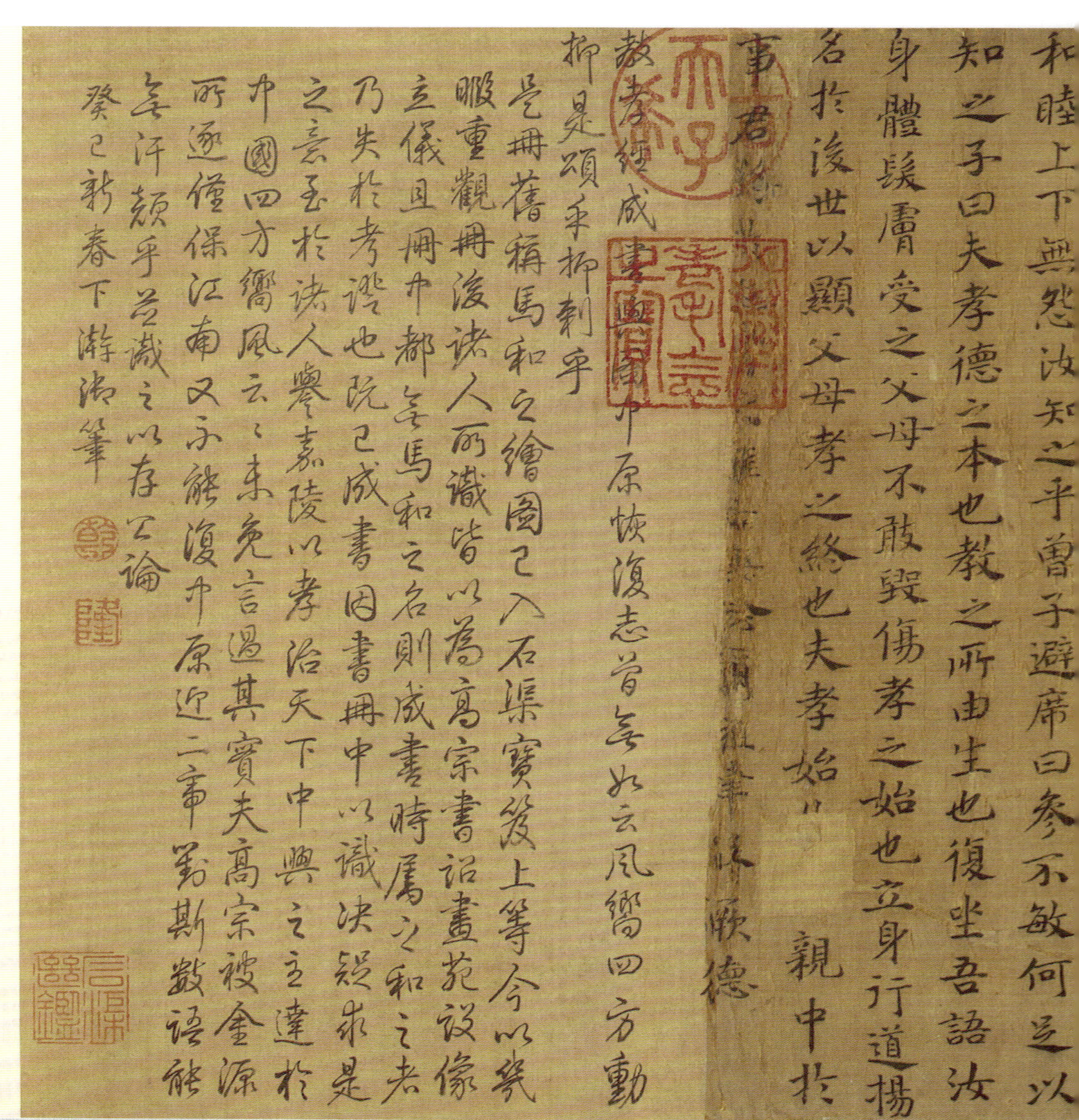

明清两代的天地君亲师

到明朝中后期，民间流行将天地君亲师一起敬奉，并列在同一个牌位上，普遍高踞于中国家庭的供桌之上。然而当时的文人士大夫却认为，“师”没有这么高的地位。直到清雍正皇帝发布《皇谕封孔子五代王爵》，才有了官方确立的“师”的地位，并以帝王和朝廷的名义钦定了天地君亲师的次序。“师”虽然位列天地君亲师之末，但清代《钦定大清会典则例》（卷八十二礼部）等书中，记载了皇帝的一段话，道出了“师”的作用：“五伦为百行之本，天地君亲师人所宜重，而天地君亲之义，赖师教以明。”大意是：各行各业要以夫妇、父子、兄弟、君臣、朋友相处的伦理为本，所有人都要敬奉天地君亲师，而敬奉天地君亲的道理，就需要老师来说明。此后，天地君亲师的礼制文化扩散到清朝疆域范围的广大地区。

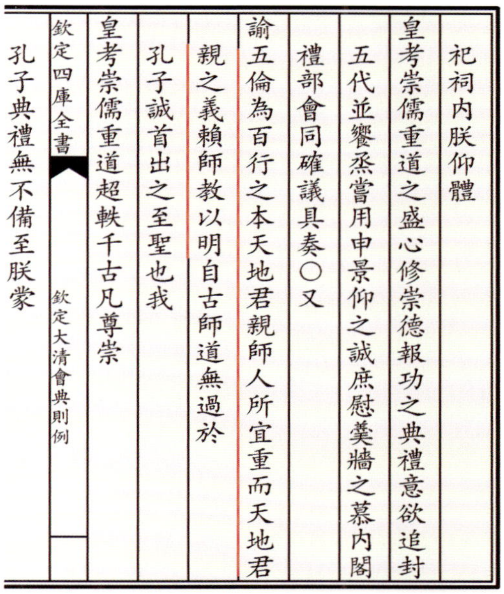

祀祠内朕仰體
皇考崇儒重道之盛心修崇德報功之典禮意欲追封
五代並饗烝嘗用申景仰之誠庶慰羹牆之慕内閣
禮部會同確議具奏〇又
諭五倫為百行之本天地君親師人所宜重而天地君
親之義賴師教以明自古師道無過於
孔子誠首出之至聖也我
皇考崇儒重道超軼千古凡尊崇
欽定四庫全書　欽定大清會典則例
孔子典禮無不備至朕蒙

▲《钦定大清会典则例》对祀奉天地君亲师的解释

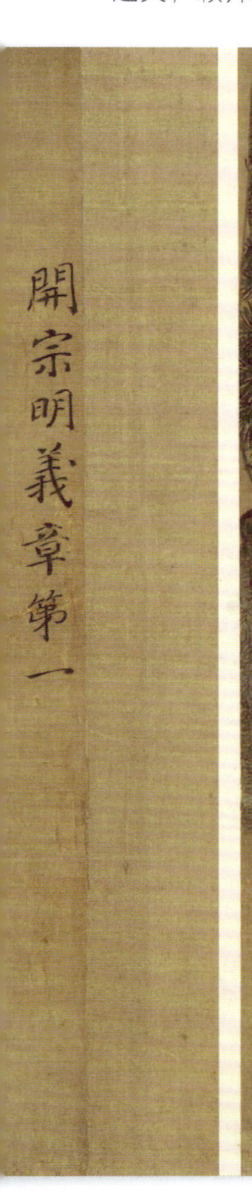

▼《孝经·开宗明义》| 历代帝王多尊孔、尊经，并亲自书写儒家经典，宋高宗赵构曾书写《孝经》，马和之为之绘图。此为第一章《孝经·开宗明义》及配图。图中孔子正在讲述孝道的宗旨，认为“孝”有三个层次：开始于侍奉父母，扩大到为国家、为人民服务，最终是成圣成贤，回归本善。由此可见，“亲”“君”在中国传统文化中具有很高的地位。

敬天地君亲师之位的形式

天地君亲师是一个信仰符号，它的物质形式是天地君亲师牌位。经过文化扩散和历史演变，天地君亲师牌位的形式发展为很多种，但无论何种变化，都体现出人们对该信仰的重视。

牌位放置的特点

在古代，无论天南地北，中国人都会在家里确定一个最适合摆放天地君亲师之位的地方。这样的地方通常有三个特点：第一，开敞明亮。供奉神灵的空间一定不能是房屋昏暗的角落，只有开敞明亮，才能表达对神的敬仰。第二，在家中的公共空间。这个公共空间既便于家人相聚在一起，也可以会见外来的客人。在不同的地方，这样的公共空间有不同的名字，如堂屋、正房、前厅等。在这样的空间中，家人可以一起祭祀天地君亲师。第三，位于堂屋、正房、前厅等面向大门的墙壁的中线位置，这样的位置可以给人庄重感。

牌位自身的特点

牌位可以是木制，也可以是布制、纸质等。采用何种材质，主要受两方面因素的影响：一是经济条件。相比而言，木制的制作成本比较高。二是一个地方的流行传统。

牌位的底色多为红色，或酱红色。上面字的颜色与牌位底色和材质匹配，有的在木制牌位上刻字描金或描漆，有的在纸质牌位上笔书金字或墨字。

▼ **布制天地君亲师** | 此为四川省阿坝藏族羌族自治州理县桃坪镇一羌族居民家中摆放的天地君亲师牌位，采用布制材质，牌位上书写墨字，与当地传统有关。

牌位的书写形式

天地君亲师的书写形式还间接体现了人们对天地、君王、先祖、老师的态度：天不连二（人不顶天）、地不离土、君不开口、亲（親）不闭目、师（師）不当撇、位不离人。

天不连二：“天”字里面的“人”不能顶着“天”字的第一横。中国古人以天为至上神，天主宰一切。意为人再高也高不过天，甚至还达不到天。

地不离土：“地”字的“也”与“土”写成连笔，不能断开。意为地由土构成。

君不开口：“君”字下面的“口”字必须封严，不能留口。意为君子一言九鼎。

亲（親）不闭目：“亲”字的繁体字右边“見”的“目”字不能封严。意为对亲人要真心对待，不能遮遮掩掩。

师（師）不当撇：“师”字的繁体字不写左边上方的短撇。短撇如短刀，师者应以文为业，以文服人，不可行武动刀。

位不离人：“位”字的单人旁与“立”字要相连，且字形端正稳固。意为人要端正，不能越位。

相关知识 | 黄庭坚

黄庭坚是北宋著名文学家、书法家。他自幼好学，一生受儒家思想的影响。写景、遣怀、赠答、题画等类诗篇，最能体现黄庭坚的艺术匠心和独创个性。黄庭坚对书法艺术也有重要见解。他擅长行书和草书。黄庭坚与苏轼、米芾、蔡襄合称为北宋书法四大家。

尽管古人对天地君亲师的书写形式做了约定，但随着社会的发展，文字的演变和人们观念的变化，许多新制的天地君亲师牌位已不再完全按此要求书写了。

▼ **附供其他神的天地君亲师红榜** | 许多天地君亲师的牌位上面还会附供其他神，但其字体相对“天地君亲师”较小，位置偏于侧，这也体现了中国许多地方的人们是多信仰的。

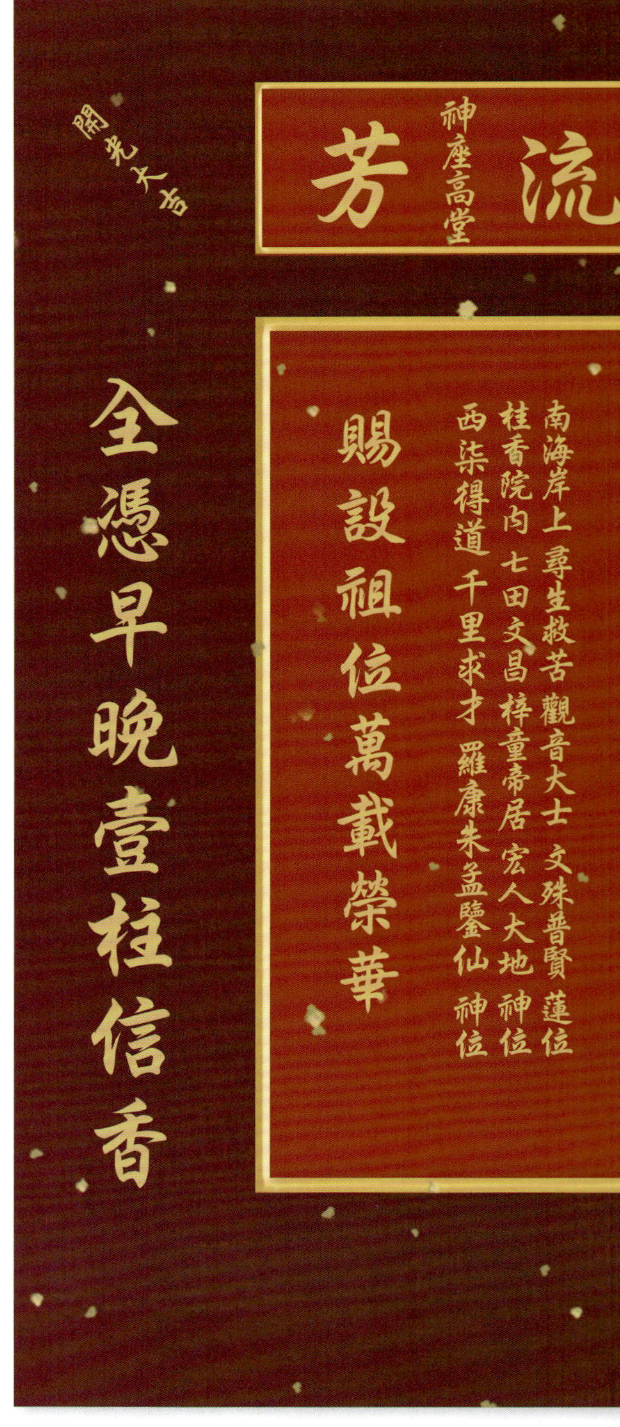

明·许仲琳《封神演义》：臣虽至愚，上知有天，下知有地，中知有君，生身知有父母，训教知有师长。**天地君亲师**五字，臣时刻不敢有忘，怎敢侮辱陛下，自取其死？

黄庭坚故居内的天地君亲师之位｜在江西省九江市修水县的黄庭坚故居内，设有天地君亲师的木质牌位及供案，牌位的书写非常规范。

重庆中国三峡博物馆内的天地君亲师之位｜重庆中国三峡博物馆复原了重庆市石柱土家族自治县向氏住宅的堂屋，内设天地君亲师木质牌位。

天地君亲师的文化含义

中国传统文化具有包容性。许多城镇中会有单独供奉天地之神、社稷之神、祖先之神、君王之位、师长之位的场所，例如明清北京城中的山川坛、天坛、地坛、日坛、月坛、社稷坛、太庙、孔庙等。而将天地君亲师列在一个牌位上祭拜，既体现了包容性，还体现了同一性。

敬天地

中国在上古时代就有天地崇拜。这种崇拜的理由来自人们认为天和地孕育万物生长，它们具有神秘的力量。而许多类型的自然灾害，都是这种神秘力量对不敬天地之人的惩罚。大约到商周时期，中国古人将天、地人格化为神祇，最高的天神被称为天、天帝，最高的地神（或土神）被称为土皇，祭祀天地是最高的祭祀活动，且天神祭祀高于地神。在中国的神话传说中，天地神还由英雄人物担任，如太昊、炎帝、少昊、颛顼分别担任了东、南、西、北四天帝，而共工之子句龙担任了土神（还有传说认为女娲为土皇）。天地神也被认为是道教神祇中的最高神。

敬君王

敬君王的早期主张是君权神授，最早记录该思想的古文献是《尚书·召诰》。其中记载“有夏服天命”，意思是夏代的天子是上天选中的。这是神化封建君主专制制度的政治理论，认为皇帝的权力是神给的，且具有天然的合理性。因此人们要服从君王的意志和权力。

到春秋时期，儒学出现，孔子提出了另一种尊敬君王的方式。《论语·宪问》中记载，孔子的学生子路问孔子如何侍奉君王，孔子回答：“勿欺也，而犯之。”意思是：君王如果有错误了，不要欺骗他，但可以当面劝谏他。这有别于对君王的绝对服从。战国时期的大儒荀子虽然提出“以礼待君，忠顺而不懈”，但是他还提出君子的标准“君子恭而不难，敬而不巩，贫穷而不约，富贵而不骄”。意思是：君子谦恭但不胆怯，肃敬但不恐惧，贫穷但不卑躬屈膝，富贵但不骄纵。这也说明，他主张的“敬君王”的方式不需要放弃自己的尊严。

敬祖先

中国人崇拜祖先（也叫先祖）的理由是“报本还始”。在《诗经·商颂》《诗经·大雅》中有祭祀祖先的诗歌，这些诗

▲太昊伏羲氏｜中华民族人文太始祖，三皇五帝之首，中国古代传说中的文化创造神。

▲诸葛亮｜蜀汉皇帝刘备临终前，嘱托丞相诸葛亮完成统一天下的大业，并将儿子刘禅托付予他。诸葛亮辅佐刘禅治理蜀国，帅兵北伐。他成为鞠躬尽瘁、死而后已的忠君典范。

歌体现了商周部族对自己祖先的歌颂，以及对人类自身价值的发现和尊重。中国各地的祖先崇拜大致可分为三种不同的对象：第一种是拜始祖，其中又有图腾始祖、女性始祖和男性始祖；第二种是既祭拜家庭祖先（即近祖，几代之内有生命历程交集的祖先，如太祖辈、祖辈，甚至是亡故的父辈），也崇拜部族或民族的祖先（即远祖）；第三种是将祭祀近祖和祭祀远祖分开。

西周贵族所作青铜器铭文中，经常出现称颂祖考之德的语句。祖考，指故去的祖父母，还可以泛指近祖和远祖。这些西周贵族们，或本人或先祖受到周王（或主公）的宠幸和重用，或有突出的功勋。铸器作铭的目的是让家族后人遵循、效法祖考的行事之范，稳固家族的政治地位和权力。这种称颂祖考之德的形式，将君王与祖先联系在一起。

敬师长

中国有悠久的尊师传统，古人云：“人有三尊，君、父、师。”清代《皇朝经世文续编》在介绍《吕氏春秋》中提倡的观点时写道：“生则谨养，死则敬祭，此尊师之道也。”尊师的传统来自儒家礼教，孔子作为儒家的鼻祖，以及中国教师的行业神，不单得到许多朝代的朝廷供奉，还被百姓供奉在家。不过，天地君亲师中的“师”已不仅仅指孔子了，而是传道授业、答疑解惑的老师。老师的责任是“树蕙滋兰”，这个成语来自《楚辞·离骚》，用种植香草（蕙）、培育兰草来比喻老师培育英才的功德。

相关知识 | 太昊陵

太昊陵是“三皇之首”太昊伏羲氏的陵庙，被称为“天下第一皇朝祖圣地”。位于河南省周口市淮阳区。太昊陵始建于春秋，增制于盛唐，完善于明清，有3000多年的历史。如今这里每年都会举行祭典活动。

▲太昊陵

▲**清明扫墓**｜出自《年节习俗考全图》，大约印于民国。书中收录了中国10种重要节日，清明扫墓为其一。如今，清明节依然是中国传统的民俗节日，每逢此节，人们不忘扫墓祭祖。

▲**孔子像**｜中国古代几乎每一个私塾或学堂都有孔子的画像或牌位，孔子是万世先师，教育鼻祖。

天地君亲师的文化传承

天地君亲师合祭的形式从汉代一直传承至今。目前发现的最早记录供奉天地君亲师之位的文献在明代，且明代合祭现象非常普遍，一直传承到清代和民国。1949年之后，虽然经历了破除迷信的运动，天地君亲师的提法也发生了一定的变化，但是在中国许多地区，如四川省、湖北省、湖南省、贵州省、云南省、广西壮族自治区等地，依然保存着这种形式。此外，天地君亲师的观念在其他领域也有传承和发展。

天地君亲师提法的变化与内涵扩展

辛亥革命推翻了帝制，“君”不复存在，有人提议以“国”代替“君”，强调应爱国而非忠君。因此，民国时期有许多地方供奉“天地国亲师”之位。那时，也有人提出用“圣”代替“君”，因为推翻帝制之后，封建君王不宜列为敬祭对象。

如今，天地君亲师得到进一步的发展。1981 年，中国台湾经济学家李国鼎先生在传统的天地君亲师基础上增加了群己关系，即素不相识的陌生人之间的伦理关系，并将之作为现代社会人伦关系的准则。中国台湾的林安梧教授把“天地亲君师”作为海峡两岸共同认同的文化传统，将两岸的年轻人联系到一起。

中国梅花拳与修习信仰

中国梅花拳是中国传统武术拳种之一，历史悠久。“天地君亲师”便是梅花拳民的信仰之一。据记载：“天”为风调雨顺；“地”为五谷丰登；“君”代表国家；“亲”就是孝敬父母；“师”就是尊师爱徒。总之，梅花拳弟子所信仰的“天地君亲师”是对天地、国家、父母、先师的一

▲天地国亲师牌位 | 湖北省监利市程集古镇老街，几乎家家户户的正面墙上都供奉着天地国亲师牌位。

▲梅花拳基地的天地君亲师牌位 | 河北省邢台市平乡县梅花拳基地如今仍供奉天地君亲师之位，告诫学员传承天地君亲师的精神。

种敬仰。它所揭示的是自然界与社会、人伦亲情的一种表现形式。“天地君亲师”的牌位摆放在梅花拳拳堂的正中央，祭拜活动当今仍在举行，“敬天地、孝双亲、尊师长、爱徒弟、保国家、御邪恶、荫四方、济众生”的习武观深深影响着一代代梅花拳传人。

清·石成金《传家宝》：**天地君亲师此五件，世上都该感激，都该设牌位早晚焚香叩谢。切不可懈怠，做个忘恩负义的人。**

▲**梅花拳弟子家中的天地君亲师牌位**｜河北省邯郸市鸡泽县柏枝寺村许多村民都练梅花拳，当地梅花拳弟子家中都供奉天地君亲师之位。

相关知识 ｜ 梅花拳

中国武术中立于桩上演练的拳种叫梅花拳，简称梅拳。梅花拳起源于明末，最初以家传形式流传于民间，至清乾隆年间（1736—1796 年）开始向外界流传。

梅花拳所用木桩直径 3 ~ 5 寸（0.1 ~约 0.17 米），下半截埋在地下，上半截高出地面 3 尺 3 寸（1.1 米），桩与桩之间的距离前后为 3 尺（1 米），左右为 1 尺 5 寸（0.5 米）。随着习武者功夫不断增进，桩要不断加高，有的加高到 5 尺（约 1.7 米）。也有人以砖块代桩，先在平砖上练习，再站横砖，进而站立砖。

▲ 河北省邯郸市鸡泽县的少年梅花拳弟子正在练功

道教神统中若干神的安放

除了天地君亲师，门神、灶神、床神和厕神也是中国民间信奉的主要家神。它们是人们对美好生活向往和渴求的寄托，也充满了吉祥、幸福、平安等美好的寓意。

门神

中国传统文化认为，门神能守卫门户、驱鬼辟邪，护佑全家平安吉祥。门神信仰非常古老，周代已有祭门的习俗，贴门神的习俗在民间一直延续至今。人们通常是在农历除夕这天日落之后，将门神贴在家中大门外侧。因为过去大门通常是对开的，所以门神也是一对。中国各朝代和各地区流行的门神名字和形象各有不同。汉代以前供奉的门神主要是神荼和郁垒，元明清以后，民间受演义小说的影响，多将唐代将军秦琼（秦叔宝）和尉迟恭（尉迟敬德）作为门神形象，此外还有其他各色人物形象等。门神又分为武门神和文门神，前者司守护之职，后者主祈福之用，多为文官形象。

灶神

中国传统文化认为，灶神能护佑家族安康兴旺，途径是管理各家的灶火，保护饮食安全。灶神信仰非常古老，商代已开始在中国民间供奉。祭日是腊月八日。中国各地不同民族摆放灶神的位置大同小异，灶王神龛大多设在灶房内，没有神龛的人家，则将灶神像贴在厨房的墙上。灶神形象绵延了几千年，不同地方的灶神形象也有差异。有些地方将动物作为灶神形象，如蟾蜍、蛙、蛇、狗等；有些地方的灶神是人化形象，如神话人物炎帝。正统的灶神只是灶王爷一人，但是民间有的地方同时供奉灶王奶奶。

床神

中国传统文化认为，床神能保护家族人丁兴旺。床神的地位虽然没有门神和灶神高，但是其功能十分重要。祭祀床神也在腊月，与祭祀灶神的时间大致一致。中国传统的床或炕多靠墙安放，床神供奉在床边。床神有床公、床母之分。祭祀时，要分别对待。床神的形象各地不一，名气最大的床神是周文王夫妇。周文王是西周王朝的奠定者，传说高寿且多子。所以民间祭拜床神，主要是祈求“长命百岁”“多

▲灶神画 | 左为灶王奶奶，右为灶王爷。

▲门神画 | 左为尉迟敬德，右为秦叔宝。

子多福”。在中国传统农业经济中，多子即多福，因此供奉床神十分普遍。

厕神

厕神主要是汉族一些地区供奉的神祇。厕神主要供奉在厕所门外。主要祭拜日是正月十五，传说是紫姑遇害之日。据说紫姑是唐代武则天统治时期（690—705 年）一名刺史的侍妾，因被原配妻子嫉妒而于正月十五夜间被害于厕中。武则天同情紫姑的遭遇而封她为厕神。中国各地的厕神有不同名字、不同形象，多为女性形象，也有男性形象。有的地方供奉一位厕神，如紫姑、戚姑、后帝；有的地方供奉三位厕神，如三霄娘娘（云霄、琼霄、碧霄）。许多关于厕神的传说是人间凄苦的故事，因此厕神是受苦人倾诉愁苦，求凶吉的神。

▲ **广州陈家祠大门彩绘门神** | 陈家祠是广东省广州市现存规模最大的清代合族祠，其大门高 5 米、宽 1.2 米，大门上有一对高达 4 米的大型彩绘门神。

▲ **床神画** | 出自法国耶稣会士禄是遒主笔的《中国民间信仰》，于民国时期出版。左为床母，右为床公。

▲ **厕神画** | 出自《中国民间信仰》。图为厕神紫姑。

北京四合院

▼**爨底下村** | 中国传统村落，位于北京市门头沟区斋堂镇。70 余座精巧玲珑的四合院民居随山势呈扇形铺开，高低错落。

世界各地都可以见到合院式院落，有些成为地方文化的名片。中国北京四合院十分有名，因为透过它们，可以看到北京人与人的关系，人与自然的关系。从建筑价值上看，北京的四合院建筑历史较为悠久，其结构规整、形制清晰，很好地体现了明清都城的官方礼制，是中国四合院落建筑的一种独特类型。从社会关系上看，北京四合院的空间利用体现了中国传统文化中主张和谐人伦的思想，例如历史上曾有“北屋为尊，两厢次之，倒座为宾，杂屋为附”的俗约。这个俗约的内核是和谐，和谐的形式随着时代的变化而改变，在今天变为邻里之间在公共空间平等利用的约定。从人地关系上看，北京四合院的建筑设计和院落植物选择也体现了顺应自然、天人相合的观念。

四合院的含义

合院式民居指空间上围合成院落的民居建筑形式，院落的围合物可以是建筑、墙、栏杆、篱笆等。中国人通常把由东、南、西、北四面房屋通过走廊或围墙围合形成的闭合空间称为四合院。“四合”寓意四方配合、四面相应。四合院沿轴线左右对称，建筑有明确的主次之分。

◀王家大院｜位于山西省灵石县。王家大院有123座大小不一的三进式四合院，每个院落都采用南北中轴对称的分布格局。高墙大院，既相对独立，又四通八达。

四合院的由来

四合院是合院的一种，合院在中国出现的时间可追溯至3000年前，陕西省宝鸡市岐山县、扶风县一带周原遗址出土的两进院落被认为是目前国内最早的合院式建筑。从汉代到清代的绘画、砖雕，乃至明器中均有四合院的身影，可知四合院作为民居建筑在历史发展过程中保持较好的稳定性。

北京四合院的发展

北京四合院的历史至少可以上溯到辽金。北京作为辽陪都，金中都，城市中建有很多四合院。但是元大军彻底摧毁了金中都，在金中都东北侧建立了新的都城——大都，因此北京传统四合院的分布大势源于元代。明代第三位皇帝朱棣迁都北京后，都城在元大都的基础上北缩南扩，还建有外城。清代北京城沿袭了明都城的范围。元大都规划时确定了宫城、皇城和外城的三层格局。从明中期到清末，城市格局是宫城、皇城、内城和外城。传统四合院主要分布在内城。

在明清时期，北京的四合院数量达到顶峰。据清乾隆年间（1736—1796年）的地图显示，北京城内约有4万余座四合院，多分布在内城。在内城有“东富西贵”之别，即城东多住富甲商人，而城西多住王公贵族。到今天虽然这些区域的许多传统四合院随着城市的发展和建设已被拆除，但是传统四合院的分布大势还没有变化。据北京市政府颁布的《北京城市总体规划（2016年—2035年）》精神，老城不能再拆，而是通过腾退、恢复性修建，做到应保尽保。因此，北京四合院将得到进一步保护。

明代彩绘三进陶院落明器 | 出土于河南省平顶山市郏县，河南博物院藏。由一座牌坊和三进院落组成。院门外有八字墙，门内有影壁，三进院落以中轴对称列出九座悬山式平房、一座堂楼、四个前后串通的门与围墙。这套随葬的宅院模型是中国当时北方民居的真实写照。

周原遗址出土的合院式建筑复原图 | 这是较明显的轴对称式建筑，堂居于建筑正中。

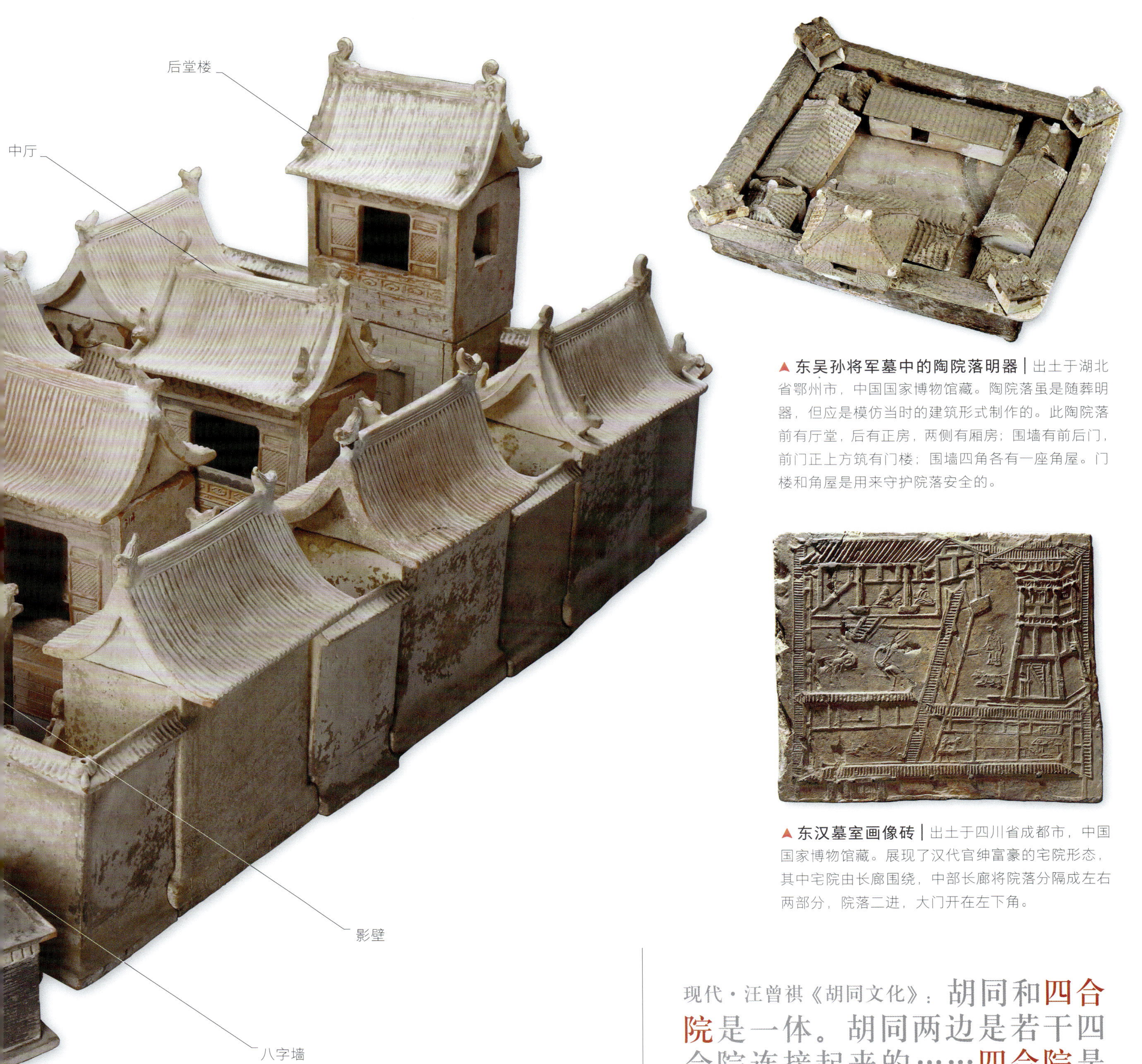

▲**东吴孙将军墓中的陶院落明器**｜出土于湖北省鄂州市，中国国家博物馆藏。陶院落虽是随葬明器，但应是模仿当时的建筑形式制作的。此陶院落前有厅堂，后有正房，两侧有厢房；围墙有前后门，前门正上方筑有门楼；围墙四角各有一座角屋。门楼和角屋是用来守护院落安全的。

▲**东汉墓室画像砖**｜出土于四川省成都市，中国国家博物馆藏。展现了汉代官绅富豪的宅院形态，其中宅院由长廊围绕，中部长廊将院落分隔成左右两部分，院落二进，大门开在左下角。

现代·汪曾祺《胡同文化》：胡同和四合院是一体。胡同两边是若干四合院连接起来的……四合院是一个盒子。北京人理想的住家是“独门独院”。北京人也很讲究“处街坊”。

▲《千里江山图卷》（局部）|《千里江山图卷》是北宋王希孟创作的绢本设色画。由故宫博物院提供。图中的院落是北宋时期合院式建筑的一种模样。

北京四合院的空间特点

在中国各地都可以找到传统的和现代的院落为“四合”形态，有些是以墙垣围合，有些是以房屋围合，还有的是以房屋和墙垣混合围合。但是在中国众多的四合形态的院落中，唯有“北京四合院”成为一个专用术语。这个专用术语指代一系列与多数北京内城传统四合院相关的建筑规制、人们生活的规制。

明清的规制

北京作为都城，在明清两代官方都颁布了民居的建筑规制，规定不同等级的官员的住宅的建筑形式。例如明代规定：一品、二品厅堂各七间，三品至五品与二品同，但门用黑油锡环，六品至九品厅堂各三间；百姓房屋不过三间，五架，不许用斗拱，饰彩色。清朝政府对都城民居的规定比明朝政府的规定还要细，《大清会典》中记录了工部颁布的修建府第的规定，例如：“公侯以下至三品官，房屋基高二尺，门柱饰黝垩，中梁饰金，旁绘五采杂花。惟二品以上房脊得立望兽。公门铁钉，纵横皆七，侯以下递减之五。四品以下官及士民主屋，基高一尺，其门柱、中梁旁绘采花，与三品以上官同。”而今，北京传统四合院的大门最能体现这种等级，除了皇宫、王府的大门之外，它们大致包括广亮大门、金柱大门、蛮子门、如意门、墙垣式门，等级依次降低。

北京四合院依照沿中轴线纵向的院落数量可分为一进、二进、三进、四进等院落形式。四进四合院中第二进院落的北房作为厅房对外使用，而第三进院落中的北房才是宅院的正房。

内部格局

踏入北京四合院大门，迎面通常设置影壁。影壁既有遮挡视线的作用，也有风水方面的考虑。第一进院落称为“前院”，如有倒座房，居住者的地位在宅院中较低。超过两进的四合院，在第一进院落和第二进院落之间设置第二道院门，简称“二门”。旧时深闺中的大小姐们“大门不出，二门不迈”，说的就是四合院的这两道门。二门典型的样式是垂花门，明代规定了不同级别的官员所住的院落大门的形制，许多有钱的人不敢僭越等级，便将二门精心设计，因此遗留下来的许多二门非常精致。1949 年以后，北京许多四合院不再是独家独院，原来的居住礼制秩序也就不能延续了。四合院中各家在使用院落公共空间时，逐渐形成了新的约定，以维持四合院的人际和谐关系，例如院门通道不允许放自行车。

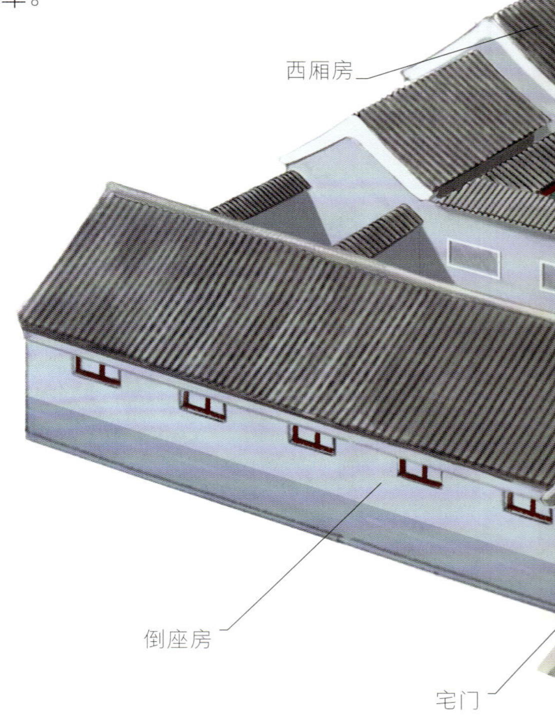

▲**广亮大门**｜又称广梁大门，在等级上仅次于王府大门，是具有相当品级的官宦人家采用的宅门形式。广亮大门的重要特点是房山有中柱，在中柱上有木制抱框，框内安朱漆大门；门前有半间房的空间，房梁全部暴露在外。

▲**金柱大门**｜在形制上略低于广亮大门，在规模上比广亮大门小。支撑房顶的柱子有檐柱、金柱和中柱，檐柱在金柱的外侧，若门扇被安在对街一侧的金柱之间，则称为金柱大门。

▲**蛮子门**｜是一般商人富户常用的一种宅门形式。蛮子门的结构与广亮大门和金柱大门基本

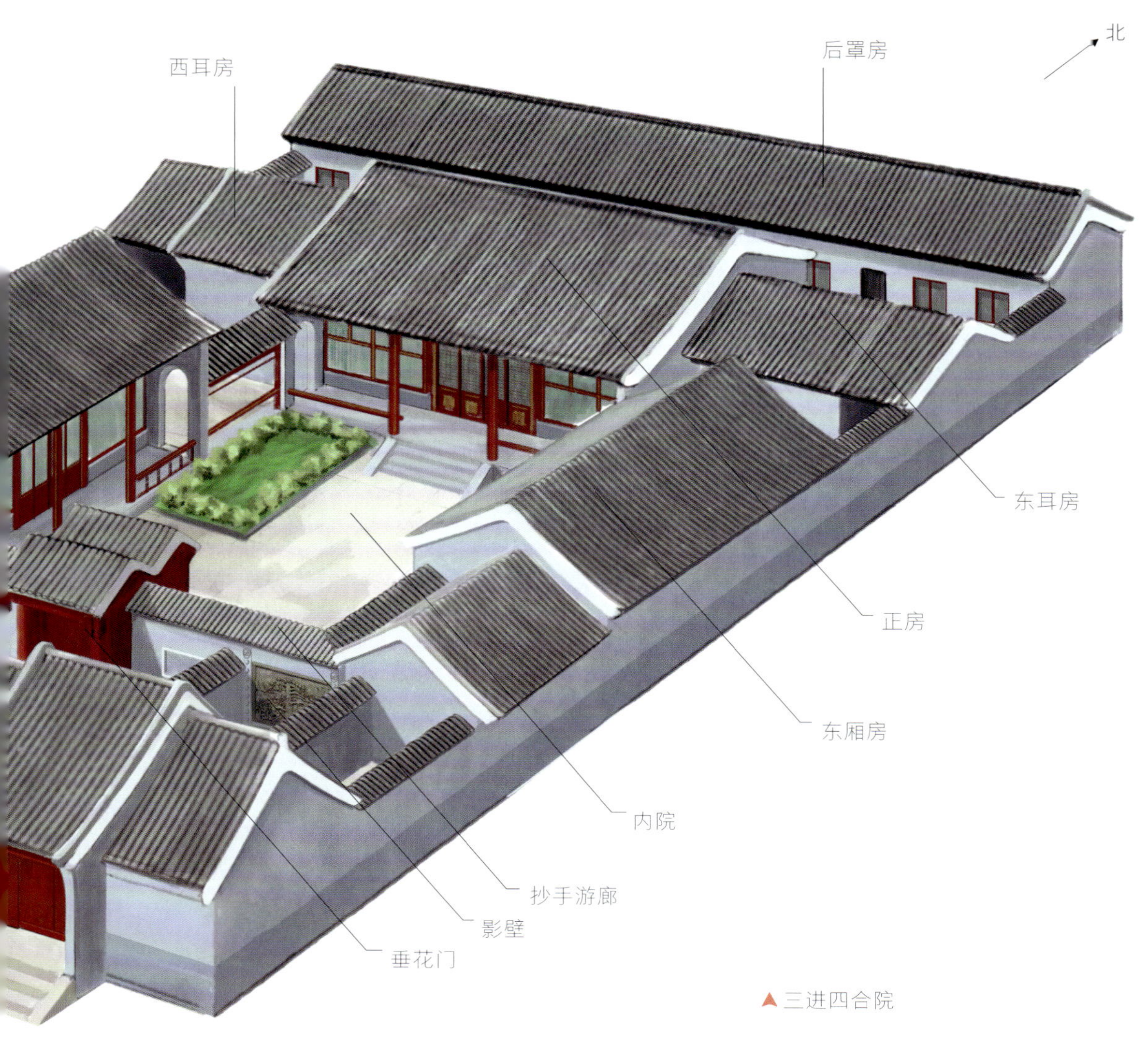

▲三进四合院

垂花门向着内院的四扇绿屏风通常不开放，有些院落的第二进院落建有抄手游廊，连接二门、东西厢房和正房。正房坐北向南，多为三间，在三间正房两侧再建耳房的形式称为“三正两耳”，但耳房的进深较正房规格要小。在一户一院的情况下，正房常为长辈居住，东西厢房是晚辈的居所，东厢房居住者的地位相对高。三进及以上四合院的最后一排房子是后罩房，比较隐蔽，居住者常为女眷，地位低于正房和厢房的居住者。

▲**垂花门** | 连接外院与内院，旧时女眷送人只能送到第二道院门，因此垂花门需有避雨功能。为主人做寿请戏班唱堂会的地点也是在垂花门，主人坐在正屋太师椅上便可看戏。

相同，只是将槛框、余塞、门扉等安装在前檐檐柱间的一种宅门，门扉外面不留容身的空间。

▲**如意门** | 多为一般老百姓所用，不受封建等级制度的限制，宅主可根据自己的喜好和经济状况对大门随意装饰。如意门是在前檐柱间砌墙，在墙的居中部位留一门洞，门洞内装一木门。

▲**墙垣式门** | 多为老北京底层平民所用。是最简单，也是最常见的大门，它直接在墙上用砖砌筑一个入口门洞，安装门扇，没有梁柱结构，通体少装饰，顺墙而开。

北京四合院与自然

北京四合院与中国其他地区的民居院落一样，十分注重建筑设计、景观设计、院落植物种植与当地自然环境的关系。北京旧城地处平原，因此最主要考虑的自然因素就是气候条件，以及由气候决定的水文和植被。

建筑设计与自然

北京四合院的设计充分考虑了当地的自然条件。北京位于北温带季风气候区，冬季寒冷，夏季炎热。院落中轴线上的房屋坐北朝南，为了避免夏季阳光射入房屋，中轴线上的房子，尤其是正房会建有前廊。前廊的高度和宽度设计十分科学，下图中的 α 和 β 分别对应的是北京冬至日正午太阳高度角 26° 34′ 和夏至日正午太阳高度角 73° 26′。这样夏季阳光不会直射房间，冬季阳光可以照入房间。为了便于冬日采光增加室内温度，这些房子前面的院落空间宽敞，这样前排建筑就不会遮挡阳光照入房内。为了避免冬季盛行的西北风带来的寒气，房屋北面多不开窗，或开小窗。北京四合院的大门多开在院落东南向，对于中国绝大多数地区，东南来向的风为暖湿气流，对农业社会有利，因此在中国风水理论中，东南为巽位，属于吉位。

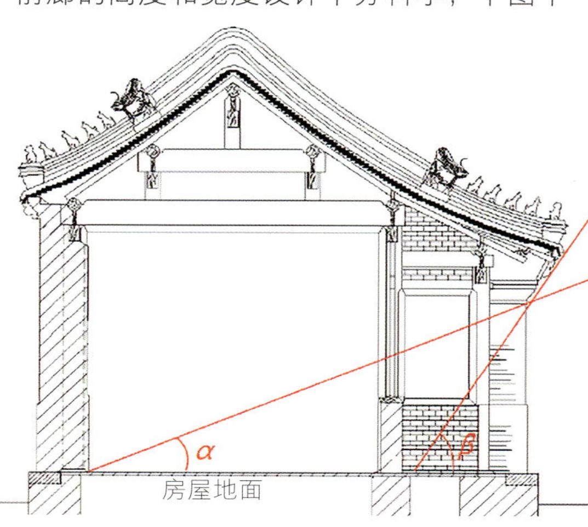

▲**前廊设计示意图** | 前廊的设计十分讲究，要保证夏季遮挡阳光，冬季有充足的光照射入房间。

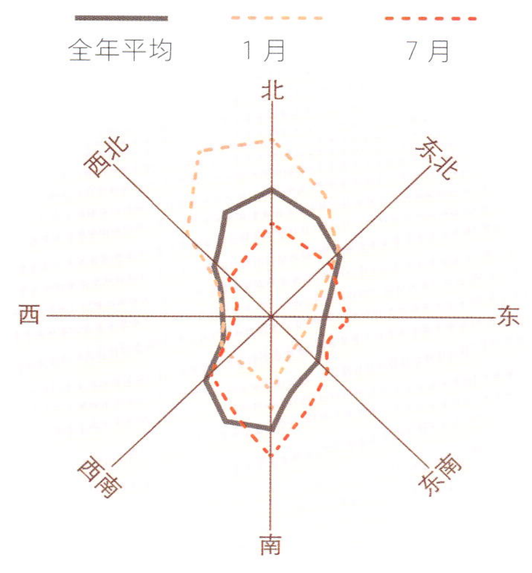

▲**北京风频玫瑰图** | 可见北京冬季（1月）盛行西北风，夏季（7月）盛行偏南风。

院落植物与自然

中国文化传统是要在宅院中种植植物，因此私家院落中根据空间大小，或多或少都种有花草树木。北京四合院常种多种植物，以美化环境。槐树和枣树是最常见的树木，北京的气候条件非常适合这两种树的生长。由于槐树树形过于高大，因此许多槐树种在外庭或大门之外。北京有个流行的说法：“有老槐，必有老宅。”意思是说，在胡同中若看到老槐树，其旁边必然有历史根基深厚的老四合院。《周礼·秋官司寇》中记载，在朝廷外左右两侧要各种一列枣树（古称棘），每列 9 棵，正面要种 3 棵槐树，人们用这个形式表示公侯将相群吏列位。后来，人们便以棘和槐代指朝廷中的高位。因此，北京四合院的主人在院落内外种枣树和槐树，表明了主人对家人登科入仕的希望。北京四合院常种的植物还有海棠、石榴、夹竹桃等，它们都有吉祥寓意。有些规模较大的四合院的主人还在院落中开辟花园，如文煜宅中的可园，院内满园花草，有多棵松树和槐树。

◀郭沫若故居｜这是一座二进四合院。大门是垂花门，正房、东西厢房由抄手游廊连接。庭院中种有松树、银杏、石榴树、蜡梅、海棠等植物。

文煜宅

清光绪年间（1875—1908 年）大学士文煜的宅第位于今南锣鼓巷帽儿胡同。该院落在原来五进四合院的基础上，于院落东侧水平建起了一主一辅花园院落，即“可园”。初建时仿照苏州拙政园和狮子林，园内有亭、台、阁、榭、抄手游廊等建筑。

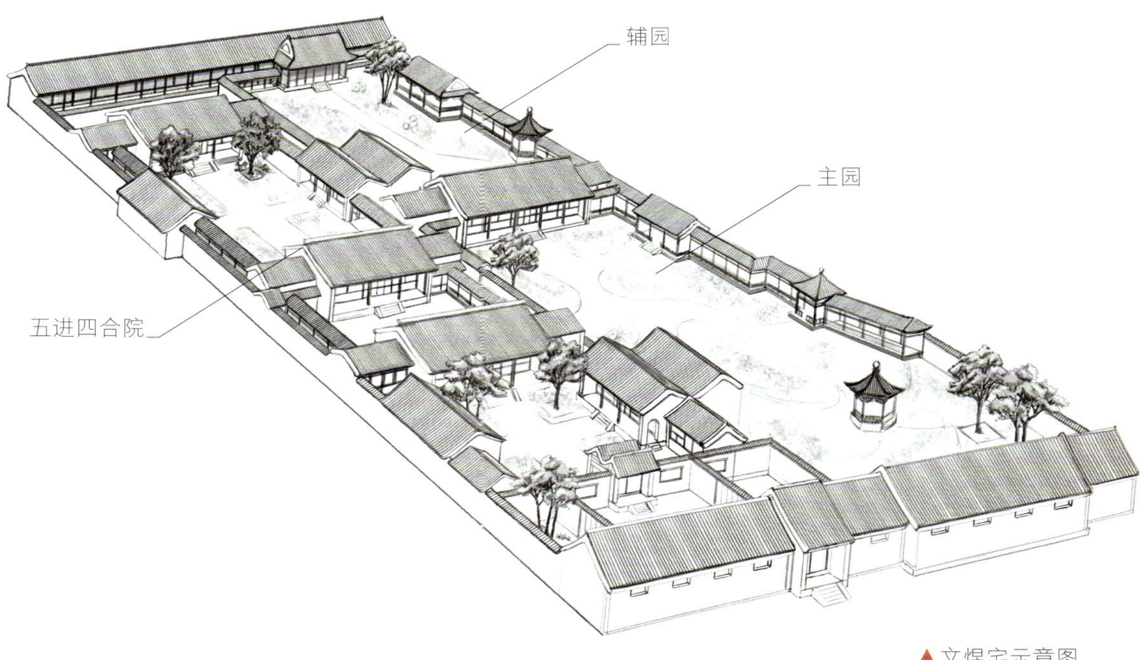

▲文煜宅示意图

现代·林语堂《动人的北平》：北平是清静的，它是一个住家的城市，每家都有一个院落，每院都有一个金鱼缸和一株梧桐或石榴树……

北京四合院的保护

北京四合院集中分布在老城区，随着人口的不断增长，居住空间的需求加大，因此四合院中私搭乱建普遍，加上建筑年久失修，许多原来建造精美的四合院岌岌可危。为了保留这些建筑遗产，北京市政府通过挂牌“保护院落”的形式，很大程度地阻止了四合院拆建为其他形式的建筑。

胡同保护区域传统院落

目前北京市域内保护较为完整的四合院有 923 个。截至 2003 年，被北京市文物局挂牌的保护院落有 658 个。它们主要分布在老城区，尤其集中分布在“东四三条至八条历史文化保护区”和“西四头条至北八条历史文化保护区”。保护院落中很多都是四合院。

《北京城市总体规划（2016 年—2035 年）》出台后，北京市积极探索老城保护的新方法，针对四合院的保护模式是“共生院模式”。“共生院”是通过不同建筑、不同居民、不同文化的共生，实现留住老居民和引入新居民的和谐共生。南锣鼓巷地区的若干四合院开展了这种模式的保护。

相关知识 | 田汉故居

田汉是中华人民共和国国歌《义勇军进行曲》的作词人。其北京故居位于东城区细管胡同 9 号。这是一座坐北朝南的两进四合院，院门形制为“金柱大门”。如今朱漆大门早已斑驳，庭院几乎被临时建筑挤占，但院内建筑和格局基本保持了原状。

▲田汉故居

➤北京市东、西城区四合院挂牌保护院落分布

图例

• 四合院挂牌保护院落

□ 区界

院落更新

由于北京老城区的四合院大多都有百年以上的历史，许多建筑材料超过了寿命年限，外加居住人口密度增大，院落内部私自搭建建筑现象严重，破坏了原来的院落格局。将北京新文化街135号保护院落平面图与《乾隆京城全图》中记录的原来的院落布局相比，可以看到院落已经被后来的建筑挤占，并在135号和137号之间的空地上加盖了新的建筑。此外，因为房屋失于维修，有许多危旧院落。为了改善居住环境，北京市不断修缮危旧四合院建筑，并增加了排水、排污管线。

▼**北京新文化街135号院对比**｜上图为《乾隆京城全图》中的院落布局，下图为135号院现状平面图。

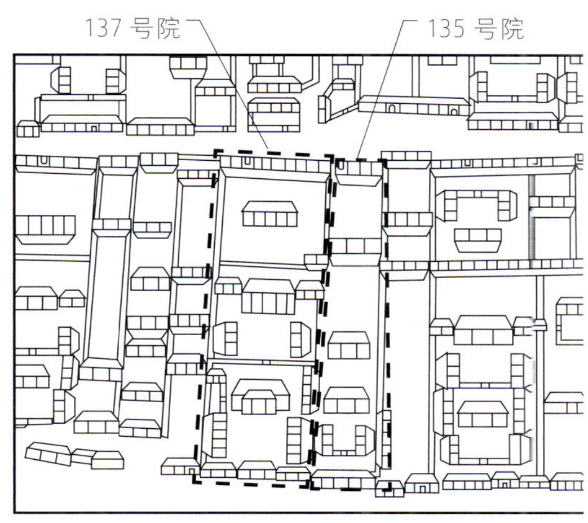

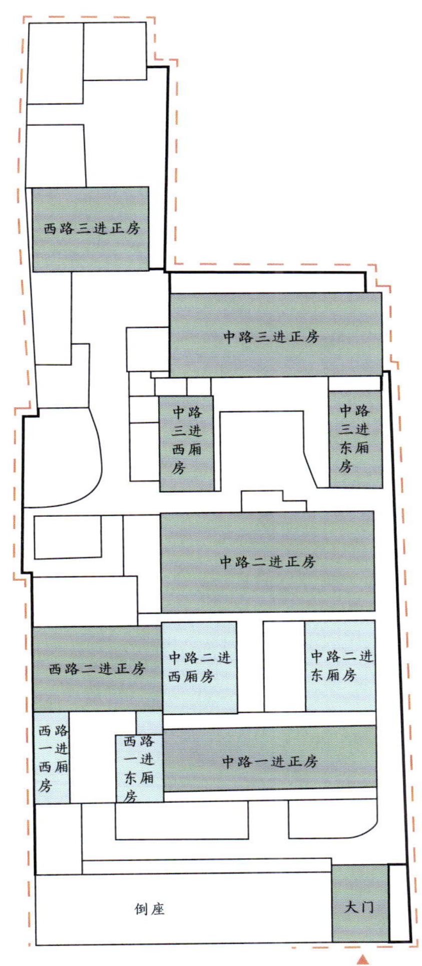

北京市大胆尝试了四合院建筑的整体改建，其中最著名的是“菊儿胡同改造工程”。1987年，清华大学建筑学院的吴良镛教授开始带领师生对位于南锣鼓巷历史文化保护区的菊儿胡同进行四合院危房改造试验工程，到1994年末，在拆除的12550平方米用地上，共建成了13个新四合院院落。1993年该工程项目的一期获得了“世界人居奖”。该项目不但大大改善了当地居民的居住条件，还继承了北京传统四合院的一个空间设计优点——以院落公共空间促进邻里交流。不但如此，新的四合院之间还设计有通道，这样每个院落的居民不必走出院门，就可以到邻院串门，这样邻居之间就有更多、更广的社交群，而且减少了胡同道路的人流量。

▲**改造后的菊儿胡同实景图**｜20世纪80年代，建筑学与城市规划专家吴良镛先生按照“类四合院”的模式，对菊儿胡同的四合院进行改造。所谓“类四合院”模式，即抽取传统“四合”空间形态的原型，但用新材料和理念创造新的人居环境，同时解决一些目前面临的问题。

附录 中国历史纪年简表

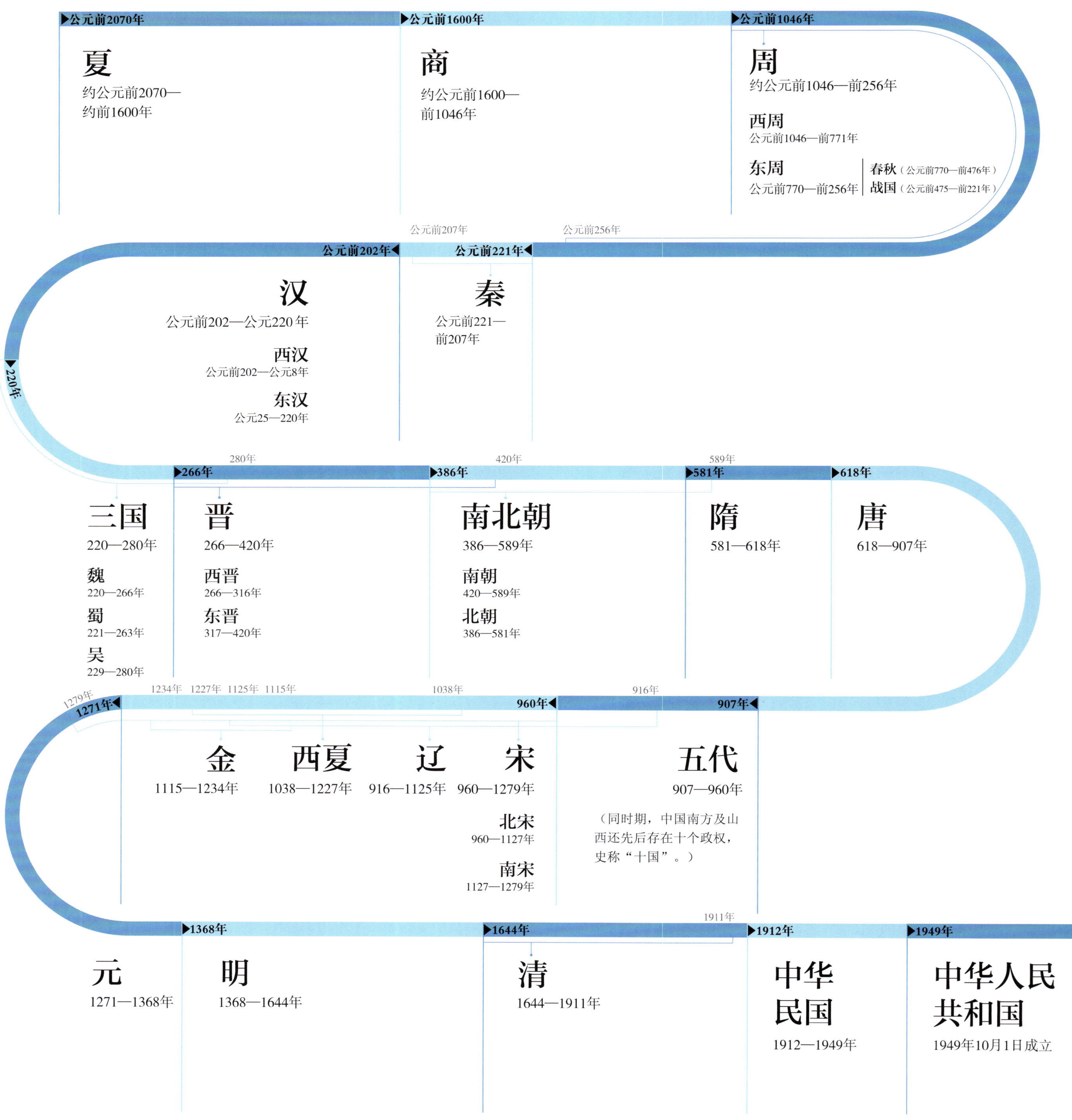

本书中如有个别图片未能联系到作者，请作者直接与本社联系，以便支付稿酬。